■2025年度高等学校受験用

日本大学第二高等学校

収録内容一覧

★この問題集は以下の収録内容となっています。また、編集の都合上、解説、解答用紙を省略させていただいている場合もございますのでご了承ください。

（○印は収録、－印は未収録）

入試問題と解説・解答の収録内容		解答用紙
2024年度	英語・数学・国語	○
2023年度	英語・数学・国語	○
2022年度	英語・数学・国語	○
2021年度	英語・数学・国語	○
2020年度	英語・数学・国語	○
2019年度	英語・数学・国語	○
2018年度	英語・数学・国語	○

★当問題集のバックナンバーは在庫がございません。あらかじめご了承ください。

●凡例●

【英語】

≪解答≫

〔　〕　①別解
②置き換え可能な語句（なお下線は置き換える箇所が2語以上の場合）
(例) I am〔I'm〕glad〔happy〕to～

（　）　省略可能な言葉

≪解説≫

1，2…　本文の段落（ただし本文が会話文の場合は話者の１つの発言）

〔　〕　置き換え可能な語句（なお〔　〕の前の下線は置き換える箇所が 2 語以上の場合）

（　）　①省略が可能な言葉
(例) 「(数が) いくつかの」
②単語・代名詞の意味
(例) 「彼（＝警察官）が叫んだ」
③言い換え可能な言葉
(例) 「いやなにおいがするなべにはふたをするべきだ（＝くさいものにはふたをしろ）」

//　訳文と解説の区切り

cf.　比較・参照

≒　ほぼ同じ意味

【数学】

≪解答≫

〔　〕　別解

≪解説≫

（　）　補足的指示
(例) (右図１参照) など

〔　〕　①公式の文字部分
(例) 〔長方形の面積〕＝〔縦〕×〔横〕
②面積・体積を表す場合
(例) 〔立方体 ABCDEFGH〕

∴　ゆえに

≒　約、およそ

【社会】

≪解答≫

〔　〕　別解

（　）　省略可能な語

＿＿　使用を指示された語句

≪解説≫

〔　〕　別称・略称
(例) 政府開発援助〔ODA〕

（　）　①年号
(例) 壬申の乱が起きた (672 年)。
②意味・補足的説明
(例) 資本収支 (海外への投資など)

【理科】

≪解答≫

〔　〕　別解

（　）　省略可能な語

＿＿　使用を指示された語句

≪解説≫

〔　〕　公式の文字部分

（　）　①単位
②補足的説明
③同義・言い換え可能な言葉
(例) カエルの子 (オタマジャクシ)

≒　約、およそ

【国語】

≪解答≫

〔　〕　別解

（　）　省略してもよい言葉

＿＿　使用を指示された語句

≪解説≫

〈　〉　課題文中の空所部分（現代語訳・通釈・書き下し文）

（　）　①引用文の指示語の内容
(例) 「それ (＝過去の経験) が ～」
②選択肢の正誤を示す場合
(例) (ア，ウ…×)
③現代語訳で主語などを補った部分
(例) (女は) 出てきた。

／　漢詩の書き下し文・現代語訳の改行部分

日本大学第二高等学校

所在地	〒167-0032 東京都杉並区天沼1-45-33
電　話	03-3391-0223（事務室）
ホームページ	https://www.nichidai2.ac.jp/
交通案内	JR中央線 荻窪駅より徒歩15分・阿佐ヶ谷駅より徒歩15分， 西武新宿線 下井草駅より徒歩20分

普通科

男女共学

くわしい情報はホームページへ

応募状況

年度	募集数		受験数	合格数	倍率
2024	推薦	105名	111名	111名	1.0倍
	一般A	105名	339名	124名	2.7倍
	一般B		80名	25名	3.2倍
2023	推薦	105名	98名	98名	1.0倍
	一般A	105名	227名	142名	1.6倍
	一般B		86名	45名	1.9倍
2022	推薦	105名	108名	108名	1.0倍
	一般A	105名	252名	150名	1.7倍
	一般B		87名	49名	1.8倍

※合格数には繰上合格数を含まない。

試験科目　（参考用：2024年度入試）

推薦：作文，面接
一般：国語・数学・英語
　　※英語はリスニングを含む

校訓

日本大学の建学の精神である「自主創造」を重んじ，『信頼敬愛・自主協同・熱誠努力』の三つを校訓とする。

学校生活

内進生と外部入学生を１年次から混合してクラス編成。２年次からは人文社会・理工・医療の３つのコースに分かれる。

登校時間は８時35分。銀杏並木に生徒たちの笑い声が響き，おおらかで活気ある１日がスタートする。授業時間は１コマ50分。土曜日も４時間授業がある。放課後は，クラブ活動や委員会活動，補習・講習などに参加して，６時に完全下校。

環境

杉並区の文教地区にあり，静かな住宅地に囲まれた，学習活動には最適の環境である。しかも交通の便がきわめてよく，幅広い地区からの通学を可能にしている。

施設

正門を入ってまず目につくのは，杉並百景にも選ばれる銀杏並木。そして，銀杏並木や桜，ポプラに囲まれるようにして，図書館・理科校舎・体育館・武道館・芸術校舎の各建物や，１周約300mの人工芝グラウンド，プール，各種コートが配置されている。立川にもグラウンド施設を完備しており，杉並の校地と合わせて約４万m^2の敷地が伸び伸びした活動を支えている。

進路状況

日本大学の推薦入学は約30％。有名私大の指定校・公募推薦進学が約40％。残りの約30％が他大学進学を目指して一般受験に挑戦している。

◎2024年日本大学推薦合格者数（2024年３月卒業生）

法学部	13	スポーツ科学部	1
文理学部	17	理工学部	23
経済学部	16	生産工学部	12
商学部	10	医学部	1
芸術学部	9	歯学部	3
国際関係学部	2	生物資源科学部	16
危機管理学部	3	薬学部	3

編集部注―本書の内容は2024年4月現在のものであり，変更されている場合があります。正確な情報は，学校のホームページ等で必ずご確認ください。

出題傾向と今後への対策 英語

出題内容

	2024	2023	2022
大問数	8	8	8
小問数	48	48	51
リスニング	○	○	○

◎大問８題で，小問数は40～50問程度である。出題構成は長文読解問題１題，対話文完成１～２題，文法問題３題，整序結合を含む英作文が２～３題，放送問題が１題である。

2024年度の出題状況

Ⅰ 放送問題
Ⅱ 適語(句)選択・語形変化
Ⅲ 整序結合
Ⅳ 書き換え―適語補充
Ⅴ 対話文完成―適文選択
Ⅵ 長文読解総合―説明文
Ⅶ 適語補充
Ⅷ 和文英訳―完全記述

解答形式

2024年度	記　述／マーク／併　用

出題傾向

長文のジャンルは説明文やエッセーが多いが物語もたまに出る。設問は内容真偽，内容一致などが中心。対話文完成は適文や適語句選択である。文法題は書き換え，適語選択・補充であり，基本的な内容である。作文は日本文のない整序結合と，完全記述の問題が頻出である。放送問題は全８～９問，時間は８～10分程度で行われる。

今後への対策

文法は重要構文をひと通り復習しよう。あいまいな分野を残すと長文の理解に支障が出てくる。また単語に関する問題も多いため，基本的な同意語，反意語，同音異義語などは自分で再確認しておこう。長文問題はあまり難解ではない英文を何度も読んで英文に慣れておこう。放送問題はラジオ講座などを利用し，毎日英語にひたろう。

◆◆◆◆◆ 英語出題分野一覧表 ◆◆◆◆◆

分野		年度	2022	2023	2024	2025 予想※
音声	放送問題		■	■	■	◎
	単語の発音・アクセント					
	文の区切り・強勢・抑揚					
語彙・文法	単語の意味・綴り・関連知識					
	適語(句)選択・補充		■	■	■	◎
	書き換え・同意文完成		●	●	●	◎
	語形変化		●	●	●	◎
	用法選択					
	正誤問題・誤文訂正					
	その他					
作文	整序結合		●	●	●	◎
	日本語英訳	適語(句)・適文選択				
		部分・完全記述	●	●	●	◎
	条件作文					
	テーマ作文					
会話文	適文選択		●	●	●	◎
	適語(句)選択・補充					
	その他					
長文読解	内容把握	主題・表題				
		内容真偽	●			◎
		内容一致・要約文完成				
		文脈・要旨把握	■	●	●	◎
		英問英答	■	■	■	◎
	適語(句)選択・補充					
	適文選択・補充				●	△
	文(章)整序					
	英文・語句解釈(指示語など)					
	その他					

●印：１～５問出題，■印：６～10問出題，★印：11問以上出題。
※予想欄　◎印：出題されると思われるもの。　△印：出題されるかもしれないもの。

出題傾向と今後への対策　数学

出題内容

2024年度 ~~作~~ ~~証~~ ~~グ~~

大問４題，16問の出題。①は小問集合で，６問。数と式，確率，関数などから出題されている。②は関数で，放物線と直線に関する問題。文字を使って座標や線分の長さを表して解く問題もある。③は空間図形で，正四面体について問うもの。線分の長さや体積などが問われている。④は平面図形で，二等辺三角形の中に円が接している図を利用した問題。相似な図形の性質などの理解が問われている。

2023年度 ~~作~~ ~~証~~ ~~グ~~

大問４題，15問の出題。①は小問数集合で，６問。数・式の計算を主とする問題のほか，平面図形の計量題，データの活用なども出題されている。②は平面図形で，平行四辺形を利用した問題。長さや面積の比が問われている。③は関数で，放物線と直線に関するもの。図形の面積を２等分する直線について問うものもある。④は空間図形で，正三角柱について問うもの。

作…作図問題　証…証明問題　グ…グラフ作成問題

解答形式

2024年度　記　述／マーク／併　用

出題傾向

大問３～４題，設問14～16問の出題。①は小問集合で６～７問，②以降は関数１題，図形２題(平面図形と空間図形)となることが多い。①は幅広い分野から計算力や知識を問うもので，基本～標準レベル。②～④はややレベルが高いものも含まれるが，問題集などでよく見るパターンの出題が多い。

今後への対策

まずは教科書の練習問題や章末問題はきちんと解けるようにして，基本的な計算力や知識を身につけよう。計算は数学の土台となるものであるから正確に。図形や関数は，公式や定理をしっかり理解すること。そのうえで基本～標準レベルの問題集を用いて演習を積むようにしよう。一問一問ていねいに解き，やりっぱなしにはしないように。

◆◆◆◆◆ 数学出題分野一覧表 ◆◆◆◆◆

分野	年度	2022	2023	2024	2025予想※
数と式	計算，因数分解	■	★	■	◎
	数の性質，数の表し方	●	●		◎
	文字式の利用，等式変形				
	方程式の解法，解の利用	■		●	◎
	方程式の応用				
関　数	比例・反比例，一次関数				
	関数$y=ax^2$とその他の関数	★	★	★	◎
	関数の利用，図形の移動と関数				
図　形	(平面)計　量	★	★	★	◎
	(平面)証明，作図				
	(平面)その他				
	(空間)計　量	★	★	★	◎
	(空間)頂点・辺・面，展開図				
	(空間)その他				
データの活用	場合の数，確率	●		●	◎
	データの分析・活用，標本調査		●		△
その他	不等式				
	特殊・新傾向問題など			●	
	融合問題				

●印：１問出題，■印：２問出題，★印：３問以上出題。
※予想欄　◎印：出題されると思われるもの。　△印：出題されるかもしれないもの。

出題傾向と今後への対策

国語

出題内容

2024年度

一 国語の知識
二 小説
三 論説文

課題文

二豊島ミホ『檸檬のころ』
三川北　稔『砂糖の世界史』

2023年度

一 国語の知識
二 小説
三 論説文

課題文

二村山早紀『風の港』
三外山滋比古『聴覚思考』

2022年度

一 国語の知識
二 小説
三 論説文

課題文

二蓮見恭子『襷を，君に。』
三竹内整一『日本人はなぜ「さようなら」と別れるのか』

解答形式

2024年度　記　述／マーク／併　用

出題傾向

近年，出題傾向に大きな変化はない。設問は，国語の知識の問題と現代文の読解問題にそれぞれ10問程度ずつで，全体で30問程度の出題となっている。課題文については，内容的には読みやすいが比較的分量が多い。設問は，30～60字程度の記述式解答のものが複数出題されている。

今後への対策

課題文の分量が比較的多いので，文章を速く正確に読む力をつける必要がある。そのためには，基礎学力養成用の問題集をできるだけたくさんこなすのがよい。また，記述式解答対策には，自分が解いた問題の課題文の要旨をまとめるのも有効である。国語の知識は，幅広く出題されるので，分野ごとにノートに整理しておくとよい。

◆◆◆◆◆ 国語出題分野一覧表 ◆◆◆◆◆

分野		年度	2022	2023	2024	2025 予想※
現代文	論説文 説明文	主題・要旨	●		●	◎
		文脈・接続語・指示語・段落関係	●	●	●	◎
		文章内容	●	●	●	◎
		表現				
	随筆 日記 手紙	主題・要旨				
		文脈・接続語・指示語・段落関係				
		文章内容				
		表現				
		心情				
	小説	主題・要旨				
		文脈・接続語・指示語・段落関係				
		文章内容	●	●	●	◎
		表現	●	●	●	◎
		心情	●	●	●	◎
		状況・情景				
韻文	詩	内容理解				
		形式・技法				
	俳句 和歌 短歌	内容理解			●	△
		技法				
古典	古文	古語・内容理解・現代語訳	●	●		◎
		古典の知識・古典文法			●	△
	漢文	(漢詩を含む)				
国語の知識	漢字 語句	漢字	●	●	●	◎
		語句・四字熟語	●	●	●	◎
		慣用句・ことわざ・故事成語	●	●	●	◎
		熟語の構成・漢字の知識				
	文法	品詞	●	●	●	◎
		ことばの単位・文の組み立て				
		敬語・表現技法		●		△
	文学史		●	●	●	◎
作文・文章の構成・資料						
その他						

※予想欄　◎印：出題されると思われるもの。　△印：出題されるかもしれないもの。

合格を勝ち取るための

本書の使い方

本書に掲載されている過去問をご覧になって，「難しそう」と感じたかもしれません。でも，大丈夫。ほとんどの受験生が同じように感じるのです。高校入試の出題範囲は中学校の定期テストに比べて広いですし，残りの中学校生活で学ぶはずの，まだ習っていない内容からも出題されているかもしれません。
ですから，初めて本書に取り組む際には，点数を気にする必要はありません。点数は本番で取れればいいのです。

過去問で重要なのは「間違えること」です。自分の弱点を知るために，過去問に取り組むのです。当然，間違った問題をそのままにしておいては意味がありません。
本書には，長年にわたって高校受験に関わってきたベテランスタッフによる詳細な解説がついています。間違えた問題は重点的に解説を読み，何度も解きなおしてください。時にはもう一度，教科書で復習するのもよいでしょう。

別冊として，抜き取って使える解答用紙を収録しました。表示してあるように拡大コピーをとれば，実際の入試と同じ条件で，何度でも過去問に取り組むことができます。特に記述問題では解答欄の大きさがヒントになる場合があります。そうした，本番で使える受験テクニックの練習ができるのも，本書の強みです。

前のページにある「出題傾向と今後への対策」もよく読んで，本校の出題傾向に慣れておきましょう。

2024年度 日本大学第二高等学校

【英　語】（50分…Ⅰは９分程度）〈満点：100点〉

Ⅰ　〔リスニング問題〕 問題は，PartⅠ～PartⅢの３種類です。〈編集部注：放送文は未公表につき掲載してありません。〉

PartⅠ　これから４つの対話が放送されます。それぞれの対話の最後の発言に対する応答として最も適切なものを，対話の後に読まれる選択肢の中から１つずつ選び，記号で答えなさい。対話と選択肢は１度しか読まれません。

1．ア．
　　イ．
　　ウ．
2．ア．
　　イ．
　　ウ．
3．ア．
　　イ．
　　ウ．
4．ア．
　　イ．
　　ウ．

PartⅡ　これからまとまった英語が放送されます。その後にその内容について英語で質問を３つします。質問の答えとして最も適切なものを，下の選択肢の中から１つずつ選び，記号で答えなさい。英語と質問は２度読まれます。途中でメモを取ってもかまいません。

1．ア．He was a farmer.　　イ．He was a president.
　　ウ．He was a teacher.　　エ．He was a lawyer.
2．ア．He was the first principal of this school.
　　イ．He was asked to build a new school.
　　ウ．He was a busy lawyer and politician.
　　エ．He studied law at Nihon University.
3．ア．A lot of marches against war.
　　イ．The damages by three fires.
　　ウ．His wife's death.
　　エ．His poor health.

PartⅢ　これから２つの英語の質問が放送されます。それぞれの質問に対して，**あなた自身の答え**を英語で書きなさい。質問は２度読まれます。**質問を書く必要はありません**。

【例】	《放送される質問》	《あなたの答え》	
	"What time is it now ?"	It's ten thirty.	(○)
		Ten thirty.	(△)
		10:30.	(×)

1．
2．
以上でリスニング問題は終了です。引き続き，筆記問題を解答してください。

Ⅱ　次の各文において，空所に当てはまる英語として最も適切なものを１つ選び，記号で答えなさい。

1．Tom's grandmother is coming to his house next week. He's looking forward to ______ her.
ア．see　イ．saw　ウ．seeing　エ．seen

2．Mr. Smith, could you come to the meeting room？ Ms. Jones ______ for you since one o'clock.
ア．waits　イ．is waiting　ウ．waited　エ．has been waiting

3．Many kinds of fruits, such as grapes and cherries, are ______ in San Francisco.
ア．grow　イ．grows　ウ．grew　エ．grown

4．Some of the people ______ to the party will be late today. I hear there was a car accident on the road.
ア．invited　イ．inviting　ウ．are invited　エ．to invited

5．Many people in Singapore speak both Chinese and English ______.
ア．good　イ．well　ウ．able　エ．skillful

Ⅲ　次の各文が意味の通る英文になるように，下のア～オの英語を並べかえて空所を補いなさい。その際，ａとｂに入るものをそれぞれ選び，記号で答えなさい。

1．Tom likes surfing very much. He [______ ___a___ ______ ___b___ ______] seasons.
ア．the best　イ．likes　ウ．all　エ．of　オ．summer

2．Neil Armstrong is known as [______ ___a___ ______ ___b___ ______].
ア．the first person　イ．on　ウ．stand
エ．the moon　オ．to

3．Many children do not listen to their parents. But after they grow up, they can [______ ___a___ ______ ___b___ ______] them.
ア．parents　イ．the advice　ウ．understand
エ．gave　オ．their

4．I would like to see you in the near future. Would you [______ ___a___ ______ ___b___ ______] are free？
ア．know　イ．you　ウ．me　エ．when　オ．let

5．Europeans of long ago got jewels and silks from Asia. These goods were popular in Europe, so [______ ___a___ ______ ___b___ ______].
ア．rich　イ．these goods　ウ．traders
エ．made　オ．selling

Ⅳ　次の各組の文がほぼ同じ内容になるように，（　）に最も適切な単語１語を答えなさい。

1．David is the brother of my father.
David is my (　　).

2．You should not stop studying English to be a good English speaker.
You should (　　) to study English to be a good English speaker.

3. How do you say "niece" in Japanese?
What is the Japanese (　　) for "niece"?
4. My son started to cry while he was watching the show.
My son started to cry in the (　　) of the show.
5. It is not good for your health not to have breakfast.
It is not good for your health to (　　) breakfast.

V　次の Ms. Smith，Anette，Isabella の会話を読み，空所に当てはまる最も適切な英語をそれぞれ下から選び，記号で答えなさい。ただし，同じ記号を2回以上使ってはいけません。

Ms. Smith : Alright, do you remember that some exchange students are coming from Japan next month? They're excited to meet all of you. By the way, how is your homework going, everybody? (1) That's all for today. See you next week!

[After the class, at the school cafeteria]

Anette : (2) Did I miss something?

Isabella : Were you really listening? Ms. Smith wants us to plan a 50-minute activity for the exchange students. We're discussing ideas today, aren't we?

Anette : Ah . . ., now I understand. Don't worry. I've got some ideas.

Isabella : (3) Can you give me some examples?

Anette : They're here to learn English, right? Maybe, we could teach them English. I'm sure it will be very helpful for them.

Isabella : That's a good thought, but it sounds a little bit boring. They can learn English anywhere. I think we should do something more than just language, don't you think?

Anette : That makes sense. What do you think?

Isabella : (4) We can show them around our school.

Anette : Sounds interesting. Tell me more.

Isabella : We can introduce some interesting things about our school. We have a lot of school buses. I don't think that Japanese students have seen the yellow school buses. It's really American. Also, there is a big vegetable garden at our school. Students take care of it. Any other good places?

Anette : We have big sports' fields. A lot of sports tournaments are held there. Our baseball and American football teams are good and popular in our city.

Isabella : We have a lot of places to show. We can also give some quizzes. We can ask them what they saw during the tour.

Anette : Great! Why don't we give a prize to the winner?

Isabella : We still have some T-shirts from the last school festival. (5)

Anette : Let's go and ask her then! I'm sure she will be excited!

＝選択肢＝
ア. I didn't get what she was talking about.
イ. I think Ms. Smith may have some.
ウ. If you need help, ask me anytime.
エ. How about a school tour?
オ. Is that so?

Ⅵ　次の英文を読んで，あとの問いに答えなさい。（なお［　］内の数字はparagraph（段落）の番号を示し，★は注があることを示す。）

［1］ "Scary things : earthquakes, ★thunder (the loud noise that we hear during a storm, usually after a flash of lightning), fires, and fathers." Have you ever heard this old Japanese saying? These are frightening things in Japan. As you know, Japan has had a lot of earthquakes. Especially, we have never forgotten the Great Hanshin-Awaji Earthquake in 1995 and the Great East Japan Earthquake in 2011. Through these events, we are now preparing for another great earthquake. For example, a lot of people join evacuation drills and they keep emergency bags. We know a lot about earthquakes and are well prepared for one. However, what do we know about lightning?

［2］ There are some different types of lightning. One major type is lightning that damages the human body directly in open areas such as fields, the tops of mountains, and coasts. This is called "a direct strike." You may think that lightning can kill a person ★in an instant. But in fact, about 20% of people who are hit by a direct strike will survive. If the people survive, they may have disabilities, though.

［3］ Another major type is called "a side flash." Lightning hits a tall object such as a tree and the lightning ★current jumps through it to a nearby person. When it suddenly starts raining, we often take shelter under a tree. But we must not do this. Though we may not be hit by lightning directly there, we have to remember that we can be hit by a side flash.

［4］ Then, what can we do to protect ourselves from lightning? ［　　　　］ When the sky becomes dark and it begins to rain or cold wind blows, we should suppose that lightning is approaching. We can hear thunder, within 10 kilometers, even when there are few clouds overhead. This situation is quite dangerous. So hearing thunder is a sign for you to escape. We can also use ★AM radio broadcasts. When we listen to them, we can clearly hear the noise that thunder makes. This noise helps us to know that lightning is coming from about 50 kilometers away.

［5］ It is also necessary to know that being in a relatively open area is dangerous when thunder is heard. Big events, such as fireworks and outdoor festivals, are held in such places. We should remember that, in those crowded areas, it may not be easy to move to a safer place quickly. Not only the organizers but also the visitors should check the weather information before the events. If the organizers know that lightning is coming, they can cancel the events or change the time of them to save others.

［6］ What should we do when we are outside and have nowhere to hide ourselves from lightning? ★Squatting without an umbrella is important. The key to this is to keep our body as low as possible, keep our hands off the ground, keep our feet together, and stand on our toes to reduce the contact area with the ground. It is important to cover both of our ears. Moreover, it is also a good idea to wait directly under the ★power lines, as we have fewer chances to be hit by lightning there.

［7］ There are some things that people often say about lightning, but are they true? We often hear that wearing necklaces or watches made of metal is dangerous when lightning is coming. But it is not true. The metal we wear is not related to lightning. So we don't have to take them off when we hear thunder. It is also said that we should cover our ★navel with our hands when we hear thunder. This is a tradition that is unique to Japan. The origin is not clear, but there are some views about this. Parents say to their children wearing little clothing, "Lightning is going to take away your navel." When lightning is coming near, cold wind blows. Children can get a stomachache from the cold wind. Since they heard this from their parents, children put on more clothes.

[8] We are preparing for disasters such as big earthquakes through our experience. By getting correct knowledge about disasters that can happen around us at any moment and learning how to move from a dangerous place to a safer place as quickly as possible, we can save our precious lives.

(注) ★thunder：雷の音　★in an instant：即座に　★current：電流
★AM radio broadcast：ラジオの AM 放送　★squat：しゃがむ
★power line：送電線　★navel：へそ

【問題】

1. 以下の表において，各段落の説明として最も適切なものを選び，記号で答えなさい。

Paragraphs	Explanations
[1]	Introduction
[2]	Direct strike
[3]	Side flash
[4]	【A】
[5]	【B】
[6]	【C】
[7]	【D】
[8]	Conclusion

ア. Not to be hit by lightning outdoors
イ. The danger of lightning in open areas
ウ. Paying attention with our sight and hearing
エ. The things that people have long believed

2. Which of the following is true about Paragraph [1]?
ア. We have already prepared for the coming thunder.
イ. Thunder is the most frightening thing for Japanese people.
ウ. To prepare for an earthquake, evacuation drills are held.
エ. The earthquake in 1995 was the first great earthquake in Japanese history.

3. If we are hit by a direct strike, ＿＿＿＿＿.
ア. half of us will die immediately
イ. about 20 percent of us can lead normal lives
ウ. we can escape safely until the thunder is heard near
エ. we may live but may be disabled

4. Which of the following is true about a side flash?
ア. A person near a tree may get a current shock.
イ. We can be hit by a side flash inside the building.
ウ. A shelter under the tree can protect us from a side flash.
エ. The lightning hits human bodies directly when they are under a tree.

5. □ に当てはまる英語を次から選び，記号で答えなさい。

ア．It is important to use our eyes and ears to notice thunder and lightning as quickly as possible.

イ．It is not allowed to turn off the radio because it is broken by the thunder.

ウ．It is possible to know when lightning is coming by using our sixth sense.

エ．It is impossible to protect ourselves from lightning.

6．Why are the places for fireworks or outdoor festivals dangerous？

ア．The visitors to such big events cannot hear thunder because fireworks are noisy.

イ．There are so many people that they cannot take shelter easily when the lightning is coming.

ウ．People in such events stand in lines and they can get out of the places easily.

エ．The organizers of such big events do not check the weather information.

7．屋外での落雷を防ぐためにとる姿勢を最も適切に表している写真を次の中から選び，記号で答えなさい。

ア．

イ．

ウ．

エ．

8．Which of the following is true about Paragraph［7］?

ア．It is not common for Japanese people to take off metal products when lightning is coming.

イ．We must remove necklaces or watches made of metal when the lightning is coming near.

ウ．Japanese parents tell their children to hide their navel when they hear thunder.

エ．We must hide our navel because lightning hits our stomach through the navel.

9．Which is the best title of this passage？

ア．The Old Saying Related to Lightning.

イ．The Difference between Lightning and Thunder.
ウ．How to Use Radio Effectively to Escape Safely.
エ．What Lightning Is and How We Should Prepare for It.

Ⅶ　次の各文が意味の通る英文になるように(　)に最も適切な英語を書きなさい。ただし，答えはそれぞれ示された文字で始まる**単語１語**とします。なお，解答欄には最初の文字を含めて書きなさい。

１．Female deer usually stay with their families.　On the other hand, male deer are often left (a　　).
２．If you stand in front of a mirror, you can see your (i　　) in it.
３．If you put a lot of salt into a glass with water, some of it will stay at the (b　　) of the glass.
４．You must not use a smartphone while you are driving.　It can (c　　) serious accidents.
５．Tom made no mistakes in his examination, so he got a (p　　) score.

Ⅷ　次のそれぞれの下線部を，文脈に合うように**「主語」と「動詞」のある英語１文**で表現しなさい。

１．A：Hello, everyone.　I'm taking care of you.　Here is the menu.
　　B：Thank you.　Well, this looks nice.　私はこのケーキにします。　How about you, Linda?
２．That diamond ring is very beautiful but too expensive for me.　もっとお金を持っていれば，それを買うのに。

【数　学】　(50分)　〈満点：100点〉

（注意）　1．分度器，コンパスは使用できません。

2．分数はできるところまで約分して答えなさい。

3．比は最も簡単な整数比で答えなさい。

4．$\sqrt{\ }$ の中の数はできるだけ小さな自然数で答えなさい。

5．解答の分母に根号を含む場合は，有理化して答えなさい。

6．円周率はπを用いなさい。

1　次の問いに答えよ。

(1)　$\left(-\dfrac{2}{3}a^2b\right)^3 \times \dfrac{15}{4a}b^5 \div (5a^4b^3)^2$ を計算せよ。

(2)　$a=\dfrac{2+\sqrt{2}}{2}$，$b=\dfrac{2-\sqrt{2}}{2}$ のとき，a^2-b^2-a+b の値を求めよ。

(3)　2次方程式 $\dfrac{x-2}{3}-\dfrac{x-4}{5}=\dfrac{(x-4)(x-2)}{15}$ を解け。

(4)　【a】は自然数aを5で割った余りを表すものとする。
例えば，【16】$=1$である。このとき，次の値を求めよ。
【1^2】$+$【2^2】$+$【3^2】$+\cdots+$【100^2】

(5)　1枚の硬貨を3回投げる。それぞれの出方に対して，表が出れば1点，裏が出れば2点を与えるものとする。得点の合計が5点となる確率を求めよ。

(6)　右の図のように，放物線 $y=\dfrac{1}{2}x^2$ 上にx座標がそれぞれ -6，4，8である点A，B，Cをとる。また，四角形ABCDが平行四辺形となるように点Dをとる。原点を通り，平行四辺形ABCDの面積を二等分する直線の方程式を求めよ。

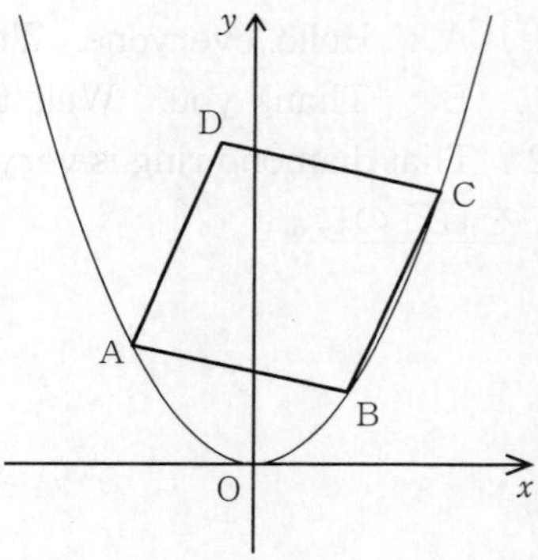

2　図のように，放物線 $y=\dfrac{1}{4}x^2$ と放物線 $y=-x^2$ について，2点A，Bは放物線 $y=\dfrac{1}{4}x^2$ 上にあり，2点C，Dは放物線 $y=-x^2$ 上にあるものとする。点A，Dのx座標は正であり，点B，Cのx座標は等しく，負である。また，点Bのy座標は点Aのy座標より1大きく，点Dのy座標は点Cのy座標より1小さいものとする。

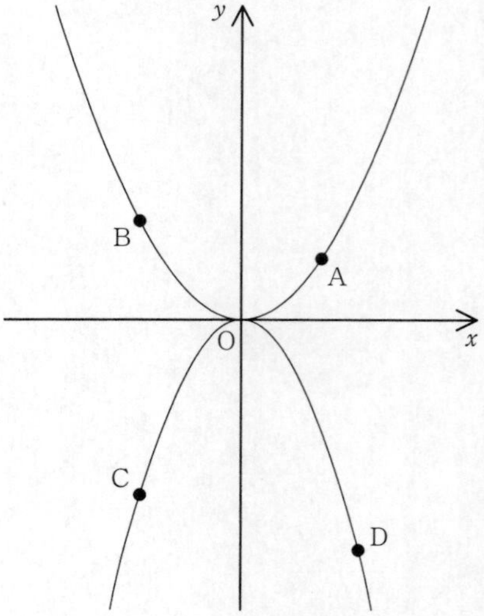

(1)　点Aのx座標が2のとき点Dの座標を求めよ。

(2)　点Aのx座標をtとする。BCの長さが50のとき，tの値を求めよ。

(3)　点Aのx座標と点Dのx座標の差が2になるとき，点Aの座標を求めよ。

3 図のように，1辺の長さが6の正四面体ABCDにおいて，2辺BC，ADの中点をそれぞれM，Nとし，辺AD上にAP＝MPとなるような点Pをとる。

(1) 線分MNの長さを求めよ。

(2) 正四面体ABCDの体積を求めよ。

(3) 四面体ABCPの体積を求めよ。

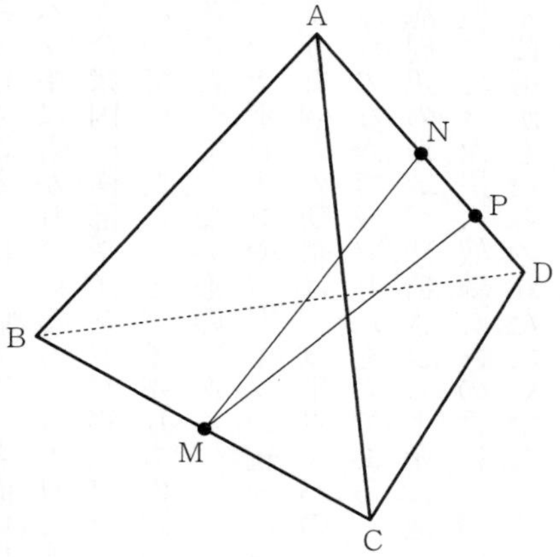

4 図のように，AB＝AC＝8，BC＝6の二等辺三角形ABCの各辺に接する円Oがある。辺ABを1：3に分ける点をD，辺BCと円Oの接点をE，点Eを通り，辺ABと平行な直線と直線CDとの交点をF，直線AEとCDとの交点をGとする。

(1) 円Oの半径の長さを求めよ。

(2) AD：EFを求めよ。

(3) 線分GEの長さを求めよ。

(4) 線分BFの長さを求めよ。

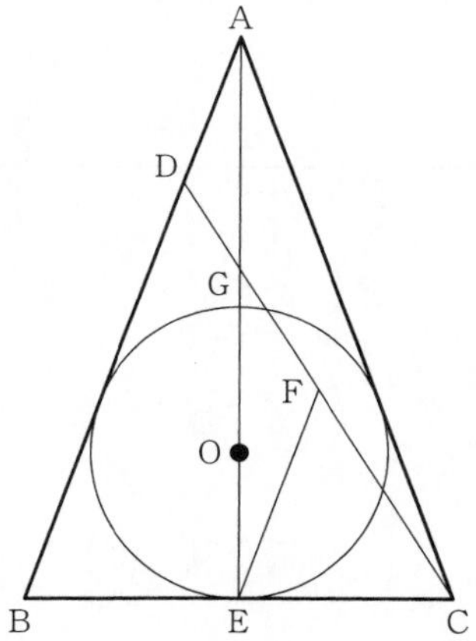

来事や状況をみていくこと」について次の各問いに答えなさい。

① 具体的に本文中に書かれているものはどれですか。

ア．アメリカ合衆国の南部やインドが綿花プランテーションの土地となっていったことと、イギリスの国の発展は、分けて考えることができないものである。

イ．フランスのナポレオンや、ドイツの統一に貢献したビスマルクのような個人の功績は、ヨーロッパの産業革命という大きな流れのなかで成立したものである。

ウ．カリブ海周辺の地域が砂糖きびの生産に適していたのは、この地に渡ってきた黒人奴隷たちの手によって非常に高い水準の生産技術がもたらされたためである。

エ．砂糖きびの島、フィリピンのネグロス島では、一九八〇年代半ばに何万人もの子どもたちが餓死しているが、このことと核兵器の問題は切り離せない関係性がある。

オ．ヨーロッパの上流の人びとによるティー・パーティーがあったからこそ砂糖が多く生産されたのであり、それが日本人の「砂糖を敬遠する」態度につながったのである。

② なぜこのことが大切であるのか、解答欄に合うように説明しなさい。

□によってこそ、□から。

とありますが、それはなぜですか。

ア．三つの大陸で砂糖の生産をめぐる歴史が異なっていたため、それぞれの違いを明確にする必要があるから。

イ．三つの大陸で労働力の供給、生産、消費が行われていたため、その歴史的なつながりを考えるべきだから。

ウ．三つの大陸における生活の実態を知ることで、他の地域における砂糖の歴史も知ることができるから。

エ．三つの大陸の気候的な要素が生産と関わっており、その変化が歴史に与えた影響は無視できないから。

オ．三つの大陸の、砂糖の消費のされ方に庶民の生活が表れていて、それこそが歴史とつながっているから。

4．「しかし、同時に、カリブ海の奴隷の生活や、彼らが何を考えていたかも知らなければなりません。奴隷狩りの対象となったアフリカのことも、考えなければならないでしょう」とありますが、それはなぜですか。

ア．歴史とは国という単位だけでなく、州や県など、もっと小さな単位に細分化して研究するものであるため、「世界商品」を生産した国にばかり目を向けても仕方がないから。

イ．砂糖の生産には奴隷の存在が大きく関わっているので、労働力の中心となった黒人奴隷の出身地に焦点をあてて調べなければ、歴史の全てを知ることは到底できないから。

ウ．「世界商品」から歴史をみる場合は、消費者側の消費目的や理由を知るだけでなく、生産に関わった人びとの思いなどにも目を向けないと、実際の歴史はみえてこないから。

エ．奴隷が過酷な労働を強制されたカリブ海や、奴隷狩りの対象となったアフリカでの庶民の生活に目を向けないと、その地域の人びとに共感されるようにならないから。

オ．「南北問題」として知られている「格差」の問題は、フィリピンの子供たちの生活実態をみるだけでなく、奴隷となった人びとの思いを考えないと解決されないことだから。

5．「すべての歴史は現代史である」といえるのはなぜですか。

ア．ひとつひとつの歴史上の出来事がつながりあって、現在の状況がつくられているから。

イ．単に昔のことを調べるのではなく、現代の問題について研究することが必要だから。

ウ．現代史を詳しく調べることで、いまの世界の大きな問題を解決することができるから。

エ．歴史的変遷にかかわらず、現代の社会は世界的なつながりのなかでひとつになっているから。

オ．歴史上の出来事だとしても、それを過去のものとしないことで当事者意識がうまれるから。

6．□にあてはまる言葉はどれですか。

ア．相違のない生活実態

イ．理解できない関係性

ウ．和解しあえない状態

エ．疑いの余地のない環境

オ．まったく相反する状況

7．「『モノカルチャー』の世界」とは、ここではどのような世界のことですか。

ア．カリブ海にヨーロッパの文化が輸入されることで、多様で豊かな価値観が生み出された格差のない世界のこと。

イ．ヨーロッパに輸出するためにひとつの作物だけを生産することで、それ以外の産業が発達しない世界のこと。

ウ．大量生産を可能とする効率的な産業が成立したことで、現地の労働者に多くの富をもたらした世界のこと。

エ．プランテーションでの重労働によって労働者が疲弊することで、無駄遣いをする余裕がなくなった世界のこと。

オ．「モノ」を生産することばかりに集中することで、地域の伝統的な文化や宗教を軽んじてしまう世界のこと。

8．「『世界的なつながり』のなかで、ひとつひとつの歴史上の出いうことを研究するのが歴史学なのです。昔から「5すべての歴史は現代史である」などといわれるのは、このためです。
　このようにみると、いまの世界には、いくつもの大きな問題があります。環境問題などというのもそうでしょう。核兵器や戦争の問題もあるでしょう。しかしまた、日本のように「飽食の時代」といわれている社会があるいっぽうで、一説には、毎日、何万人もの子どもたちが世界のどこかで餓死しているともいわれる問題もあります。このように［　6　］にある社会が、同時に、この地球上に存在しているのは、なぜなのでしょうか。砂糖は太りすぎるからと敬遠する日本人もいれば、その砂糖の価格暴落のために、砂糖きびの島、フィリピンのネグロス島では、一九八〇年代半ばには毎日のように子どもたちが餓死していった事実もあります。
　このような信じがたいほどの「格差」の問題は、かねて「南北問題」として知られているものですが、この問題は、歴史的にみれば、どこからきたというべきでしょうか。
　かつて歴史家は、国や国民を単位として、世界の歴史を考えていました。国民が勤勉に働き、無駄遣いをしなかった国は豊かになり、怠け者の多い国は貧しくなったのだというような考え方です。しかし、カリブ海にいろいろな産業が成立しなかったのは、黒人たちが怠け者だったからではありません。
　じっさいには、この地域が「世界商品」となった砂糖きびの生産に適していたために、ヨーロッパ人がここにプランテーションをつくり、7「モノカルチャー」の世界にしてしまったことが、大きな原因だったのです。カリブ海で砂糖のプランテーションが成立したことと、イギリスで産業革命が進行したこととは、同じひとつの現象であったのです。アメリカ合衆国の南部に奴隷制の綿花プランテーションが成立したのも、一八世紀までは、世界の綿工場の中心であったインドが綿花プランテーションの土地になっていったのも、いずれも、イギリスの産業革命と切り離しては考えられないことでした。
　むろん、歴史は国を単位にしてもみることができますし、もっと小さな単位、たとえば州や県、村や町、さらには町内や家族を単位としてもみることができます。それどころか、個人の歴史もありうるかもしれません。フランスのナポレオンやドイツの統一に貢献したビスマルクのような人物を中心とした歴史は、じっさいにいくらも書かれています。しかし、いまや「世界はひとつ」なのですから、この本のように、8「世界的なつながり」のなかで、ひとつひとつの歴史上の出来事や状況をみていくことも、大切なのです。

（川北　稔『砂糖の世界史』による）

〈注〉＊飽食＝十分に食べて満ち足りること。食物に不自由しないこと。
＊南北問題＝主として北半球の温帯にある先進工業国群と、その南にある発展途上国群との間の格差に起因する諸問題。
＊プランテーション＝植民地などで、黒人奴隷や先住民の安い労働力を用いて、世界市場向けに単一の農産物を大量生産していた大農園。
＊綿花＝綿《わた》の種子を包む白色または淡褐色《たんかっしょく》の繊維。

問　――線部および空欄《くうらん》1〜8について、それぞれの問いに答えなさい。

1．「モノをつうじて歴史をみる」ことによってわかることは何ですか。本文から二つ、十五字と八字でそれぞれ抜き出しなさい。

2．「このような生活の実態や実感」とは、誰の生活の実態や実感を指していますか。次から二つ選びなさい。
ア．政治を動かしていたような支配階層の人びと
イ．ティー・パーティーをしていた上流階級の人びと
ウ．ティー・ブレイク（中休み）をしていた労働者たち
エ．カリブ海にいた奴隷生活を強いられた人びと
オ．音楽家や画家として有名になった芸術家たち
カ．その作品が広く知れ渡った有名な文学者たち

3．「砂糖の歴史は、三つの大陸を同時にみなければわからない」

「俺」も高校時代からずっとこだわって求めていたことがあったけれども、手に入れたいことほど手に入らないものだよね。

生徒C　そのラムネをガラスケースに戻して扉を閉めるということは、こだわりを自分の心の中で適切に処理したことを表しているね。「ぶうんと低い音を鳴らしているガラスケース」は、意識の深層を象徴しているように感じるよ。

生徒D　その直後に「目頭に熱が射した」といって目頭を押さえている描写は、「俺」が涙ぐむほど感極まっている様子を表しているね。単に嬉しいというのとも違う、複雑な感情が感じられるね。

生徒E　「風鈴」は、目に見えない風を顕在化させる効果があるよね。それは、これまで気づいていなかったけれど、実は「俺」が商売に成功して格好良くなりたいと願っていたということを象徴しているようだね。

三

次の文章を読んで、後の問いに答えなさい。

[1]モノをつうじて歴史をみることで、どんなことがわかるのでしょうか。大事なことが二つあります。ひとつは、そうすることによって、各地の人びとの生活の具体的な姿がわかります。人びとが何を食べ、何を着ていて、どんなところに住んでいたのか。どんなことをうれしいと思い、どんなことに涙したのか。そうした具体的な生活の局面がわからなければ、私たちは、その時代、その地域の人びとと共感しあうことができません。歴史を勉強する大きな目的のひとつは、そうした共感を得ることなのですから、このことはたいへん重要なのです。

しかも、砂糖のようなモノをつうじて歴史をみると、そこには、政治を動かしていたような上流の人びとよりは、むしろ下層の民衆の生活がみえてくるのです。砂糖でいえば、一七世紀の上流階級のティー・パーティーばかりでなく、労働者のティー・ブレイク（中休み）もあります。それだけでなく、カリブ海の奴隷の生活もみえてくるはずなのです。文化という言葉は、かつては、有名な音楽家や画家、文学者などとその作品を指す言葉のように理解されていました。しかし、いまでは、庶民の生活のしかたなどを中心に考えるのが、むしろふつうになっています。世界の人びとが相互に理解し合うためには、[2]このような生活の実態や実感を知ることが、もっとも重要だからです。

モノからみた歴史のもうひとつの特徴は、世界的なつながりがひと目でわかるということです。とくに「世界商品」の場合は、まさしく世界に通用した商品ですから、その生産から消費までの過程を追うことで、世界各地の相互のつながりがみえるのです。砂糖は、主としてカリブ海で生産されましたが、そのための労働力となった黒人奴隷はアフリカから導入されましたし、生産された砂糖のほとんどはヨーロッパで消費されました。ですから、[3]砂糖の歴史は、三つの大陸を同時にみなければわからないのです。

ヨーロッパのいろいろな階層の人びとが、どういうつもりで砂糖を消費したのかも知らなければなりません。ある人は、それがちょっと上品な人の目印だから欲しかったのかもしれませんし、またある人は、それを飲むと元気が出るから、求めたのかもしれません。そこがわかれば、ヨーロッパの社会のしくみが具体的にわかるはずなのです。[4]しかし、同時に、カリブ海の奴隷の生活や、彼らが何を考えていたかも知らなければなりません。奴隷狩りの対象となったアフリカのことも、考えなければならないでしょう。

現代の世界はひとつだとは、よくいわれることですが、その意味を正しく理解することは、なかなかむずかしいことです。しかし、「世界商品」の生産から消費までをじっくりたどれば、それも十分に達成されるはずなのです。

歴史学というのは、たんに昔のことを調べる学問ではありません。いまある世界がなぜこのようになっているのか。ここにくるまでにはどのような歴史的変遷があって、いまこうなっているのか。そうなるような強い刺激を感じている。
ウ．授業をサボっていた生徒を怒鳴りつけはしたが、生徒に対する愛情から温かな気持ちでいる。
エ．授業をサボっている生徒の姿に過去の自分を重ね合わせ、かつての愚かな自分に呆《あき》れている。
オ．いつも授業を抜け出してしまう二人の生徒に手を焼いており、どうすべきか指導に迷っている。

7.「大田は『ごめんごめん』と笑った」とありますが、それはなぜですか。
ア．本人が気にしていることをつい口にしてしまって、深く傷つけたと思ったから。
イ．冗談を口にしたのに本気で受け止めた「俺」に対して、面白いと感じたから。
ウ．自分の言葉によって相手を困らせてしまい、少しまずかったと思ったから。
エ．言葉につまりがちな「俺」の姿を久しぶりに見て、懐かしさが込み上げたから。
オ．サボりを指摘された仕返しをしたのだが、困らせて申し訳ないと思ったから。

8.「やっぱ格好良いわ、お前」とありますが、このときの「俺」の心情を説明しているものはどれですか。
ア．高校時代には手の届かない「向こう側」にいたと思っていた大田だが、今は教師という凡庸な職に就いていたり、高校時代の自分を覚えていてくれたりしたことなどから、そもそも異なる世界に生きていたというよりも、いつでも素直に自分らしく生きていたということに気づいた。
イ．高校時代には手の届かない「向こう側」にいたと思っていた大田だが、ぜい肉がついてすっかり印象の変わった姿を見て、実は自分と違う「向こう側」ではなく、自分と同じ「こちら側」に生きていたということがわかって、今まで以上に大田に対する親近感がわいている。
ウ．高校時代には手の届かない「向こう側」にいたと思っていた大田に久しぶりに対面し、印象が変わっていることに多少の違和感を覚えたものの、生徒や自分に対する対応の仕方は堂々としていて自信にあふれており、やはり自分とは生きる世界が違うのだと妬んでいる。
エ．高校時代には手の届かない「向こう側」にいたと思っていた大田が、まさか覚えていないと思っていた自分とのやりとりを詳細に覚えており、さらに相手の状況を慮《おもんばか》って将来への指針をも示してくれるところから、改めて自分とは違う世界に生きていると思い感心している。
オ．高校時代には手の届かない「向こう側」にいたと思っていた大田に再会したことで、自分もその「向こう側」に行くことを目指して必死に努力してきたことを思い起こし、諦めかけていた目標を再び目指すきっかけを与えてくれた大田に心からの感謝を伝えたいと思っている。

9.「俺はしばらくうつむいてホースをにぎっていたけれども、ある一点でぐっと顔を上げて、盛大に水を撒き始めた」という記述は、「俺」がどのような気持ちになったことを表していますか。「俺」の変化がわかるように説明しなさい。

問二　次の会話文は、本文を読んだ後に教師と生徒が話し合っているものです。最も本文を理解していない生徒は誰ですか。

教師　この物語には、たくさんの「象徴」が描かれていましたね。どのようなものがあるか、話し合ってみましょう。

生徒A　学校の近くから家に戻るときに描かれる「不格好にひしゃげていた紙パック」は、頑張っているけれど報われない「俺」の自己評価を象徴していると思います。「俺」は自分のことを格好悪いと思っていたのだよね。

生徒B　サルみたいな高校生が執拗《しつよう》に買いたがっていた「ラムネ」は、高校時代のこだわりを象徴していると思うよ。

じいさんが戻ってきて、くたびれたズボンのポケットから煙草《たばこ》を出して火をつけた。じいさんのその手は陽に焼けて、血管が浮き出てごつごつしていた。俺は自分の白い手に目を落とし、俺の手もいつかあんなふうになるだろうか、と思う。

〈豊島ミホ『檸檬のころ』による〉

問一　――線部1～9について、それぞれの問いに答えなさい。

1.「目を細めて見ていた」とありますが、ここでの「俺」の気持ちはどのようなものですか。

ア. 輝く存在に憧れる気持ち
イ. 陽のまぶしさを疎《うと》む気持ち
ウ. 高校生の若さを羨《うらや》む気持ち
エ. 変わらない母校を喜ぶ気持ち
オ. 騒ぐ高校生を嫌悪する気持ち

2.「思わず手を離しそうになったけれども、ぐっとにぎりしめた」とありますが、このときの「俺」の状態を説明しているものはどれですか。

ア. 過去の出来事から目を背けようとしたが、もう一度強く受け入れようとしている。
イ. かつての記憶が蘇《よみがえ》ってきて動揺していたが、強い気持ちで思い出そうとしている。
ウ. 若いころを思い出すことは恥ずかしいけれども、自分の過去に向き合おうとしている。
エ. 印象的な思い出に現実を忘れそうになったが、我に返ってしっかりしようとしている。
オ. 高校時代の屈辱的な思い出に胸を痛めたが、目の前の球技に集中しようとしている。

3.「『継がない！　絶対継がない！』とこたえた」のはなぜですか。

ア. 面白いと言われたことが嬉《うれ》しくて、大田の期待に応えてみせるという決意を示したかったから。
イ. 店を継ぐような楽をする人間に見られたことが悔しくて、馬鹿にするなと抗議したかったから。
ウ. 地道に勉強することとくらいしかできない自分に、祖父の店を継ぐことなどできないと思ったから。
エ. 弁護士を目指すか迷っていたが、大田から褒められた自分ならきっとなれると決意を固めたから。
オ. 一目置く大田に認めてもらいたくて、地味な店を継ぐような自分にはならないと伝えたかったから。

4.「頑張ってる人は格好良い、なんて大嘘だ」というのはなぜですか。

ア. 頑張って何かをやり遂げたとしても、普段から格好悪い人は良く評価されないことがあるから。
イ. 頑張っている姿が格好良く見えるのは、結局普段から格好良く振る舞っている人だけであるから。
ウ. 自分の夢を掲げて頑張り続けていても、結局家族に妨害されて格好良くなりきれないものだから。
エ. 実現が無理なことを頑張り続けたところで、見ていられないという思いを周りに与えてしまうから。
オ. 自分のやりたいことを頑張るよりも、やるべき仕事をしてまっとうに過ごすほうが大切であるから。

5.「目元のほくろがよれた」とありますが、このとき大田はどのような顔をしていますか。

ア. 驚いている顔　イ. 笑っている顔
ウ. 馬鹿にした顔　エ. 恥ずかしげな顔
オ. 決まり悪そうな顔

6.「二人の生徒の背中をまぶしそうに見送っている」とありますが、このときの大田の様子を説明しているものはどれですか。

ア. 自らの指導によって生徒の問題行動を是正することができたことに、心から満足している。
イ. アスファルトを反射する光の強さに、思わず目を覆いたく昔より少しぜい肉がついて、そのぶん筋肉も増えたみたいだ。頬《ほほ》の辺りの線もしっかりして、あの頃とは印象が違う。

「さっさとグラウンドに戻る！」

大田が怒鳴りつけると、背の高いほうがもう一人を引きずって店を出ていった。サルみたいな小さいほうは、最後までラムネを惜しそうに見ていた。

暗い店先に、俺と大田が二人残された。彼の背後には、光を受けたアスファルトがあって、顔は逆光になっていた。けれども、6二人の生徒の背中をまぶしそうに見送っているのがわかった。

「大田」

向こうはおぼえてないだろう、と思いながら、俺は口にしていた。

「一回だけ、一緒にサボったよな」

大田は「え？」とか言うかと思ったのに、くしゃっと顔を歪《ゆが》ませて笑った。そして言った。

「お前、この店継ぐの嫌がってたじゃん」

何とも返事をしかねた俺がうつむくと、7大田は「ごめんごめん」と笑った。ぐるりと、天井や棚に首をめぐらせてから一つため息をつく。

「でもさあ、やっぱいいよな、ここ。お前もじいさんになるまで続けてくれよ？」

あの時、グラウンドで話した後立ち上がった時の、そのまんまの顔で大田が笑ったので、俺は言葉を失った。大田は「じゃ、授業中だから。そのうちまた来るわ」と片手を上げて立ち去ろうとした。それを俺は呼び止めた。

「大田！」

「ん？」

俺は振り返った大田に、なるべく普通の顔を作って言った。

「8やっぱ格好良いわ、お前」

大田は「何言ってんだ」と苦笑した。そうして、手を振り直して店先から消えた。

誰もいなくなった店のなかに、俺は一人立ちつくしていた。まぶしい外からは、蝉《せみ》の声が聞こえ、細い道を自転車が一台通り過ぎていった。向かいの家の垣根に、名前のわからない薄紫色の花が咲いていた。蝉が鳴きやむと、アイスクリームの入った深い冷蔵庫と、ラムネを冷やしているガラスケースが、ぶうんと低い音を鳴らしているのが聞こえた。

アイスの冷蔵庫の上に、さっきサルみたいな高校生が買いそびれたラムネが無造作に置かれていた。俺はそれを取って、ガラスケースのなかに戻す。扉を閉じて、ぱたんとゴムの音がした時、じりりと目頭に熱が射《さ》した。

土間にサンダルの底がこすれる音がして振り返ると、じいさんがそこにいた。俺は中指で目頭を押さえながら、「起きてたんなら、出てこいよ」と言った。じいさんはまた、歯の隙間から息を漏らして派手に笑った。

「今起ぎだなだ。もう二時だがらな、店の前さ水撒《ま》ぐどってしゃ」

じいさんは俺を押しのけて店を出た。見ると、店の前の地面に、緑色のホースが伸びていた。そういえばあの自販機スペースの横に、蛇口らしきものがあったと思い出す。

間があって、きゅっという金属音が響くと、ホースが水をぶち撒けながら暴れ出した。俺は「わあ」と叫んでホースに飛びつく。後ろから、じいさんが「晋平、こっちさも撒げよお」と言う声がした。

ホースから出る水は、それはもう、きらきらと光った。星がこぼれるようにアスファルトの上に落ちた。9俺はしばらくうつむいてホースをにぎっていたけれども、ある一点でぐっと顔を上げて、盛大に水を撒き始めた。ホースの先をにぎりつぶし、もっと遠く高く、勢い良く水が飛ぶように。

風が吹いて、水の上を涼しく通っていった。俺はそれで、店先に風鈴をつるすことを思いつく。

――明日は坂の下まで、風鈴を買いにいこう。

4頑張ってる人は格好良い、なんて大嘘《おおうそ》だ。

そりゃあ、格好良い人が頑張っている姿は大変格好良いに違いない。普段格好悪い人でも、頑張って何かをやり遂げた時には格好良く見えるかもしれない。

でも、できないことをいつまでもジタバタ、何年も何年も続けている奴なんて、痛々しいだけだ。文字通り、見てる奴のほうが痛いと思うに違いない。

あきらめろってみんなが言う。親でさえそうだ、頑張れなんて言ってくれない。さすがに、もうやめろとは言わないけれど、俺があきらめるのを心待ちにしている。途方もない夢を捨てて、地味でいいからまっとうな生活をして欲しいと思っているのがわかる。そのために、今日、俺をここまで連れ戻したのだ。金子商店店長の座と、じいさんとの今生《こんじょう》の別れまで用意して、俺の夢をくじこうとしているのだ、家族みんなして。

どうして家族なのに、俺の夢を邪魔するのか、まったく理解できなかった。俺が弁護士になったら、家を建て直すくらいわけないし、もっといい暮らしができる。商店を続けていくよりずっといい。邪魔する理由なんか、どこにもない。――そう思っていた。

でも、その「理由」を、俺はわかってしまった。

無理だから、だ。

何でそんなことを言い切れるのかとか、根拠はどこにとか、そういう問題じゃないのだ。無理なのだ、どう見ても。無理が過ぎて、痛々しいのだ。

俺はずるずるとつっかけを引きずりながら家へと戻った。途中で、空になったジュースのパックを自販機の横のくずかごに投げ捨てた。紙パックは不格好にひしゃげていた。店の戸をくぐると、薄暗い店先に体育着の高校生が二人いて、奥に向かって「すいませえん」と叫んでいた。二人そろって坊主頭をしている。片方はのっぽで片方はチビだけれども、それなりにしっかりした肩をしていて、運動部員だなとわかる。

「出てこねえ」

「いないんじゃないの。もうあきらめて自販機で何か買えよ」

「俺はこのラムネが欲しいの！」

後ろから「あの」と声をかけると、二人は驚いて飛び上がった。俺の気配に全く気付いていないらしかった。

「じいさん寝てるみたいだから、俺が会計しとくよ」

坊主頭の二人が顔を見合わせる。さっきの授業で、試合をしていなかった残りのチームの奴に違いなかった。

「いいのかな。この人ほんとは他人なのでは」

「じいさん、孫なんかいたっけ？　じいさん黒いのに、この人白いし」

二人はひそひそと話し合ったが、こちらに筒抜けだった。俺は「孫だよ」と言ったけれども、二人はいぶかしげな顔のままだった。

「じゃ、売らない」

そう言って俺が奥に引っ込もうとした時、「おい」と誰かが店先に駆け込んできた。

「またお前ら、抜け出して！　点数引くぞ！」

振り返ると、そこには黒いジャージの体育教師がいた。さっきは何とも思わなかったのに、そばで見ると見覚えがあった。右目の目元に、小さなほくろ。

彼の目が、こちらに向く。俺の顔をじっと見た。

「……金子、じゃねえ？」

5目元のほくろがよれた。俺は反射的に「大田《おおた》」と呼んでいた。横で、「金子って言った」「孫じゃん」という会話が聞こえた。

――大田だ。そうだ、あの男の名前は「大田」だった。

ぽかんとしている俺に、坊主コンビの小さいほうがラムネを差し出した。

「疑ってすんません。これ売ってください」

大田が「佐々木！」と生徒の名前を呼んで小突く。すっかり「先生」になってしまっている大田を、俺は改めて上から下まで見た。

そう言ったら、男は、少し先に見えるウチの看板と、俺の顔とを交互に見て、「へええ」と興奮した声で言った。何をそんなに盛り上がることがあろうか、と思ったけれど、実際彼は時々店を利用しているらしかった。その時も多分、店に行こうとグラウンドを通りかかったんだと思う。

きゅっと身体を縮めていた俺に、彼は身を乗り出して言った。

「え、何、お前が授業サボってても、じいさん、孫にジュースとか売ってくれんの？」

俺が「売ってくれない。授業中来たらケツ叩《たた》きするとか言ってる」とこたえると、男は何故《なぜ》か楽しげに、「だよなだよな」と言い、ぱっと手のひらを俺に差し出した。

「金よこせよ」

「はあ？」

カツアゲですか？　と顔色を変えた俺に、男は畳み掛けた。

「代わりに何か買ってきてやるよ。腹減ってるだろ」

半信半疑に百円渡して「じゃ、オロナミンC」と言うと、男はちゃんと茶色い瓶を手に戻ってきた。自分のぶんのコーラも持っていた。そうして隣に腰をおろして、コーラを飲み始めた。

ぽかぽかと陽《ひ》が降って、間があった。目の前の細い道は静まり返り、校舎のほうからかすかにピアノと歌が聞こえていた。俺とそいつは黙って飲み物を飲んでいた。何か話したほうがいいんだろうか、と思い始めた頃に向こうが言った。

「おい、何か面白い話しろよ。『金子商店ウラ事情』とか何かあんだろ」

命令形で言われ、本当に面白い話をしないと怒られるんじゃないだろうか、とびくびくしながらも、俺はじいさんから聞いた「昔話」を始めた。実際、何も面白いところのない個人商店史だったはずだが、彼はそれを「へえ」「はあん」とうなずきながらずっと聞いていた。

チャイムが鳴ると、そいつは立ち上がってズボンについた砂を払った。そうして俺に笑いかけたのだ。笑ったら、右目の目元にある小さなほくろがよれるのに気付いた。

「ちょっと面白かったよ、金子」

あまりに意外な展開に、俺はぼうっとしていた。立ち去りかけた男が、ふと振り返って「お前、店継ぐの？」ときいてきたので、慌てて3「継がない！　絶対継がない！」とこたえたのをおぼえている。

馬鹿な話だが、俺はそれで舞い上がった。いつもクラスの真ん中にいるあいつが、俺と話して「面白かった」と言ってくれたのだ。すっかり恋する乙女状態になった（実際、恋をするような素敵な高校生活ではなかったので、それくらいしか浮かれることがなかったんだろう）。教室の隅で、さえない仲間たちと話しながらも、真ん中からどっと笑い声が起こって、その真ん中にあの男がいるのを見ると、どこか誇らしい気持ちにもなったのだ。見るからにもたついた学生服姿の、女子と話したことがないような男集団のなかにいて、自分はこいつらと違う、俺は真ん中に行けるんだ、と思っていた。

今はこんなとこにいるけど、いつか俺もあんなふうになるんだ。そうだ、大学に入って東京に出る頃にはちょっとマシになっているはずだ。で、弁護士なんかになっちゃって、できる仲間に囲まれて、金もあって……。

いつか飛べる。俺は「飛べるほう」のはずだ。あいつと同じ側に行けるはずなんだ。――そう思い込んでいた。過去形にするかどうか微妙なところだが。

（中略）

あがいてあがいて、線の向こう側に行こうとした。……有名な学校に入って弁護士になることが、そのまま向こう側に行けることだとは限らなかっただろう。でも俺には、地道に勉強することくらいしかできなかったのだ。これなら、頑張れば実るだろうと思った。けど。

（中略）

エ．七月　　オ．九月
②　この文の出典は『おくのほそ道』ですが、作者は誰ですか。
ア．清少納言　　イ．紀貫之　　ウ．兼好法師
エ．鴨長明　　オ．松尾芭蕉
③　この作品が成立したのはいつですか。
ア．奈良時代　　イ．平安時代　　ウ．鎌倉時代
エ．室町時代　　オ．江戸時代

問八　次の和歌のなかで「一番すばらしい宝」であると歌われているものを、一字で抜き出しなさい。

銀《しろかね》も金《くがね》も玉も何せむに勝れる宝子にしかめやも

二　次の文章を読んで、後の問いに答えなさい。

金子晋平《しんぺい》（俺）は、大学卒業後、東京の資格試験予備校に通っているが、もう五回も司法試験に落ちている。祖父の命が危ないという、大げさな言葉で無理やり実家に呼び戻された晋平は、祖父の店である「金子商店」の跡継ぎになってほしいという家族からの自分への思いを感じとり、反発心を抱く。そんななか、家の目の前にある母校でソフトボールの授業が始まり、晋平はなんとなく見学しようとグラウンドに近づいていく。

カンッ、と気持ちの良い音が響いて、反射的に頭を上げた。白球が飛んでいく。レフトの横を抜け、グラウンドを通り抜けそうな勢いで低く飛んだ。

「フ・ジ・ヤ・マ～」

半分ふざけた感じの黄色い声が上がる。あっというまにバッターボックスから二塁まで駆け抜けた長髪の男子が、ピースサインを掲げた。ひょいひょいと三塁へ渡る。そこで足を止めると、後ろを向いて「イエー」と尻を振った。控えの打者たちからげらげらと笑い声が上がる。

俺はそれを、思わず1目を細めて見ていた。集まる歓声と笑い声、いつだって中心にいる奴《やつ》はいる。そうだ。俺が高校生の時だって。ふと向き直った、そのフジヤマという男と目が合った。彼は興味なさげに俺からふいと目をそらした。

――あっ。

その瞬間、じりりと胸が焼かれた。

――これ、前にもあった。デジャヴ？　違う。

汗が噴き出す。バッと開くようによみがえる記憶。同じグラウンド。誰かをまぶしく見ていたんだ、今と同じように。

俺は左手で額をぬぐうと、そのままフェンスに手をかけた。フェンスもすっかり熱せられていて、2思わず手を離しそうになったけれども、ぐっとにぎりしめた。

誰だ？　名前はもう忘れた。ひとりの男が、目の前に立っている。同じ学生服、同じクラス章。左足に体重をかけ気味に、ほんの少し気《け》だるそうにしたその立ち方もいちいちかっこよかった。

「金子ってさあ、『金子商店』と何か関係あんの？」

男が言った。俺はグラウンドの隅にちぢこまって座っていた。眠いし天気もいいしで、授業をサボっていたのだと思う。学校のほうから見えないように桜の木の陰に隠れるように座っていたら、そいつがのこのこと歩いてきたのだ。同じクラスだからといって、何か話しかけられると思っていなかったので驚いた。

何せ彼は、いつだってクラスの中心にいる側の人間だったのだ。笑い声の渦の一番真ん中にいて、常に「隅っこ感」の漂う俺とは別のステージにいる奴だった。同じ制服なのに、どこをどういじっているのか着こなしも違って、見栄えがよかった。二年生の時、学校イチ綺麗《きれい》な先輩に告《こく》られて付き合っていたという話だった。

その男が、わざわざ俺に声をかけてくるなんて、驚いて当然のことだった。俺は精一杯普通をよそおって返事をした。

「俺、『金子商店』の孫だよ」

二〇二四年度　日本大学第二高等学校

【国語】（五〇分）〈満点：一〇〇点〉

選択問題は、特別な指示のないかぎり、選択肢《し》から最も適当なものを一つ選んで記号で答えなさい。
記述問題は、特別な指示のないかぎり、句読点、カギ括弧《かっこ》なども一字に含まれます。

一　次のそれぞれの問いに答えなさい。

問一　次の――線部の漢字の読みをひらがなで答えなさい。

① 手土産を携えて行く。
② 制度の是非を問う。
③ 煩雑な手続きに戸惑う。

問二　次の――線部を漢字に直しなさい。

① 科学の発展にキヨする。
② インターネットがフキュウする。
③ バンゼンの準備をして臨む。

問三　次の――線部の□にあてはまる語をそれぞれ漢字一字で答えなさい。

① いよいよ正□場を迎える。
② 間一□のところで助かった。
③ 高校生活の□写真を描く。

問四　次の慣用句について後の問いに答えなさい。

・【　】を投げる
・【　】が合わない
・【　】を正す
・【　】を脱ぐ

① 【　】に入る語を選んだとき、余るものはどれですか。

ア．かぶと　イ．すな　ウ．そり
エ．さじ　オ．えり

② 完成させた慣用句の意味を選んだとき、余るものはどれですか。

ア．味わいやおもしろみがまったくないこと
イ．論争などで相手の力を認めて降参すること
ウ．解決の見込みがないとして手を引くこと
エ．心を引きしめ真面目な態度になること
オ．気性や考え方の違いからしっくりいかないこと

問五　次のカタカナ語の意味をそれぞれ選びなさい。

① バイアス
② メタファー
③ ステレオタイプ

ア．比喩の一つで、隠喩・暗喩
イ．左右対称であること・均整
ウ．ある地方に特有であるようす
エ．偏見・先入観・物事の傾向の偏り
オ．ありふれたやり方・決まりきった型
カ．自分が自分であることを根拠づけるもの

問六　次の説明にあてはまる品詞はどれですか。

・付属語で活用があり、他の語の後について、意味を付け加えたり、話し手や書き手の判断を表したりするもの。

ア．動詞　イ．形容詞　ウ．副詞
エ．助動詞　オ．助詞

問七　次の文に関する後の問いに答えなさい。

弥生《やよひ》も末の七日、明けぼのの空朧々《ろうろう》として、月は有りあけにて光をさまれるものから、富士の峰《みね》かすかに見えて、上野・谷中《やなか》の花の梢《こずゑ》、またいつかはと心ぼそし。

① ――線部「弥生」は何月ですか。

ア．一月　イ．三月　ウ．五月

2024年度／日本大学第二高等学校

英語解答

Ⅰ 放送文未公表

Ⅱ 1 ウ　2 エ　3 エ　4 ア
5 イ

Ⅲ 1 a…オ　b…エ
2 a…オ　b…イ
3 a…イ　b…ア
4 a…ウ　b…エ
5 a…イ　b…ウ

Ⅳ 1 uncle　2 continue
3 word　4 middle〔course〕
5 skip

Ⅴ 1 ウ　2 ア　3 オ　4 エ
5 イ

Ⅵ 1 【A】…ウ　【B】…イ　【C】…ア
【D】…エ
2 ウ　3 エ　4 ア　5 ア
6 イ　7 エ　8 ウ　9 エ

Ⅶ 1 alone　2 image
3 bottom　4 cause
5 perfect

Ⅷ 1 I'll take〔choose〕this cake.
2 If I had more money, I would buy it.

Ⅰ〔放送問題〕放送文未公表

Ⅱ〔適語(句)選択・語形変化〕

1．look forward to ～「～を楽しみにする」の‘～’の部分に動詞を置いて「～すること〔～するの〕を楽しみにする」という場合，‘～’に当てはまる動詞は原形ではなく～ing(動名詞)にする。　「来週，トムの祖母が彼の家にやってくる。彼は彼女に会うのを楽しみにしている」

2．‘時間の起点’を示すsince「～から」があるので，wait「待つ」という行為が1時からずっと続いていることがわかる。‘継続’は‘have/has＋過去分詞’の現在完了で表せるが，ここでは今もその動作が続いていることを表す現在完了進行形(‘have/has been ～ing’)を用いる。　「スミスさん，会議室に来ていただけますか。ジョーンズさんが1時からあなたを待っています」

3．「多くの種類の果物」が主語なので，growを「栽培されている」という受け身の意味にするとわかる。受け身形は，‘be動詞＋過去分詞’という形になる。　「サンフランシスコではブドウやサクランボなど多くの種類の果物が栽培されている」

4．後にwill be late todayという述語のまとまりがあるので，Someからpartyまでが大きな主語のまとまりで，空所からpartyまでがSome of the peopleを修飾する部分になっていると判断できる。直前のSome of the peopleとinviteは「招待された人の何人か」という受け身の意味でつながるとわかるので，受け身の意味を持つ形容詞的用法の過去分詞invitedにする。　「パーティーに招待された人の何人かは今日遅れる。道路で交通事故があったそうだ」

5．動詞のspeakを修飾する語として，副詞のwellが適切。good「よい」やable「できる」，skillful「技術が高い」は形容詞で，名詞の修飾語になる。　「シンガポールの多くの人は中国語と英語を上手に話す」

Ⅲ〔整序結合〕

1．文脈と語群から，「夏が一番好きだ」という文になると推測できる。「～が一番好きだ」はlike ～the bestで表せるのでHe likes summer the bestとし，この後に「～の中で」を表すofを置く。この後にall seasons「全ての季節」を続け，「全ての季節の中で」とする。　He likes summer the best of all seasons.「トムはサーフィンが大好きだ。彼は全ての季節の中で夏が一番好きだ」

2．'be動詞＋known as ～' で「～として知られている」という意味なので，'～' の部分には the first person「最初の人」が当てはまるとわかる。よって，ほかの語(句)でこれを修飾するまとまりをつくることになる。語群から stand on the moon「月の上に立つ」がつくれるので，この前に to を置いて to不定詞のまとまりをつくり，その前の the first person を後ろから修飾する形にする(to不定詞の形容詞的用法)。 Neil Armstrong is known as the first person to stand on the moon.「ニール・アームストロングは月の上に立った最初の人として知られている」

3．can の後には動詞の原形がくるので，can understand と始める。また，their「彼らの」の後には名詞がくるので，their parents というまとまりがつくれる。これらに加え，語群に gave があること，空所の後に them があることなどから，空所内は「両親が(彼らに)与えたアドバイスを理解する」といった意味の文になると判断できる。「両親が(彼らに)与えたアドバイス」は，'名詞＋主語＋動詞…' の形(目的格の関係代名詞が省略された形)で the advice their parents gave (them)とし，これを understand の後に置く。 But after they grow up, they can understand the advice their parents gave them.「多くの子どもは両親の話に耳を貸さない。しかし，大きくなったら，彼らは両親が自分たちに与えたアドバイスを理解できる」

4．'let＋目的語＋動詞の原形' は「～に…させる」という '使役' の表現で，'let ～ know' で「～に知らせる，～に教える」を表せる。Would you ～「～してくれませんか」という '依頼' の表現の後なので知らせる相手は me「私」で，let me know となる。この後には，when を使って知らせるべき内容を書くが，文中の疑問文になるので，'疑問詞＋主語＋動詞…' という間接疑問の語順で when you are free と並べる。 Would you let me know when you are free?「近いうちにあなたにお会いしたく思います。いつならお時間があるか教えていただけますか？」

5．語群や文脈から，made を 'make＋*A*＋*B*'「*A* を *B* にする」の形で使うと判断できる。'*B*' に rich が入るとわかるので，ここから，'*A*' に入るのが traders「貿易商」だと特定できる。残った語を selling these goods と並べて「こうした品物を売ること」という動名詞(～ing)のまとまりをつくり，これを made の主語としてその前に置く。 These goods were popular in Europe, so selling these goods made traders rich.「昔のヨーロッパ人はアジアから宝石や絹を手に入れた。これらの品物はヨーロッパで人気があったので，こうした品物を売ることで貿易商はお金持ちになった」

Ⅳ〔書き換え―適語補充〕

1．「デービッドは私の父の兄〔弟〕だ」→「デービッドは私のおじだ」 uncle「おじ」

2．「英語を上手に話せるようになるには英語の勉強をやめてはいけない」→「英語が上手に話せるようになるには英語の勉強を続けるべきだ」 「やめない」を「続ける」と考え，continue to ～「～することを続ける」の形を使って書き換える。

3．「niece は日本語でどんなふうに言うの？」→「niece に当たる日本語の単語は何？」 What があることや the Japanese に続く語であることから，名詞が当てはまると判断できる。「日本語でどんなふうに言うの」は，名詞を使うと「日本語の単語は何か」といった意味の文で書き換えられる。

4．「息子は番組を見ている間に泣き出した」→「息子は番組の最中に泣き出した」 「～の最中に，～の間に」は in the middle〔course〕of ～などで表せる。

5．「朝食をとらないのは健康によくない」→「朝食を抜かすのは健康によくない」 「朝食をとらない」を「朝食を抜かす」と考え，skip「～を抜かす」を使って書き換える。

Ⅴ〔会話文完成―適文選択〕

≪全訳≫❶スミス先生(S)：そうそう，来月日本から交換留学生が何人か来るのを覚えてる？　彼らはみんなに会えるのを楽しみにしているわ。ところでみんな，宿題の進み具合はどう？　$_{1}$手助けがいるようなら，いつでもききに来てね。今日はここまで。また来週！❷〔授業終了後，学校のカフェテリアで〕❸アネット(A)：$_{2}$先生が何のことを話してたのかわからなかったわ。何か聞き逃しちゃったかしら？❹イザベラ(I)：ちゃんと聞いてた？　スミス先生は，交換留学生のための50分間のアクティビティを私たちに企画してほしいのよ。今日はアイデアについて話し合う日でしょ？❺A：ああ…やっとわかったわ。心配しないで。いくつかアイデアはあるから。❻I：$_{3}$そうなの？　いくつか例を出してくれる？❼A：彼らは英語を習いに来るのよね？　ひょっとしたら，私たちが彼らに英語を教えてあげられるんじゃないかしら。きっと役に立つと思うわ。❽I：それはいい考えだけど，ちょっと退屈そうね。英語はどこでも学べるわ。語学だけじゃなくて，もっと別のことをした方がいいと思わない？❾A：確かにそうね。あなたはどう思う？❿I：$_{4}$学校見学なんてどう？　学校を案内するのよ。⓫A：おもしろそうね。もっと教えて。⓬I：私たちの学校のおもしろいところを紹介すればいいのよ。スクールバスがたくさんあるでしょ。日本の学生は黄色いスクールバスを見たことがないと思うわ。本当にアメリカっぽいでしょ。それに，私たちの学校には大きな菜園があるわよね。学生が手入れをしてる。ほかにいい場所はあるかしら？⓭A：大きな運動場があるわ。そこでたくさんのスポーツ大会が開かれるわよね。うちの野球チームとアメリカンフットボールチームはいいチームで，この街でも人気がある。⓮I：見せる場所がたくさんあるわね。クイズもできるし。ツアー中に何を見たかきくのもいいわね。⓯A：いいわね！　優勝者に賞品を出したらどうかしら？⓰I：この前の文化祭のTシャツがまだあるわ。$_{5}$スミス先生が何着か持っているかもしれない。⓱A：イザベラ：先生の所に行って彼女にきいてみましょう！　きっと喜んでくれるわ！

＜解説＞1．宿題の進み具合を学生たちに尋ねたスミス先生の言葉として，いつでも質問に来てよいというウが適切。　2．この後，イザベラはスミス先生が言っていたことをアネットに伝えている。先生が何を言っていたかわからないとアネットが言ったので，イザベラは改めてその内容を説明したのである。　3．先生の話を聞いていなかったのに，いくつかアイデアがあるというアネットに対し，イザベラは驚いたのだと考えられる。Is that so?「そうなの？」には，相手の発言などに驚きや疑念を示す意味がある。　4．直後で「学校を案内する」と言っていることから，school tour「学校見学」について話しているのだとわかる。　5．some T-shirts「Tシャツ」のことをher「彼女」に尋ねてみようという流れなので，herに当たるMs. Smithとsome T-shirtsを表すsomeが含まれるイが適切。

Ⅵ〔長文読解総合―説明文〕

≪全訳≫❶「怖いもの：地震，雷(嵐のとき，たいてい稲妻が光った後に聞こえる大きな音)，火事，オヤジ」　この古い日本のことわざを聞いたことがあるだろうか。これらは日本で恐れられている物事だ。知ってのとおり，日本は地震が多い。特に，1995年の阪神・淡路大震災と2011年の東日本大震災は忘れられない。これらの出来事を通じて，私たちは今，次の大地震に備える準備をしている。例えば，多くの人が避難訓練に参加し，非常持ち出し袋を備えている。私たちは地震についてよく知っているし，しっかり備えられている。しかし，雷についてはどうだろうか。❷雷にはいくつかの種類がある。主なタイプの1つが，田畑や山の頂上，海岸といった開けた場所で人体に直接ダメージを与える雷だ。これを「直撃雷」という。雷は一瞬で人を殺すと思うかもしれない。しかし実際には，直撃雷を受けても助かる人が20%程度いる。助かったとしても，障害が残る場合もあるが。❸主なタイプのもう1つは「側撃雷」と呼ばれるものだ。木のような背の高い物に雷が落ち，雷の電流がそれを伝って近くの人に飛んでいく。突然雨が降り出したとき，私たちはよく木の下に避難する。しかし，これをやってはいけない。そこで直接雷に打たれることはないかもしれないが，側撃雷に打たれる可能性があることを忘れてはならない。❹では，雷から身を守るためにはどうすればいいのか。目と耳を使って，雷や稲妻にできるだけ早く気づくことが大切だ。空が暗くなって雨が降り出したり，冷たい風が吹いたりしたら，雷が近づいていると考えるべきだ。頭上に雲がほとんどなくても，10キロ以内の雷の音は聞こえるのだ。この状況はかなり危険だ。つまり，雷が聞こえるということは，逃げろというサインなのである。AMラジオ放送も使える。AMラジオ放送を聴くと，雷が発するノイズをはっきりと聞き取ることができる。このノイズによって，50キロほど遠くから雷が近づいていると知ることができる。❺また，雷が鳴っているときに比較的開けた場所にいると危険であることも知っておく必要がある。花火大会や野外フェスティバルなどの大きなイベントは，そういう場所で行われる。そうした混雑した場所では，より安全な場所にすばやく移動するのが容易ではないことを忘れてはならない。主催者だけでなく来場者も，事前に気象情報をチェックする必要がある。雷が近づいていることがわかれば，主催者は人々を守るためにイベントを中止したり，時間を変更したりできる。❻屋外で雷から身を隠す場所がない場合，どうすればいいのか。傘をささずにしゃがむことが重要だ。これについてカギとなるのは，できるだけ低い姿勢で，両手を地面から離し，両足を揃え，地面との接触面積を小さくするためにつま先立ちになっておくことである。両耳を覆うことも重要だ。加えて，送電線の真下で待機するのもよい考えで，それはそこにいれば雷に打たれる可能性がより低くなるからだ。❼雷についてよくいわれることがあるが，本当だろうか。金属製のネックレスや腕時計をしていると，雷がきたときに危ないという話をよく耳にする。しかし，それは真実ではない。私たちが身につけている金属は雷と関係がない。だから，雷が聞こえても外す必要はない。また，雷が聞こえたら両手でへそを隠せともいわれている。これは日本独自の風習だ。起源ははっきりしないが，これについてはいくつかの見解がある。親が薄着をしている子どもに，「雷がおへそを取っていくよ」と言う。雷が近づくと，冷たい風が吹く。子どもは冷たい風でおなかが痛くなる。それを親から聞いて，子どもはより多くの服を着るようになる。❽私たちは経験をもとにして，大地震などの災害に備えている。どんなときでも身の回りで起こりうる災害について正しい知識を身につけ，危険な場所から安全な場所へできるだけ早く移動する方法を学ぶことで，私たちは大切な命を守ることができるのだ。

1＜要旨把握＞【A】第4段落は，目で見たり耳で聞いたり，あるいはAMラジオ放送を使ったりして雷の兆候をつかむことが話題になっているので，ウ.「視覚と聴覚で注意を払う」が適切。
【B】第5段落では，大きなイベントが行われる会場を例として挙げながら，イ.「開けた場所での雷の危険性」を説明している。　【C】第6段落では，最初の問いかけに答える形で，屋外で雷から身を守るための方法が述べられているので，ア.「屋外で落雷に遭わないために」が適切。
【D】第7段落は，金属を身につけていると雷に打たれやすくなる，雷が聞こえたら両手でへそを隠すなど，雷について古くからいわれてきたことについて述べられているので，エ.「人々が長く信じてきたこと」が適切。

2＜英問英答─内容真偽＞「第1段落について正しいのは次のうちのどれか」─ウ.「地震に備えて避難訓練が行われている」　第1段落第6，7文参照。大地震への備えの一例として，避難訓練への参加が挙げられている。

3＜英問英答─内容一致＞「直撃雷に襲われた場合，(　　)」─エ.「命があるかもしれないが，障害が残るかもしれない」　直撃雷については第2段落で述べられており，最後の2文に同様の説明がある。

4＜英問英答─内容真偽＞「側撃雷について正しいのは次のうちのどれか」─ア.「木の近くにいる人

が電流の衝撃を受ける可能性がある」　側撃雷については第３段落で述べられており，最後の３文に同様の説明がある。

5＜適文選択＞空所のある第４段落では，目で見たり耳で聞いたり，AMラジオ放送を使ったりすることで，雷の兆候がつかめるといった内容が書かれているので，「目と耳を使う」ことが大事だと伝えるアが当てはまる。

6＜英問英答―要旨把握＞「花火大会や野外フェスティバルのための場所が危険なのはなぜか」―イ．「人が多いので，雷が近づいてきたときに簡単に避難できない」　第５段落第２，３文参照。crowded「混雑した」がここではmany people「たくさんの人」，move to a safer place「より安全な場所に移動する」がここではtake shelter「避難する」と表現されている。

7＜要旨把握＞第６段落第２～４文参照。傘をささずにしゃがむ，両耳を覆うという説明から判断できる。

8＜英問英答―内容真偽＞「第７段落について正しいのは次のうちのどれか」―ウ．「日本の親は雷が聞こえたらへそを隠すように子どもに言う」　第７段落第６～最終文参照。雷が鳴ったらへそを隠せと親が子どもに言うのは日本独自の風習であるということを，その理由の考察とともに紹介している。

9＜英問英答―主題＞「この文章の題名として最も適切なものはどれか」―エ．「雷とは何か，雷にどう備えるべきか」　第２，３段落では雷について，第４～６段落では雷にどう備えるかが具体的に説明されており，これらが本文の主題となっている。

Ⅶ〔適語補充〕

1．「メスのシカはたいてい家族と一緒にいる。一方，オスのシカは１匹だけでいることが多い」On the other handは「一方」を意味しており，前後の内容を対比するはたらきを持つ。２文目はleave ～ alone「～を１人〔１匹〕で残す」の受け身形（'be動詞＋過去分詞'）になっている。

2．「鏡の前に立つと，自分の姿がそこに見える」　image「姿，像」

3．「水の入ったコップに塩をたくさん入れると，一部はコップの底に残る」　at the bottom of ～「～の底に」

4．「運転中にスマートフォンを使ってはいけない。重大な事故を引き起こす可能性がある」　Itは，運転中にスマートフォンを使ってはいけないという前の文の内容を指している。これが主語なので，「～を引き起こす」を意味するcauseが当てはまる。

5．「トムは試験でミスをしなかった，つまり彼は満点を取ったのだ」　ミスをしなかったのだから，満点を取ったことになる。「満点」はperfect score「完璧な得点」と表現できる。

Ⅷ〔和文英訳―完全記述〕

1．Ａ：「こんにちは，皆さん。私が皆さんを担当いたします。こちらがメニューになります」／Ｂ：「ありがとう。ええと，これがおいしそうね。それじゃあ，私はこのケーキにします。あなたはどうするの，リンダ？」//レストランなどで「～にします」と注文する際の表現として，'I'll〔I will〕take ～'がよく用いられる。「～が欲しいです」と考えて'I'd like ～'とすることや，「選ぶ」と考えてtakeの代わりにchooseを使うことも考えられる。

2．「そのダイヤモンドの指輪はとてもきれいだけど，私には高すぎるわ。もっとお金を持っていれば，それを買うのに」//現在の事実に反する願望を，仮定法を使って述べる。これは，'If＋主語＋動詞の過去形～，主語＋助動詞の過去形＋動詞の原形…'という形で表せる。「もっとお金」の部分は，「より多くのお金」と考え，more moneyと表すとよい。

数学解答

1 (1) $-\dfrac{2b^2}{45a^3}$　(2) $\sqrt{2}$
(3) $x=4\pm\sqrt{10}$　(4) 200　(5) $\dfrac{3}{8}$
(6) $y=25x$

2 (1) $(3,\ -9)$　(2) 6
(3) $\left(\dfrac{1}{4},\ \dfrac{1}{64}\right)$

3 (1) $3\sqrt{2}$　(2) $18\sqrt{2}$　(3) $\dfrac{27\sqrt{2}}{2}$

4 (1) $\dfrac{3\sqrt{55}}{11}$　(2) $2:3$　(3) $\dfrac{3\sqrt{55}}{5}$
(4) $\dfrac{3\sqrt{11}}{2}$

1 〔独立小問集合題〕

(1)＜式の計算＞与式$=-\dfrac{8}{27}a^6b^3\times\dfrac{15b^5}{4a}\div25a^8b^6=-\dfrac{8a^6b^3}{27}\times\dfrac{15b^5}{4a}\times\dfrac{1}{25a^8b^6}=-\dfrac{8a^6b^3\times15b^5\times1}{27\times4a\times25a^8b^6}=-\dfrac{2b^2}{45a^3}$

(2)＜数の計算＞与式$=(a+b)(a-b)-(a-b)$と変形する。$a+b=\dfrac{2+\sqrt{2}}{2}+\dfrac{2-\sqrt{2}}{2}=\dfrac{2+\sqrt{2}+2-\sqrt{2}}{2}=\dfrac{4}{2}=2$，$a-b=\dfrac{2+\sqrt{2}}{2}-\dfrac{2-\sqrt{2}}{2}=\dfrac{2+\sqrt{2}-(2-\sqrt{2})}{2}=\dfrac{2+\sqrt{2}-2+\sqrt{2}}{2}=\dfrac{2\sqrt{2}}{2}=\sqrt{2}$だから，与式$=2\times\sqrt{2}-\sqrt{2}=2\sqrt{2}-\sqrt{2}=\sqrt{2}$となる。

(3)＜二次方程式＞両辺を15倍して，$5(x-2)-3(x-4)=(x-4)(x-2)$，$5x-10-3x+12=x^2-6x+8$，$-x^2+8x-6=0$，$x^2-8x+6=0$となり，解の公式を利用して，$x=\dfrac{-(-8)\pm\sqrt{(-8)^2-4\times1\times6}}{2\times1}=\dfrac{8\pm\sqrt{40}}{2}=\dfrac{8\pm2\sqrt{10}}{2}=4\pm\sqrt{10}$である。

(4)＜特殊・新傾向問題―約束記号＞【a】は，aを5でわった余りを表すので，aの一の位の数が1，6のとき【a】$=1$となり，2，7のとき【a】$=2$となり，3，8のとき【a】$=3$となり，4，9のとき【a】$=4$となり，5，0のとき【a】$=0$となる。$1^2=1$より，一の位の数が1である数の2乗は，一の位の数が1だから，【1^2】$=$【11^2】$=$【21^2】$=\cdots\cdots=$【91^2】$=1$である。$2^2=4$より，一の位の数が2である数の2乗は，一の位の数が4だから，【2^2】$=$【12^2】$=$【22^2】$=\cdots\cdots=$【92^2】$=4$となる。$3^2=9$より，一の位の数が3である数の2乗は，一の位の数が9だから，【3^2】$=$【13^2】$=$【23^2】$=\cdots\cdots=$【93^2】$=4$となる。同様にして，$4^2=16$，$5^2=25$，$6^2=36$，$7^2=49$，$8^2=64$，$9^2=81$，$10^2=100$より，【4^2】$=$【14^2】$=$【24^2】$=\cdots\cdots=$【94^2】$=1$，【5^2】$=$【15^2】$=$【25^2】$=\cdots\cdots=$【95^2】$=0$，【6^2】$=$【16^2】$=$【26^2】$=\cdots\cdots=$【96^2】$=1$，【7^2】$=$【17^2】$=$【27^2】$=\cdots\cdots=$【97^2】$=4$，【8^2】$=$【18^2】$=$【28^2】$=\cdots\cdots=$【98^2】$=4$，【9^2】$=$【19^2】$=$【29^2】$=\cdots\cdots=$【99^2】$=1$，【10^2】$=$【20^2】$=$【30^2】$=\cdots\cdots=$【100^2】$=0$となる。よって，【1^2】$+$【2^2】$+$【3^2】$+\cdots\cdots+$【100^2】は，$1+4+4+1+0+1+4+4+1+0$が10回繰り返した和となるから，【1^2】$+$【2^2】$+$【3^2】$+\cdots\cdots+$【100^2】$=(1+4+4+1+0+1+4+4+1+0)\times10=20\times10=200$となる。

(5)＜確率―硬貨＞1枚の硬貨を3回投げるとき，表，裏の出方はそれぞれ2通りあるから，表，裏の出方は全部で$2\times2\times2=8$(通り)ある。表が出ると1点，裏が出ると2点だから，得点の合計が5点になるとき，$5=1+2+2$より表が1回，裏が2回である。このような場合は，(1回目，2回目，3回目)＝(表，裏，裏)，(裏，表，裏)，(裏，裏，表)の3通りあるから，求める確率は$\dfrac{3}{8}$である。

(6)＜関数―直線の式＞次ページの図で，▱ABCDの対角線AC，BDの交点をMとすると，▱ABCDは，点Mを対称の中心とする点対称な図形であるから，原点Oを通り▱ABCDの面積を2等分する直線は，点Mを通る。点Mは，線分ACの中点である。2点A，Cは放物線$y=\frac{1}{2}x^2$上の点で，x座標がそれぞれ-6，8であるから，点Aのy座標は$y=\frac{1}{2}\times(-6)^2=18$，点Cの$y$座標は$y=\frac{1}{2}\times 8^2=32$より，A$(-6,\ 18)$，C$(8,\ 32)$である。これより，点Mの$x$座標は$\frac{-6+8}{2}=1$，$y$座標は$\frac{18+32}{2}=25$となり，M$(1,\ 25)$である。直線OMの傾きは$\frac{25}{1}=25$だから，求める直線の式は$y=25x$となる。

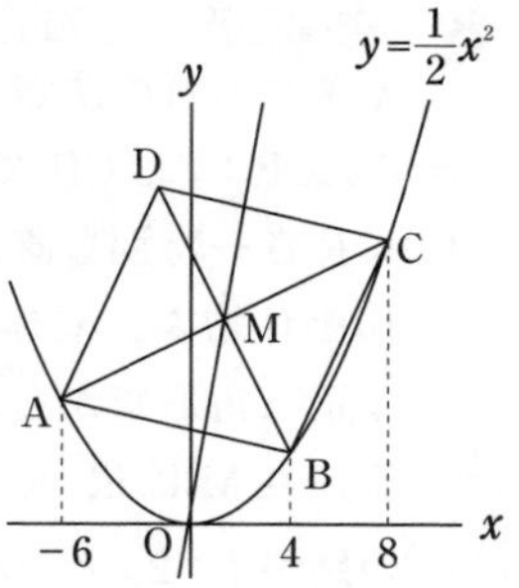

2 〔関数—関数$y=ax^2$と一次関数のグラフ〕

(1)＜座標＞右図で，点Aは放物線$y=\frac{1}{4}x^2$上の点だから，点Aのx座標が2のとき，y座標は$y=\frac{1}{4}\times 2^2=1$より，A$(2,\ 1)$である。点Bの$y$座標は点Aの$y$座標より1大きいから，$1+1=2$である。点Bは放物線$y=\frac{1}{4}x^2$上の点だから，$2=\frac{1}{4}x^2$，$x^2=8$，$x=\pm 2\sqrt{2}$となり，$x<0$より，$x=-2\sqrt{2}$である。これより，B$(-2\sqrt{2},\ 2)$である。点Bと点Cの$x$座標は等しいから，点Cの$x$座標は$-2\sqrt{2}$となり，点Cは放物線$y=-x^2$上の点だから，$y=-(-2\sqrt{2})^2=-8$より，C$(-2\sqrt{2},\ -8)$である。点Dの$y$座標は点Cの$y$座標より1小さいから，$-8-1=-9$である。点Dは放物線$y=-x^2$上の点だから，$-9=-x^2$，$x^2=9$，$x=\pm 3$となり，$x>0$より，$x=3$となる。したがって，D$(3,\ -9)$である。

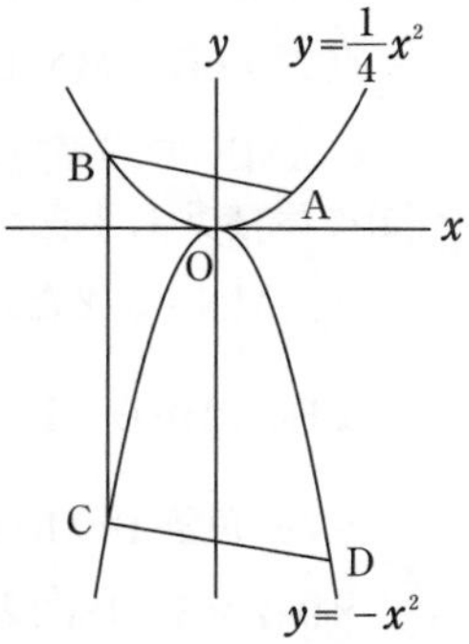

(2)＜x座標＞右上図で，2点B，Cのx座標を$s\ (s<0)$とする。点Bは放物線$y=\frac{1}{4}x^2$上にあるので，$y=\frac{1}{4}s^2$となり，B$\left(s,\ \frac{1}{4}s^2\right)$である。点Cは放物線$y=-x^2$上にあるので，$y=-s^2$となり，C$(s,\ -s^2)$である。BCは$y$軸に平行なので，BC$=\frac{1}{4}s^2-(-s^2)=\frac{5}{4}s^2$と表せる。よって，BC$=50$のとき，$\frac{5}{4}s^2=50$が成り立ち，$s^2=40$となる。これより，点Bの$y$座標は$\frac{1}{4}s^2=\frac{1}{4}\times 40=10$である。点Aの$y$座標は点Bの$y$座標より1小さいので，$10-1=9$となり，A$(t,\ 9)$と表せる。点Aは放物線$y=\frac{1}{4}x^2$上にあるので，$9=\frac{1}{4}t^2$が成り立ち，$t^2=36$，$t=\pm 6$となる。$t>0$だから，$t=6$である。

(3)＜座標＞右上図で，(2)と同様に，点Aのx座標をtとする。点Aは放物線$y=\frac{1}{4}x^2$上にあるので，$y=\frac{1}{4}t^2$となり，A$\left(t,\ \frac{1}{4}t^2\right)$となる。2点A，Dの$x$座標の差が2より，点Dの$x$座標は$t+2$であり，点Dは放物線$y=-x^2$上にあるから，$y=-(t+2)^2=-t^2-4t-4$より，D$(t+2,\ -t^2-4t-4)$である。また，点Bの$y$座標は$\frac{1}{4}t^2+1$となり，点Bは放物線$y=\frac{1}{4}x^2$上にあるので，$\frac{1}{4}t^2+1=\frac{1}{4}x^2$より，$x^2=t^2+4$，$x=\pm\sqrt{t^2+4}$となる。$x<0$だから，$x=-\sqrt{t^2+4}$であり，B$\left(-\sqrt{t^2+4},\ \frac{1}{4}t^2+1\right)$となる。点Cは放物線$y=-x^2$上にあり，$x$座標は$-\sqrt{t^2+4}$だから，$y=-(-\sqrt{t^2+4})^2=-t^2-4$より，C$(-\sqrt{t^2+4},\ -t^2-4)$である。よって，点Dの$y$座標が点Cの$y$座標より1小さいことから，$-t^2-4t-4=-t^2-4-1$が成り立つ。これを解くと，$-4t=-1$，$t=\frac{1}{4}$となり，$\frac{1}{4}t^2=\frac{1}{4}\times\left(\frac{1}{4}\right)^2=\frac{1}{64}$となるから，A$\left(\frac{1}{4},\ \frac{1}{64}\right)$である。

3 〔空間図形—正四面体〕

≪基本方針の決定≫(2)　BC⊥〔平面 MAD〕である。　(3)〔四面体 ABCP〕:〔正四面体 ABCD〕$=$△ACP:△ACD である。

(1)<長さ—特別な直角三角形>右図のように，点 M と 2 点 A，D をそれぞれ結ぶ。立体 ABCD が正四面体より，△ABC，△DBC は合同な正三角形だから，AM＝DM となり，△MAD は二等辺三角形となる。点 M は辺 BC の中点だから，AM⊥BC となり，△ABM は 3 辺の比が $1:2:\sqrt{3}$ の直角三角形となる。よって，$\mathrm{AM}=\frac{\sqrt{3}}{2}\mathrm{AB}=\frac{\sqrt{3}}{2}\times6=3\sqrt{3}$ となり，$\mathrm{DM}=\mathrm{AM}=3\sqrt{3}$ である。また，点 N は辺 AD の中点だから，MN⊥AD となる。$\mathrm{AN}=\mathrm{DN}=\frac{1}{2}\mathrm{AD}=\frac{1}{2}\times6=3$ だから，△AMN で三平方の定理より，$\mathrm{MN}=\sqrt{\mathrm{AM}^2-\mathrm{AN}^2}=\sqrt{(3\sqrt{3})^2-3^2}=\sqrt{18}=3\sqrt{2}$ となる。

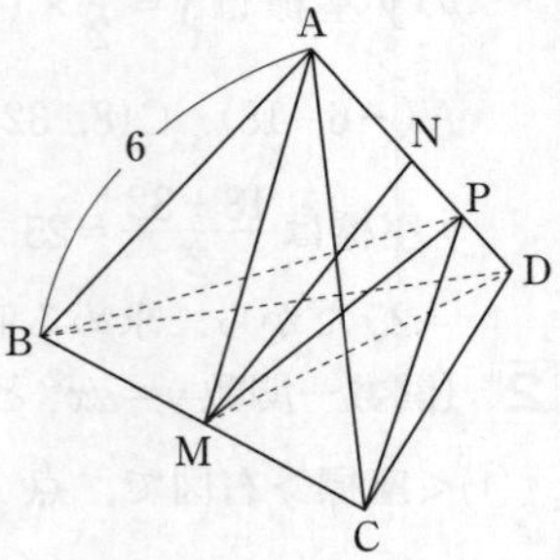

(2)<体積>右上図で，正四面体 ABCD は，三角錐 B-MAD と三角錐 C-MAD に分けられる。(1)より，$\mathrm{MN}=3\sqrt{2}$ だから，$\triangle\mathrm{MAD}=\frac{1}{2}\times\mathrm{AD}\times\mathrm{MN}=\frac{1}{2}\times6\times3\sqrt{2}=9\sqrt{2}$ である。また，AM⊥BC，DM⊥BC だから，BC⊥〔平面 MAD〕となる。$\mathrm{BM}=\mathrm{CM}=\frac{1}{2}\mathrm{BC}=\frac{1}{2}\times6=3$ なので，〔正四面体 ABCD〕＝〔三角錐 B-MAD〕＋〔三角錐 C-MAD〕$=\frac{1}{3}\times\triangle\mathrm{MAD}\times\mathrm{BM}+\frac{1}{3}\times\triangle\mathrm{MAD}\times\mathrm{CM}=\frac{1}{3}\times9\sqrt{2}\times3+\frac{1}{3}\times9\sqrt{2}\times3=18\sqrt{2}$ となる。

(3)<体積>右上図で，△PAM は AP＝MP の二等辺三角形，△MAD は AM＝DM の二等辺三角形であり，∠PAM＝∠MAD で底角を共有しているから，△PAM∽△MAD である。よって，AP：AM＝AM：AD だから，$\mathrm{AP}:3\sqrt{3}=3\sqrt{3}:6$ が成り立つ。これより，$\mathrm{AP}\times6=3\sqrt{3}\times3\sqrt{3}$，$\mathrm{AP}=\frac{9}{2}$ である。四面体 ABCP，正四面体 ABCD を，それぞれ，△ACP，△ACD を底面とする三角錐と見ると，高さが等しいので，体積の比は〔四面体 ABCP〕:〔正四面体 ABCD〕＝△ACP：△ACD となる。△ACP：△ACD＝AP：AD$=\frac{9}{2}:6=3:4$ だから，〔四面体 ABCP〕:〔正四面体ABCD〕＝3：4 となる。(2)より，〔正四面体 ABCD〕$=18\sqrt{2}$ だから，〔四面体 ABCP〕$=\frac{3}{4}$〔正四面体 ABCD〕$=\frac{3}{4}\times18\sqrt{2}=\frac{27\sqrt{2}}{2}$ である。

4 〔平面図形—円と二等辺三角形〕

≪基本方針の決定≫(4)　△GEC∽△BFC であることに気づきたい。

(1)<長さ—相似>右図で，辺 AB と円 O の接点を P とする。△ABC は AB＝AC の二等辺三角形だから，図形の対称性より，3 点 A，O，E は同一直線上にあり，AE⊥BC，$\mathrm{BE}=\mathrm{CE}=\frac{1}{2}\mathrm{BC}=\frac{1}{2}\times6=3$ となる。よって，△AEB で三平方の定理より，$\mathrm{AE}=\sqrt{\mathrm{AB}^2-\mathrm{BE}^2}=\sqrt{8^2-3^2}=\sqrt{55}$ となる。また，$\angle\mathrm{APO}=\angle\mathrm{AEB}=90^\circ$，∠PAO＝∠EAB より，△APO∽△AEB だから，OP：BE＝AO：AB である。円 O の半径を r とすると，$\mathrm{OP}=\mathrm{OE}=r$，$\mathrm{AO}=\mathrm{AE}-\mathrm{OE}=\sqrt{55}-r$ より，$r:3=(\sqrt{55}-r):8$ が成り立つ。これより，$r\times8=3\times(\sqrt{55}-r)$，$11r=3\sqrt{55}$，$r=\frac{3\sqrt{55}}{11}$ である。

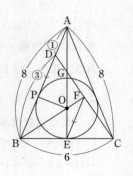

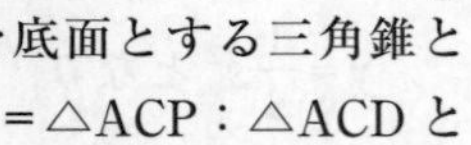

(2)<長さの比>右上図で，AD：BD＝1：3 より，$\mathrm{AD}=\frac{1}{3}\mathrm{BD}$ である。また，∠DCB＝∠FCE であり，

BA∥EF より，∠DBC＝∠FEC だから，△DBC∽△FEC である。これより，BD：EF＝BC：EC＝2：1 となり，EF＝$\frac{1}{2}$BD である。よって，AD：EF＝$\frac{1}{3}$BD：$\frac{1}{2}$BD＝2：3 である。

⑶＜長さ—相似＞前ページの図で，∠AGD＝∠EGF であり，BA∥EF より，∠DAG＝∠FEG だから，△ADG∽△EFG となる。よって，⑵より，GA：GE＝AD：EF＝2：3 となるから，GE＝$\frac{3}{2+3}$AE＝$\frac{3}{5}\times\sqrt{55}=\frac{3\sqrt{55}}{5}$である。

⑷＜長さ—相似＞前ページの図で，BD＝$\frac{3}{1+3}$AB＝$\frac{3}{4}\times8=6$ となり，△DBC は BD＝BC＝6 の二等辺三角形である。また，BD∥EF，BE＝CE より，DF＝CF となり，点 F は線分 DC の中点である。よって，BF⊥DC であるから，∠GCE＝∠BCF，∠GEC＝∠BFC＝90°より，△GEC∽△BFC となる。これより，GE：BF＝GC：BC である。GE＝$\frac{3\sqrt{55}}{5}$，CE＝3 だから，△GEC で三平方の定理より，GC＝$\sqrt{GE^2+CE^2}=\sqrt{\left(\frac{3\sqrt{55}}{5}\right)^2+3^2}=\sqrt{\frac{720}{25}}=\frac{12\sqrt{5}}{5}$である。したがって，$\frac{3\sqrt{55}}{5}$：BF＝$\frac{12\sqrt{5}}{5}$：6 が成り立ち，BF×$\frac{12\sqrt{5}}{5}=\frac{3\sqrt{55}}{5}\times6$ より，BF＝$\frac{3\sqrt{11}}{2}$となる。

＝読者へのメッセージ＝

放物線は，英語でパラボラ(parabola)といいます。パラボラアンテナは放物線の形を利用してつくられています。

国語解答

一 問一 ① たずさ ② ぜひ
③ はんざつ
問二 ① 寄与 ② 普及 ③ 万全
問三 ① 念 ② 髪 ③ 青
問四 ①…イ ②…ア
問五 ①…エ ②…ア ③…オ
問六 エ
問七 ①…イ ②…オ ③…オ
問八 子

二 問一 1…ア 2…イ 3…オ 4…エ
5…イ 6…ウ 7…ウ 8…ア
9 それまでは店を継ぐ気はなかったが，大田が大田らしく格好よく生きているのを見て，自分も自分らしく店を継ごう，と決意した。
問二 ［生徒］E

三 1 ・各地の人びとの生活の具体的な姿
・世界的なつながり
2 ウ，エ 3 イ 4 ウ
5 ア 6 オ 7 イ
8 ①…ア
② 「世界商品」の生産から消費までの過程を追い，世界各地の人々の生活の具体的な姿を知って，世界各地の相互のつながりを理解すること［によってこそ，］現在の世界がなぜ，どのようにして，こうなったかがわかる［から。］

一〔国語の知識〕

問一＜漢字＞①音読みは「携行」などの「ケイ」。　②「是非」は，正しいことと正しくないこと。適正であるかどうかということ。　③「煩雑」は，こみ入っていて，わずらわしいこと。

問二＜漢字＞①「寄与」は，社会や人の役に立つこと。　②「普及」は，広く一般に行き渡ること。③「万全」は，完全で，少しの手抜かりもないこと。

問三＜語句＞①「正念場」は，実力を発揮しなければならない，最も大切な場面のこと。　②「間一髪」は，危険が髪の毛一本分のすき間しかない，ぎりぎりのところまで迫っているさま。　③「青写真」は，かつては設計図に青写真と呼ばれる青地の印画が用いられたことから，未来の計画のこと。

問四＜慣用句＞「さじを投げる」は，医師が調合用のさじを投げ出すほど，回復の見込みがない，という意味。転じて，成功や解決の見込みがないと判断して諦める，という意味(①…エ，②…ウ)。「そり(反り)が合わない」は，反り具合が違う刀と鞘《さや》のように，性格や考え方が違うために，どうしてもうまくやっていくことができない，という意味(①…ウ，②…オ)。「えりを正す」は，気持ちを引き締めて真剣に物事に取り組む，という意味(①…オ，②…エ)。「かぶとを脱ぐ」は，とてもかなわないと認めて降伏する，という意味(①…ア，②…イ)。

問五＜語句＞①「バイアス」は，偏り・先入観のこと。　②「メタファー」は，比喩であることを明示せずに用いる隠喩(暗喩)のこと。　③「ステレオタイプ」は，考え方が固定的であることや行動が画一的であること。

問六＜品詞＞付属語は，自立語に接続して文節の一部になるもの。活用があるのは，助動詞である。

問七①＜古典の知識＞旧暦の月の異名は，一月から順に，睦月，如月，弥生，卯月，皐月，水無月，文月，葉月，長月，神無月，霜月，師走となる。「弥生も末の七日」は，三月二十七日のこと。
②＜文学史＞『おくのほそ道』は，松尾芭蕉の俳諧紀行文。　③＜文学史＞『おくのほそ道』は，江戸時代前期に成立した。

問八＜和歌の内容理解＞『万葉集』に収められている，山上憶良の歌。銀も金も宝玉も，どうしてそれよりも優れている宝である子どもに及ぶだろうか，いや，及ばない，という意味。

二〔小説の読解〕出典：豊島ミホ『檸檬のころ』。

問一．1＜心情＞母校のグラウンドで，鮮やかな三塁打を打ったクラスの人気者らしい高校生を見て，「俺」は，「いつだって中心にいる奴はいる」と思った。そういう存在にずっと憧れていた「俺」は，その高校生をまぶしく感じて，思わず目を細めたのである。

2＜文章内容＞「俺」は，かつて「同じグラウンド」で，同じように「誰かをまぶしく見ていた」ことを思い出しかけて，ハッとした。一瞬，デジャヴかと考えたが，違うと思い直し，「俺」は，そのときのことをしっかり思い出そうとして，熱いフェンスを「ぐっと」握った。

3＜文章内容＞「いつだってクラスの中心にいる側の人間」である大田に話しかけられ，さらに「ちょっと面白かったよ」と話を褒められて，「俺」はうれしくなった。「俺」は，自分を，大田と「同じ側」に行ける価値のある人間だと大田に思ってほしくて，地元の商店を継ぐような，つまらない人間にはならないという意味を込めて，「継がない」と言った。

4＜文章内容＞「できないことをいつまでもジタバタ，何年も何年も続けている」人は「痛々しいだけ」であり，そんなふうに「頑張ってる人」は，「格好良い」どころか，みっともないのである。

5＜表現＞大田は，「笑ったら，右目の目元にある小さなほくろがよれる」のである。「……金子，じゃねえ？」と言って，「目元のほくろがよれた」とき，大田は，笑っていたのである。

6＜心情＞大田は，授業をサボっていた二人の生徒をどなりつけはしたが，かつては，自分も彼らと同じことをしていたこともあって，彼らを「まぶしそう」にいとおしく思いながら，優しい気持ちで，その背中を見送っていた。

7＜文章内容＞「俺」が店を継ぐのを嫌がっていたことを大田に指摘されると，「俺」は，返事ができずにいた。大田は，自分の発言が「俺」の痛いところを突いてしまったのだろうと感じて，謝った。

8＜心情＞高校時代の「俺」は，大田は自分とは違う，「線の向こう側」にいる人間だと思っていた。しかし，現在の大田は，高校の教師というありふれた職についていて，高校時代の「俺」との思い出も記憶していた。大田は，昔から今まで，「向こう側」にいたのではなく，ただ自分らしく振る舞っていただけであり，だからこそ「格好良い」のだと，「俺」は思ったのである。

9＜心情＞うつむいて水を撒いていた「俺」が「ぐっと顔を上げて，盛大に水を撒き始めた」のは，前向きな気持ちになったからである。それまで「俺」は，店を継ぐことは人々の輪の中心に行くという夢を諦めることだと思い，店を継ぐことに反発していた。しかし，久しぶりに出会った大田と話をして，大田はただ大田らしく生きているだけで，だから「格好良い」ことを知った。「俺」は自分も，大田のように自分らしく生きようと思い，店を継ぐ決意を固めたのである。

問二＜表現＞A．「不格好にひしゃげて」いる紙パックは，「無理」なのに弁護士になろうとしている「俺」の「痛々しい」姿と重ねられているのだろう(…○)。　B．ラムネは，若者が欲しがっても手に入らないものを象徴しているのだろう(…○)。　C．ラムネをガラスケースに戻したことは，「俺」が，若い頃からこだわってきた夢を胸の内にしまい込んだことを表している。ガラスケースは，「俺」の心の奥底を表しているのだろう(…○)。　D．「目頭に熱が射した」ことは，「俺」が涙ぐんだことを表している。こだわり続け，もがいてきた夢を手放すことで，「俺」は，開放感や悔しさ，空しさなどさまざまな感情が込み上げてきたのだろう(…○)。　E．「俺」は，華やかな成功者になって「線の向こう側」に行くことを諦め，店を継ぐ決意を固めた。風鈴は，「俺」の自分らしく生きようという前向きさを表しているのだろう(…×)。

三〔論説文の読解―政治・経済学的分野―国際〕出典：川北稔『砂糖の世界史』。

≪本文の概要≫モノを通じて歴史を見ることで，世界のさまざまな地域の人々の具体的な生活の局面がわかり，庶民の生活の仕方を知ることもできる。モノから見た歴史のもう一つの特徴は，世界的なつながりが一目でわかることである。現代の世界は一つだと，よく言われるが，その意味を正しく理解するのは難しい。しかし，「世界商品」の生産から消費までをじっくりたどれば，世界は一つであることを，十分理解することができる。歴史学は，単に昔のことを調べる学問ではない。今の世界がなぜこのようになっているのか，どのような歴史的変遷があったのかを研究するのが，歴史学である。今の世界は，さまざまな問題を抱えており，その一つに格差の問題がある。この問題は，歴史的に見れば，砂糖きびや綿花といった「世界商品」の生産と消費に関係がある。今や「世界はひとつ」なのだから，世界的なつながりの中で，一つ一つの歴史上の出来事や状況を見ていくことは，大切なのである。

１＜文章内容＞「モノをつうじて歴史をみること」によってわかることの「ひとつ」は，「各地の人びとの生活の具体的な姿」であり，「もうひとつ」は「世界的なつながり」が「ひと目でわかる」ことである。

２＜指示語＞世界の人々が互いを理解し合うには，例えば砂糖の歴史からわかる，「ティー・ブレイク」を取っていた「労働者」や「カリブ海の奴隷」といった庶民の生活を知ることが重要である。

３＜文章内容＞砂糖は，「主としてカリブ海で生産」されたが，そのための「労働力となった黒人奴隷はアフリカから導入」されたし，「生産された砂糖のほとんどはヨーロッパで消費」された。砂糖の生産から消費までの過程には，三つの大陸が関係しており，砂糖の歴史を知るためには，その結びつきを理解しなければならない。

４＜文章内容＞「世界商品」である砂糖の歴史を正しく理解するためには，「生産から消費まで」をたどる必要がある。だから，消費者であるヨーロッパの側だけではなく，生産者の側である「カリブ海の奴隷」や「奴隷狩りの対象となったアフリカ」の事情についても知る必要がある。

５＜文章内容＞歴史学は，「たんに昔のことを調べる学問」ではなく，「いまある世界がなぜこのようになっているのか」といったことを研究する学問である。現在の状況を理解するために過去の出来事を研究するのが歴史学であり，だからこそ，「すべての歴史は現代史である」といえるのである。

６＜文章内容＞「日本のように『飽食の時代』といわれている社会」があり，一方では，「毎日，何万人もの子どもたちが世界のどこかで餓死している」地域もある。そのように，対照的な状況にある社会が，「同時に，この地球上に存在して」いる。

７＜文章内容＞ヨーロッパ人は，砂糖きびの生産に適していたために，カリブ海に砂糖のプランテーションをつくり，また，アメリカ合衆国の南部やインドには，綿花プランテーションをつくった。プランテーションでは，砂糖なら砂糖だけ，綿花なら綿花だけを栽培したので，これらの地域では，ほかの産業は成立しなかった。「モノカルチャー」は，一種の作物だけを栽培する農業のこと。

８①＜要旨＞「アメリカ合衆国の南部に奴隷制の綿花プランテーションが成立した」ことと「インドが綿花プランテーションの土地になっていった」ことは，いずれも「イギリスの産業革命と切り離しては考えられないこと」である。　②＜文章内容＞砂糖や綿花のような「世界商品」の生産から消費までを追い，「各地の人びとの生活の具体的な姿」を知り，「その時代，その地域の人びとと共感」して，「世界各地の相互のつながり」を理解することによってこそ，私たちは，現在の「いまある世界がなぜこのようになっているのか」「ここにくるまでにはどのような歴史的変遷があって，いまこうなっているのか」を理解することができるのである。

2023年度 日本大学第二高等学校

【英　語】（50分…[I]は9分程度）〈満点：100点〉

[I]　〔リスニング問題〕 問題は，Part I ～PartⅢの3種類です。〈編集部注：放送文は未公表につき掲載してありません。〉

Part I　これから4つの対話が放送されます。それぞれの対話の最後の発言に対する応答として最も適切なものを，対話の後に読まれる選択肢の中から1つずつ選び，記号で答えなさい。対話と選択肢は1度しか読まれません。

1．ア．
　イ．
　ウ．

2．ア．
　イ．
　ウ．

3．ア．
　イ．
　ウ．

4．ア．
　イ．
　ウ．

PartⅡ　これからまとまった英語が放送されます。その後にその内容について英語で質問を3つします。質問の答えとして最も適切なものを，下の選択肢の中から1つずつ選び，記号で答えなさい。英語と質問は2度読まれます。途中でメモを取ってもかまいません。

1．ア．Take off the masks during the lessons.
　イ．Wear their name tags on their shirts.
　ウ．Eat the cookies in the cooking room.
　エ．Go to the cooking room after the musical shows.

2．ア．45 minutes.　　イ．60 minutes.
　ウ．80 minutes.　　エ．90 minutes.

3．ア．The students will go to the gym with the speaker.
　イ．The students can learn to cook in the cooking room.
　ウ．The students can get some snacks in the cafeteria.
　エ．The students will watch the musicals of the other students.

PartⅢ　これから2つの英語の質問が放送されます。それぞれの質問に対して，**あなた自身の答え**を英語で書きなさい。質問は2度読まれます。**質問を書く必要はありません**。

【例】	《放送される質問》	《あなたの答え》	
	“What time is it now ?”	It’s ten thirty.	(○)
		Ten thirty.	(△)
		10:30.	(×)

1．

2．

以上でリスニング問題は終了です。引き続き，筆記問題を解答してください。

Ⅱ　次の各文において，空所に当てはまる英語として最も適切なものを１つ選び，記号で答えなさい。

1．Ueno Zoo is open ______ 9:30 a.m. to 5:00 p.m.

ア．at　イ．for　ウ．from　エ．with

2．One of the most common names for dogs in the United States ______ Rocky.

ア．is　イ．are　ウ．do　エ．does

3．I sent some used clothing of ______ to the earthquake victims in Taiwan.

ア．I　イ．my　ウ．me　エ．mine

4．______ chickens are birds and have wings, they cannot fly.

ア．Because　イ．Though　ウ．If　エ．When

5．There are a lot of club activities in the Second Senior High School of Nihon University. ______ students join these activities.

ア．Most　イ．Almost　ウ．Much　エ．A lot

Ⅲ　次の各文が意味の通る英文になるように，下のア～オの英語を並べかえて空所を補いなさい。その際，ａとｂに入るものをそれぞれ選び，記号で答えなさい。

1．Because of the Internet, people in the 21st century [______ __a__ ______ __b__ ______] ever before.

ア．more　イ．than　ウ．can　エ．information　オ．get

2．There are a lot of [______ __a__ ______ __b__ ______] black holes.

ア．things　イ．don't　ウ．about　エ．we　オ．know

3．Nihon University gives [______ __a__ ______ __b__ ______] successful in their lives.

ア．be　イ．many　ウ．to　エ．opportunities　オ．its students

4．There are several kinds of glass. The glass [______ __a__ ______ __b__ ______] from the glass in eyeglasses.

ア．is　イ．used　ウ．in　エ．different　オ．windows

5．A： I ate Vegemite and it was delicious. Have you ever tried it?

B： No, I haven't. Can you tell [______ __a__ ______ __b__ ______]?

ア．what　イ．is　ウ．it　エ．me　オ．like

Ⅳ　次の各組の文がほぼ同じ内容になるように，（　）に最も適切な単語１語を答えなさい。

1．What is your mother tongue?

What is your first (　　)?

2．I'm planning to go to London by airplane.

I'm planning to (　　) to London.

3．We are going to play soccer. Do you want to play it together?

We are going to play soccer. Do you want to (　　) us?

4．This book looks interesting. Can I borrow it until tomorrow?

This book looks interesting.　Can you (　　　) it to me until tomorrow ?

5 . Kyoko moved to the other side of the river by swimming.

Kyoko swam (　　　) the river.

V　次の Kate と Jessica の会話を読み，空所に当てはまる最も適切な英語をそれぞれ下から選び，記号で答えなさい。ただし，同じ記号を２回以上使ってはいけません。

Kate　: Can you believe we are leaving this school so soon ?

Jessica : (　　1　　)　I still remember the first day in this school.

Kate　: We will miss our teachers and their classes.

Jessica : One class stands out.　Do you remember the science project last year ?

Kate　: Of course.　We made a balloon car.　(　　2　　)

Jessica : Mr. Johnson told us to make it again after school.　He was very strict.

Kate　: (　　3　　)　But he was a good teacher.　I feel sad to hear that he is leaving this school as well.

Jessica : What !　Who told you that ?

Kate　: Some teachers were talking about him.

Jessica : I didn't know that.　What will he do ?

Kate　: He is planning to learn more about science in college.

Jessica : Wow !　He still encourages himself to study.　That's amazing.

Kate　: We know how much he loves science.　He looks very happy when he is teaching in class.

Jessica : (　　4　　)　For example, how about writing a letter ?

Kate　: Sounds nice, but just giving him a letter is boring.　Well . . ., I have an idea !

Jessica : Let me hear it.

Kate　: Shall we make a balloon car with a letter in it?　We can leave it in the science room.

Jessica : That's an interesting idea.　(　　5　　)

Kate　: OK !　I have an empty plastic bottle here.

Jessica : Then, I'll go and buy some balloons.　Let's work on it at home !

＝選択肢＝

ア．He'll know it's from us.

イ．Why don't we do something for him ?

ウ．But it didn't run well.

エ．Time has passed so quickly.

オ．I agree.

VI　次の英文を読んで，あとの問いに答えなさい。(なお［　］内の数字は paragraph (段落) の番号を示し，★は注があることを示します)

［1］ For about thirty years, all over the world, we have been facing the problem with food : food waste.　We often throw away food which we still can eat.　On the other hand, there are a large number of people who are suffering from hunger.　This is surely because of a lack of balance. People in the world have been making a lot of efforts to solve this problem.　It is necessary for each of us to understand those activities.　By doing so, all the people in the world can find their own way of what they can do for this problem and how they can help people who cannot get enough food to live.

[2] According to ★the Ministry of Agriculture, Forestry and Fisheries (MAFF), about 1.3 billion tons of food is wasted in the world every year. This is about 33 percent of the amount of food which we produce every year. In Japan, we waste 6.12 million tons of food every year. This is the same amount of food which 14 million people of Tokyo eat every year.

[3] The food waste problem has two parts. The first one is about the food waste from stores and supermarkets. They set very high ★standards for what food should look like. During food processing, they choose some bad-looking food which we can still eat without any problems, and throw it away immediately. They worry that customers will not buy these foods because of their shape. In this way, a lot of food is wasted.

[4] The second part is about the food waste from our homes. We often buy too much food to eat without thinking, cook a lot and don't eat most of it. By just trying to solve this problem, we can gradually reduce food waste day by day. We need to buy and cook food more carefully. However, that is not enough to solve the problem. One effective way to reduce food waste was introduced in the UK. They try to turn food waste from homes into useful energy such as electricity and ★biogas. All the wasted food can be used in various ways. This idea leads to a good ★sustainable cycle.

[5] Another problem is that Japanese people especially are too careful of ★the Best Before Date (BBD). When some food products' BBD ★expires, stores and supermarkets do not sell them. The BBD refers to the best time to eat the food we buy. However, this does not mean we cannot eat it after the date. This situation makes the food problem even worse. For example, at convenience stores in Japan, a lot of part-time workers say that they were so shocked that they had to throw away too much food over its Best Before Date. Naturally we want to choose more fresh food, but we need to consider what we should do to reduce food waste. We should choose a food item from the front of the shelf because the staff put food items in time order.

[6] To solve these problems, there are a lot of things we can do. First of all, we should eat all the food we get, so we should try to buy the amount of food we need. When we eat out, we should not order too much, and we should try to take out ★leftover food by asking for a box to bring it back home. By using the latest technology, we can reduce food waste in other ways. One way is to download "food drive" apps which accept food ★donations and deliver them to the people who need food. These food drive app services started recently. We can start this activity with just our smartphones. For example, in Canada, they created a useful app. They first take a picture of the food product they want to donate, and then upload it to a map. After that, somebody in need can come and get it. In addition to these solutions, we can depend on some ★NPOs which support people who don't have enough food all over the world. These types of NPOs always accept food donations. We can ★apply to give food through the Internet anytime. In a more familiar case, we can join a "food drive" campaign. It started in the 1960s in the United States. We collect food from our homes and bring it to city offices or NPOs. Then, they ★publicly send it to the people who need it. In some high schools, their student council joins this kind of campaign. Now in the 2020s, we can get closer to the solution of the food waste problem by making every single effort.

《参照資料》 農林水産省ホームページ https://www.maff.go.jp/j/pr/aff/2010/spe1_01.html

（注） ★the Ministry of Agriculture, Forestry and Fisheries (MAFF) 農林水産省

★standard　判断基準　★biogas　生物ガス（有機物が発酵，腐敗してできたメタンガス）
★sustainable　持続可能な　★the Best Before Date　賞味期限　★expire　期限が切れる
★leftover　食べ残りの　★donation　寄付　★NPO　非営利組織
★apply　申し込む　★publicly　公的に

【問題】

1．以下の表において，各段落の説明として最も適切なものを選び，記号で答えなさい。

Paragraphs	Explanations
［1］	Introduction
［2］	【A】
［3］	【B】
［4］	The food waste from our homes.
［5］	【C】
［6］	【D】

ア．Some solutions to reduce food waste.
イ．The food waste from stores and supermarkets.
ウ．How much food is wasted in the world and in Japan.
エ．How to treat food over the Best Before Date in Japan.

2．Which of the following is true about food waste？
ア．Very few people in the world work on the problem caused by food waste.
イ．A lot of people do not understand the meaning of food waste.
ウ．People need to understand what others are doing to solve the problem of food waste.
エ．It will take more than 30 years to find the best way to help people without enough food.

3．According to MAFF, how much food do people in the world throw away every year？
ア．About 3.9 billion tons of food every year.
イ．About 6.12 million tons of food every year.
ウ．About one-third of the food wasted every year.
エ．About one-third of the food produced every year.

4．Food waste happens in stores and supermarkets because ＿＿＿＿＿.
ア．the staff members worry that bad-looking food is thrown away by the customers
イ．the staff members throw away bad-looking food during food processing
ウ．the customers buy only good-looking food because of its price
エ．the customers set very high standards for food taste

5．What do people in the UK do to reduce the food waste from their homes？
ア．They learn how to cook well in order to use food in an effective way.
イ．They change food waste from their homes into something necessary for their lives.
ウ．They send food waste to recycling factories in the UK through the Internet.
エ．They try to eat as little food as they can to decrease the amount of food waste.

6．Which of the following is true about Paragraph［5］？
ア．Stores and supermarkets usually do not sell food over the Best Before Date.
イ．Many Japanese people know that they cannot eat any food over the Best Before Date.
ウ．Many part-time workers bring home a lot of food over the Best Before Date.

エ．Japanese people are too careful about the Best Before Date to keep food products fresh.

7．How does the latest technology help us to reduce food waste ?

ア．We can make a network of the “food drive” restaurants by using an app.

イ．We can create an album of people who need food by uploading pictures.

ウ．We can show a picture of food we want to donate to the people who need the food.

エ．We can find the people who can drive and deliver food by using a “food drive” app.

8．Which of the following is NOT true about the “food drive” campaign ?

ア．The people who have extra food send it directly to the people who need it.

イ．There are some high school students who have joined the campaign.

ウ．The campaign started earlier than food drive app services.

エ．The campaign started in the United States.

9．Which is the best title of this passage ?

ア．How to be smart in a sustainable environment.

イ．What to do to reduce food waste today.

ウ．What is the true meaning of the Best Before Date ?

エ．Why is leftover food made ?

Ⅶ　次の各文が意味の通る英文になるように（　）に最も適切な英語を書きなさい。ただし，答えはそれぞれ示された文字で始まる**単語１語**とします。なお，解答欄には最初の文字を含めて書きなさい。

1．Which (s　　　) are you studying, math or science ?

2．Penguins sometimes spend their time on land, but they spend most of their lives in the (o　　　).

3．Don’t cross the road at a red light.　We must obey the (t　　　) rules.

4．A lot of people were killed in the aircraft accident, but only five people were able to (s　　　).

5．If four sides are as long as each other, and the four angles are 90°, the shape is a (s　　　).

Ⅷ　次のそれぞれの下線部を，文脈に合うように**「主語」と「動詞」のある英語１文**で表現しなさい。

1．I usually visit the Kobe Public Library.　この地域で一番大きいです。

2．My cake is gone !　誰が食べたのですか。

【数　学】（50分）〈満点：100点〉

（注意）　1．分度器，コンパスは使用できません。

2．分数はできるところまで約分して答えなさい。

3．比は最も簡単な整数比で答えなさい。

4．$\sqrt{\quad}$ の中の数はできるだけ小さな自然数で答えなさい。

5．解答の分母に根号を含む場合は，有理化して答えなさい。

6．円周率はπを用いなさい。

1　次の問いに答えよ。

(1)　$-3a^2\div\left(-\dfrac{5}{3}ab\right)^3\times(-5b^2)^3$ を計算せよ。

(2)　$95^2-25-67^2+9$ を計算せよ。

(3)　$\sqrt{12(15-3m)}$ が整数になるような正の整数mの値をすべて求めよ。

(4)　$x=\sqrt{5}+\sqrt{3}$，$y=\sqrt{5}-\sqrt{3}$ のとき，$\dfrac{y}{x}-\dfrac{x}{y}$ の値を求めよ。

(5)　右の図のように，点A～Ｉは円周上を９等分する点である。AG と IE との交点をＰとするとき，∠GPE の大きさを求めよ。

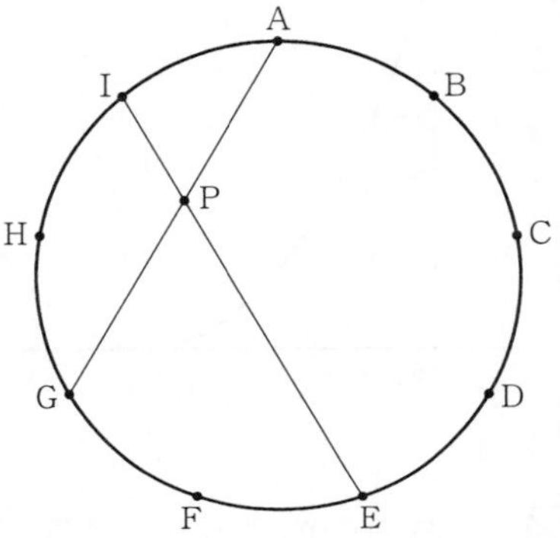

(6)　下の図は，生徒20人に実施した小テストの得点をヒストグラムに表したものである。この小テストの得点の中央値を求めよ。

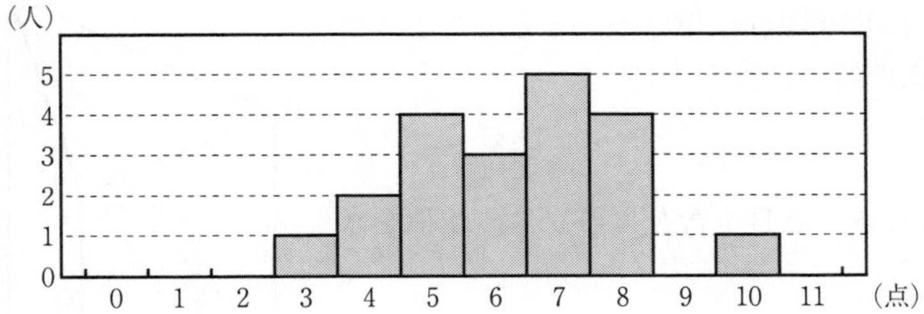

2　下の図のように，平行四辺形 ABCD の辺 AD を４：３に分ける点をＥ，辺 DC の中点をＦ，線分 AF と BE との交点をＧ，線分 AF の延長と辺 BC の延長との交点をＨとする。次の問いに答えよ。

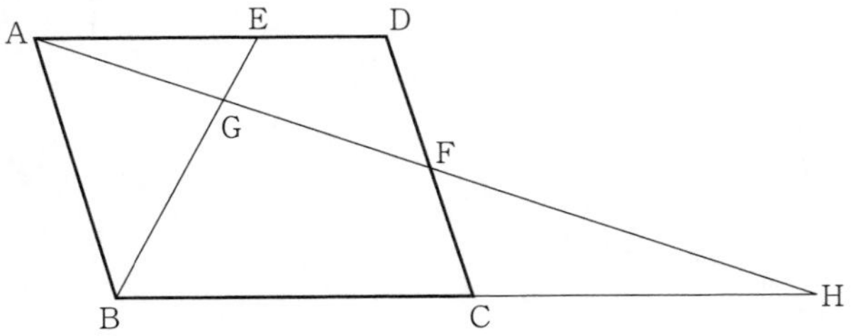

(1)　線分比 BG：GE を求めよ。

(2)　線分比 AG：GF を求めよ。

(3)　四角形 EGFD の面積は平行四辺形 ABCD の面積の何倍か求めよ。

3　下の図のように，関数 $y=ax^2(a>0)$ のグラフ上に３点A，B，Cがあり，点Aの座標は $(-8,\ 16)$，点Bの x 座標は -6 で，２点B，Cの y 座標は一致する。次の問いに答えよ。

(1)　a の値を求めよ。

(2)　直線 AC の式を求めよ。

(3)　点Oを通り，四角形 ABOC の面積を２等分する直線の式を求めよ。

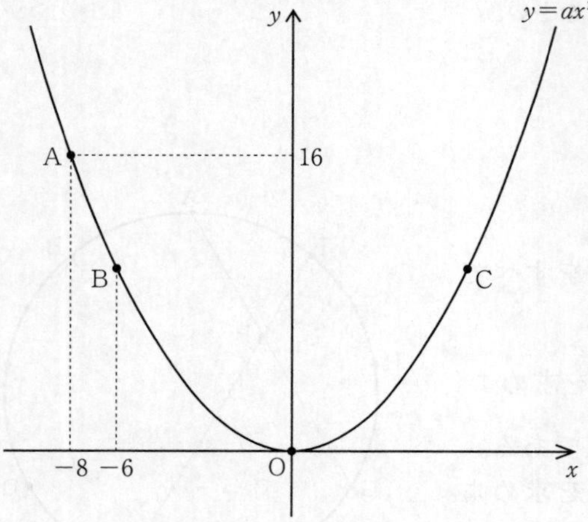

4　右の図のように，AD＝10cm の正三角柱 ABC-DEF において，BE 上に点P，CF 上に点Qを，それぞれ EP＝2cm，FQ＝6cm となるようにとると，∠AQP＝120° になった。次の問いに答えよ。

(1)　∠PAQ の大きさを求めよ。

(2)　辺 AB の長さを求めよ。

(3)　この立体を平面 APQ で切断するとき，点Bを含む方の立体の体積を求めよ。

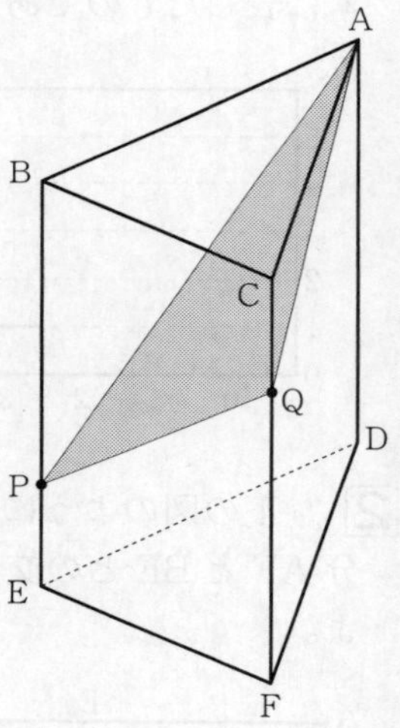

わって認識できる人
ウ．あらゆる才能の中でも味覚が際立って伸びていて、美味しさの判別ができる人
エ．こどものころに最高の味だと感じた母乳に似た味を、作り出すことができる人
オ．初期の味覚を持ち続けて、それに基づいて美味しさを作り出すことができる人

7．「さきに発達したものの方が、あとから発達する能力より優秀であることを証明するのは、容易ではない」といえるのはなぜですか。
ア．後に発達したものは、先にあったものの系統でしか発想されることができないから。
イ．先に発達したものは、それ以後に出てくるものより常に先行すると考えられるから。
ウ．後から発達するものは、先にあったものよりも進化を遂げていると考えられるから。
エ．先に発達したものは、後から出てきたものと同等となってしまうと考えられるから。
オ．後から発達するものは、先に出てきたものの劣化版となってしまいがちであるから。

8．「それ」とはどういうことですか。
ア．西洋と異なり最初の公教育をリテラシイ教育としたこと
イ．教師が耳のことばをふまえてリテラシイ教育を行ったこと
ウ．話し聴く言葉が文字の教育より高級であるとしていたこと
エ．言語教育は学校へ通える年齢のこどもにのみ行うとしたこと
オ．文字の教育を言語教育のすべてであるように考えたこと

9．「『文はひとなり（ビュフォン）』という有名なことばは、〝ことばは人なり〟ほど妥当ではない」とはどういうことですか。
ア．日本語は二つの文字を使用しており、使用する文字によって表現する内容が異なっているため、一つの文字だけで表現することを意図した内容では日本語は表せないということ
イ．文は単語が集まってできた集合体であるから、本来その国の人となりを考えるときは言葉を元にして考えなければならないので、考え方自体が間違ってしまっているということ
ウ．ビュフォンはフランスの人であり、フランス語によって表現されたものの考え方では、その他の言語で表現される物の考え方や表現の仕方を表すことは不可能であるということ
エ．日本語は表音文字と表意文字を使用する複雑な言語であるので、表音文字だけで表現されることを前提とした内容の表現では、日本人のことを表すのに適当ではないということ
オ．言葉で表現されるものが複雑にからみ合うことで文は作り上げられるため、言葉を考えずに人というものを考えることそのものが、正しい考え方としては成立しないということ

10．「日本語の個性」とはなんですか。説明しなさい。

上げた。

声だけのことばを使っている限り、表音言語と表意言語が混用されていても、表音のみの言語と変わるところがないといってよい。しかし、文字の読み書きを考えると、単層言語と複合言語の差はきわめて大きい。

日本人はそのことを考えずに、ヨーロッパをまねてリテラシイ教育をして疑うことがなかった。日本人として、失ったものははかり知れないほど大きい。10日本語の個性はユニークなもので、ヨーロッパ流の言語教育では、充分その力を発揮させるのは困難である。

〈外山滋比古『聴覚思考―日本語をめぐる20章』による〉

〈注〉 ＊天賦の＝生まれつきの
＊顕在化＝はっきりと形にあらわれて存在すること
＊ツール＝手段、方法
＊弁別＝物事の違いをはっきりと見分けること
＊純化＝まじりけを除いて純粋にすること
＊リテラシイ、識字能力＝いずれも、読み書きの能力
＊ビュフォン＝フランスの博物学者

問 ——線部1〜10について、それぞれの問いに答えなさい。

1.「これ」が指す内容を七十五字以内で抜き出し、始めと終わりの三字を答えなさい。

2.「しかるべき温かくやさしい育成」とはどういうことですか。

ア．才能は生まれた時にすでに完成しているので、そのまま何もせずに見守りながら育てていかなければならないこと
イ．能力は生まれた時に備わっているものをどのようにして育て上げるかによって、その後の成長に変化が生じてくること
ウ．赤ちゃんの才能はどんな大人の才能よりも可能性を秘めているので、大人がそれを無理に変化させることはできないこと
エ．すばらしい能力は目に見えないものであるので、周囲の者が、それがまだ表れていないことを理解して育てていくこと
オ．才能を育てる時には優しさだけではなく、あらゆる方法と可能性を考えながらこどもに接していかなければならないこと

3.「天才の賞味期限が切れる」とはどういうことですか。

ア．人間が生まれたときからもつすべてをすることのできる能力が、消え去ってしまうこと
イ．あらゆる新しい能力が、十歳になる以前に身につけられなくなってしまうということ
ウ．人間が生まれてから成長とともに得た能力が、だんだんと失われていってしまうこと
エ．人間がもともともつ目に見える力を、表に出さずに内に秘めて育成しないでおくこと
オ．あらかじめ持つ能力が時代に合わず古くなってしまい、使えない状態となっていくこと

4.「三つ児の魂、百まで」と似た意味のことわざはどれですか。

ア．病は治るが癖《くせ》は治らぬ
イ．老いては子に従え
ウ．無くて七癖
エ．身から出たさび
オ．蛙《かえる》の子は蛙

5.「個性化すること」とはどういうことですか。

ア．共通の感覚を持つこと
イ．好みを持つということ
ウ．大人になるということ
エ．一通りわかるということ
オ．社会で認められること

6.「プロの料理人」とはどのような人のことですか。

ア．味覚が優れているため、万人に合う最高の味を次々と思いつくことができる人
イ．美味《おい》しいものがどのようなものかを知っていて、それを味

の役しか果たしていない。6プロの料理人といわれる人は何らかの事情によって初期の味覚を温存、＊純化させた場合であろう。

多種多様な人間能力のうち大本は目(視覚)と、耳(聴覚)である。近代は、視覚を聴覚より優先するものときめてしまっているようであるが、どういう根拠によって、そうなったのか吟味、考究されることは稀《まれ》であると言ってよい。

発生的に見れば、先に述べたように聴覚が視覚に先行する。耳の方が目よりも重要であるかのようであるが、7さきに発達したものの方が、あとから発達する能力より優秀であることを証明するのは、容易ではない。

ことばに関しては、聴覚が先行するのははっきりしている。はじめのことばは、耳からきこえる声である。目が見えなくてもことばを覚えることはできるが、耳がきこえないと言語習得ははるかに大きな困難にぶつかることでも、それはわかる。

ことばについて、目の出番は、文字を待たなくてはならない。近代教育は、文字を教えるところから始まったことを現代ではほとんど忘れてしまっている。そのために視覚言語が〝はじめのことば〟であるような錯覚を生じることになった。

よみ、かき、さんじゅつ。

すべて目のことばである。耳のことばは〝卒業〟してしまっているかのように考えたのだとすれば、大きな誤解であると言わなくてはならない。

＊リテラシイ、識字能力は、音声言語が既習であるという前提に立つべきであるが、それをあいまいなままにしてスタートしたのは適当ではなかった。近代人の言語能力が、昔の言語文化をはるかに上まわるものになっていないのは、根拠なく視覚言語を聴覚言語より上位のものとした偏見の故であると言ってよいかもしれない。

リテラシイ教育は、こどもが学校へ自分で通える年齢まで保留されなくてはならなかったが、それが、話し聴くことばより高級である保証にはならない。それを考えないで、文字の教育を言語教育のすべてであるように考えたのは、大変な誤りであった。〝はじめのことば〟が、耳のことばであることをしっかりふまえた上で、こどもの言語教育、リテラシイ教育を行なった教師は例外的であったと想像される。8それによって、人類が失ったものははかり知ることができない。

ことばの最初の公教育はリテラシイであるとしたのは十八世紀末、十九世紀初頭にかけてのヨーロッパの教育学思想によるものである。まったく文化状況の異なる日本が、明治、外国を手本にして文化構築をしようとして、リテラシイの実体を吟味するゆとりはなかった。西洋でしていることに間違いはない。なるべくうまくそれを見倣《なら》うのが急務であると、ほとんどすべての人が思い込んだ。無理もないことで、いまになってその非をあげつらうのは不当であるかもしれないが、やみくもに外国の模倣をするのは、生活文化においては誤りであるかもしれないという思考は必要だったのである。

人間はことばを用いる動物である、という点において、世界は一つである。しかし、どういうことばを使うかは、国により地方により民族によりそれぞれ異なっていて、決して一様ではない。それどころか相互に通じない多くの言語に細分化されている。日本のことばが、フランスのことばと違うことは、こどもでもわかるが、どういうように違うかは、比較言語学でもうまく説明できない。

9「文はひとなり(＊ビュフォン)」という有名なことばは、〝ことばは人なり〟ほど妥当ではない。日本語による日本人のメンタリティは、英語によるイギリス人、あるいは、アメリカ人のそれと同じではないように思われる。

文字には表音文字と、表意文字がある。表音文字は、日本語でいえば、仮名であらわされる。表意文字は、漢字になる。ヨーロッパのことばはほとんど表音文字のみを用いてきた。それに対して、日本語は、ヨーロッパと同じく表音文字の仮名を用いるが、それだけでなく、表意文字の漢字を随時、混入するという複雑な言語をつくり

9．「――」に入る夢芽子の気持ちはどのようなものと考えられますか。
ア．不思議な奇跡を起こしたおばあちゃんの持つ力は、偉大だ。
イ．自分はいま、奇跡のような物語の主人公になれている。
ウ．もう一度迷子になってしまうなんて、思ってもみなかった。
エ．不思議な出来事や奇跡など、やはり起きるわけがない。
オ．おばあちゃんの魔法にかけられたことが信じられず、怖い。
10．「混沌とした力」とはどのような力ですか。解答欄に合うように五十字以内で説明しなさい。

三　次の文章を読んで、後の問いに答えなさい。

人間はいろいろなことを習得して人間らしくなる。生まれたときは、なにもできない。だれから教えられたわけでもないが、いつとはなしに多くのことを覚える。ぼんやりそんな風に考える。

実は、1これは間違いであると私には思える。

生まれたとき、こどもは、人間として考えられるすべてをすることのできる能力をもっている。天与の能力、天才といってよい。それとはしらぬ、まわりが、いろいろ乱暴な扱いをしているうちに、それらの＊天賦《てんぷ》の才能が音もなく消され、傷つけられ、死滅するのである。

その天与の能力は潜在力であるから、2しかるべき温かくやさしい育成が必要である。何もしないでおけば、3天才の賞味期限が切れる。賞味期限がどれくらいであるかははっきりわからないが、十年はもたないようである。つまり十歳になる前に、適当な育成を行なわなければ、もって生まれた才能は消滅、二度とあらわれることはない。昔の人が、「十で神童、十五で才子、二十すぎれば、ただの人」とことわざのように言ったのは、天賦の才能が衰退するのをとらえたことばと見るとおもしろい。

才能は人事万端にわたり多岐、多様である。もっとも基幹的能力としては、聴覚、視覚、触覚、嗅覚、味覚があり、こうした生理的能力のほかに、心理的な第六感のようなものもある。

こどもはまわりからの育成が充分でなくとも、自力によって、潜在的な力を＊顕在化していく。そういう才能発現は四十ヵ月くらいで一段落を見る。それがその子の個性というわけで、昔の人は、これを「三つ児《ご》の魂」として、その子の命のある限り大きく変化することはないと考えたようである。「4三つ児の魂、百まで」というわけである。

先に述べた様々な才能は一斉にのびるわけではない。おのずから順序があるようで、もっとも早いのは聴覚である。

こどもは、母親の胎内にいるときすでに耳がきこえる。胎児が刺激に反応しているということがはっきりしたのは比較的近年になってからである。生まれ落ちた時、ほとんどすべての子は、音をききわける力がはたらくようになっているのである。

それに比べると、視覚の方は発動がゆっくりしている。生まれたばかりの子は、まだものがはっきり見えていない。焦点も定まらず、キョロキョロする。やがて母親の顔がわかるようになるが、そのころまでに、聴覚によって母親の声をほかの音と区別できるようになっているようである。泣いていても、母親の声をきくと泣きやむが、ほかの人の声ではダメだということがおこるようになる。

嗅覚は大人になると微弱になってほとんど実際の役に立っていないようだが、初期においては、きわめて鋭敏であると想像される。母親なども、声によって認知するとともに、嗅覚で、母親の匂いを識別しているのである。触覚や味覚は、人間生活において、視覚や聴覚ほどは大きなはたらきをしないため、成人に達するまでに5個性化することは少ないようであるけれども、初期においては、重要な認知の＊ツールであったと想像される。

たとえば味覚。口へ入ってきたものが、安全であるか、そうでないかは、味覚によって＊弁別、いけないと思うものは吐き出してしまう。母乳が最高の味であると体が感じながら子は大きくなる。しかし、大人にとって、生き残っている味覚は、美味をめでるくらい起きたって変じゃない。

子どもの頃の夢芽子の、深い悲しみとおばあちゃんへの思いが、未来への扉を開いたのかも知れない。——あるいは、空港というこの不思議な場所の持つ力が、気まぐれに、奇跡を起こしてくれたのかも知れなかった。

もしかしたら、そのみんながあわさって、10混沌《こんとん》とした力となり、奇跡が起きたのかも。

（ああ、そうか）

脳内で、ぽん、と手を打ちたい思いで、夢芽子はうなずいた。

〈村山早紀『風の港』による〉

問　——線部および空欄《くうらん》1～10について、それぞれの問いに答えなさい。

1．「地上から見上げることしか、できない」と夢芽子が思うのはなぜですか。説明しなさい。

2．「そういうひと」とは、どういうひとのことですか。解答欄に合うように説明しなさい。

3．□に当てはまる語句を、本文中から漢字三字で抜き出しなさい。

4．「鏡の中の自分が笑顔になった」とは、どういうことですか。

ア．自分の心に起こった変化に気がつくことができないほど、焦っていたということ

イ．自分でも気がつかないうちに気持ちが高ぶり、思わずほほえんでいたということ

ウ．自分を客観的に見ることができるほどに、落ち着いた気持ちになれたということ

エ．自分自身で気持ちを持ち直そうとしたことが、そのまま表情に現れたということ

オ．自分のなかにこみ上げてくる不安な気持ちを、必死に振り払おうとしていたこと

5．「夢芽子は、ひとりの美しい書店員の姿を見たのだった」とは、どういうことですか。

ア．店の本棚の陰に隠れていた、可愛らしいバイト店員の姿を見つけたということ

イ．自分ではこれまで気がつかなかった、本来の容貌の美しさを発見したということ

ウ．自分が他の書店員よりも、お客様のことを考えて働けるようになったということ

エ．自分の心の中にあった、店を背負い守っていこうとする思いに気づいたということ

オ．桜色の唇をした自分の美しさに、ほれぼれするほど見とれてしまったということ

6．「どこか懐かしく思える」と思ったのはなぜですか。

ア．口紅を塗った自分の姿が、子どもの頃に見ていた、本に囲まれて微笑んでいるおばあちゃんに似ていると思ったから。

イ．くしゃっと無邪気に笑った自分の姿から、子どもの頃、姉に追いつこうと必死に過ごしていた自分を思い出したから。

ウ．自分と同じように本に囲まれながら働いていたおばあちゃんが、いつも桜色の口紅をつけていたことを思い出したから。

エ．店を守るように凛として顔を上げた自分の姿が、子どもの頃から物語の主人公のようであった姉と重なって見えたから。

オ．口紅を塗ったことで華やかになった自分を見て、いつも明るくて美しかったお姉ちゃんの姿と似ていると思ったから。

7．「奇跡」とは、どのようなことですか。説明しなさい。

8．「空間を泳ぐように」とありますが、どのような様子のことですか。

ア．目の前の出来事を恐れている様子

イ．どんなことにも動揺しない様子

ウ．何かに引き寄せられている様子

エ．心配で周囲をうかがっている様子

オ．物事を冷静に分析している様子

分の姿を見た。
少しだけ遠くから。けれどはっきりと。
（わあ、綺麗《きれい》……）
そこにいたのは、レジの中に立ち、こちらを見つめているのは、少し上気した頰の、桜色の唇の娘だった。
まるでこの店を背負い、守ろうとするように、本棚の群れを背景に、エプロンの胸を張り、凜として顔を上げて。
すぐに恥ずかしくなって笑ってしまい、くしゃっとした笑顔になったけれど、その一瞬たしかに、5夢芽子は、ひとりの美しい書店員の姿を見たのだった。
6どこか懐かしく思える、その姿を。
その笑顔は、そうだ、記憶の中にある、遠い日のおばあちゃんに似ていると思った。
大好きな本の中に立ち、お客様を迎え、微笑みかけている、おばあちゃん。
夢芽子やお姉ちゃんがお店に行くと、嬉しそうに笑ってくれた、その懐かしい笑顔に。
そしてその次の瞬間、唐突に7奇跡は起きた。
小さな書店の、その入り口に、白いワンピースを着た華奢《きゃしゃ》な女の子が、目を赤く泣きはらして、立っていたのだ。
その子は、夢芽子の視線に気づくと、泣きじゃくりながら、いった。
「迷子になったの」
夢をみているような気持ちで、8空間を泳ぐように、夢芽子はレジを出て、その子の方に近づいた。
夢芽子を見上げ、涙をこらえるようにしながら、その子は言葉を続けた。
「お姉ちゃんや、お父さんお母さんがどこにいるか、わからないの。飛行機に、乗れなくなっちゃう。わたしだけ、置いていかれちゃう。おばあちゃんの町に行けない……」
心臓が跳ねたような気がした。
（わたしだ。これは、わたしだ――）
あの日、この空港で家族とはぐれ、迷子になったわたしだ、と思った。
だって、この瞬間に、この店で、店の入り口のあの場所から、エプロン姿の書店員を見上げていた記憶が、夢芽子にはたしかにあるのだから。
子どもの頃の夢芽子がそこにいて、いま、おとなになった夢芽子を見上げている――。
なぜ、とか、どうして、とか、そんなことは考えなかった。ただ目の前に、あの日の自分がいる――そのことは、実際に起きている現象は、いくらありえないことだと思っても、疑いようがないのだと、夢芽子は知った。
いつも物語の本やコミックの中で、主人公に不思議なことが起こる物語や、奇跡が起きるその瞬間をうらやましいと思っていた。そんなことが自分にも起きればいいのに、と。
（でも、そんなことがあるわけないって、いつも、いつも思ってたけど9――）
けれど、魔法というのは、こんなふうに突然に現実の世界の中に入り込んでくるものなのだ、と、くらくらする頭で――それでいて、明晰《めいせき》に澄んでくる思考で、夢芽子は思った。
どうしてこんな奇跡が、なんて理由は考えない。――いやいくらでも思いつきそうな気がした。昔、おばあちゃんから聞いたように、本には魔法の力があるのかも知れない。
『本には魔法の力があるの。紙に印刷された絵や言葉を見るだけで、そこにはない世界が見えてくるって、不思議でしょ？　魔法の呪文が書いてあるみたいじゃない？　本はきっと魔法でできているの。本屋さんは魔法を並べて売ってるんだわ』
本屋さんは――書店は魔法を売る場所なのだもの。奇跡くらい、ているひとに会いに行けるんだなって」
わたしも[2]そういうひとになりたい、と思ったんだ、とお姉ちゃんはいった。
「たくさんのひとたちを乗せて、それぞれの行きたい街へ、待っているひとたちのところへ連れて行ってあげること――それが、わたしの夢なの」
お姉ちゃんは、子どもの頃から変わらない、と夢芽子は思った。まっすぐで強くて、優しくて明るくて、物語の主人公みたいな女の子なのだ、と。

そんなお姉ちゃんの誕生日のプレゼントに、今年、夢芽子は口紅を選んだ。
いつも行く、空港の中のあぶらとり紙のお店に、可愛らしい、小さなパレットの形をした口紅があったのだ。
お姉ちゃんによく似合いそうな、凜《りん》とした赤の口紅を選んで、袋にリボンをつけてもらった。そのときふと、その横にあった、色違いの桜色の口紅に目がとまったのだ。
お店のひとがさりげなくいった。
「その桜色でしたら、淡くて優しい色ですから、お仕事のときにつけていても、自然で上品な感じに見えると思いますよ」
とても優しいこの色なら、化粧っ気のない自分でも使いこなせるかも知れない、と思った。勇気を出してそう話すと、
「お客様、色白でいらっしゃるので、きっとお似合いですよ」
そういって、お店のひとは微笑《ほほえ》んだ。
赤い口紅は、この間のデートのときに、お姉ちゃんに渡した。お姉ちゃんは自分の家に帰ってから口紅を塗って、自撮りして、夢芽子に送ってくれた。
メッセージに添付されたお姉ちゃんの笑顔はとても美しく、ああこの色にして良かった、と夢芽子は思った。
赤は美人のお姉ちゃんに似合う色、そして、強くてまっすぐな、［3］の色だ。
「お姉ちゃんみたいには似合わないだろうけど、使わないのも口紅がかわいそうだし――」
自分に言い訳しながら、桜色の口紅を開ける。何しろ今日はとてもいいことがあった。大好きだった漫画家さんに奇跡みたいに会えたんだもの。その上、長年の思いを伝えることもできた。こんな素敵なこと、生きててそうそうあることじゃないに決まってる。記念に使い始めるのにちょうどいいよね、なんて思うと、[4]鏡の中の自分が笑顔になった。
少しだけどきどきしながら、桜色の口紅を指ですくい取り、唇に塗った。
「――わぁお」
薄くパールの入った桜色は、夢芽子の肌の色とよく似合った。かすかに残っているそばかすのあとにも馴染《なじ》む、優しい色だった。
「わたしの唇じゃないみたい。可愛い……」
口紅の入ったパレットの、その小さな鏡では、口元しか見えない。でも微笑むと、その口元がなんとも優しく、お姫様のように笑った。
(もっと大きな鏡で見たいなあ)
そっと立ち上がる。――売り場に出れば、万引き防止用の鏡が、あちこちにある。あれでちょっとだけ、見てみよう。
(バイトくんに見られるのは恥ずかしいなあ)
なんて思いながら、カーテンを開け、売り場の方へとひょいと顔を出す。
「――あれ、どこに行ったんだろう?」
レジに誰もいない。
幸いお客様の姿がいまは見えない。店の中には、誰もいない。
夢芽子は急ぎ足でレジに入った。
「バイトくんたら、一体どこに……」
辺りを見回す。視界にふと、鏡が見えた。
見ようとしてそうしたわけではなく、心の準備がないままに、自

問九　次の文章を読んで、後の問いに答えなさい。

祇園精舎の鐘の声、諸行無常の響きあり。沙羅双樹の花の色、盛者必衰の理をあらはす。おごれる人も久しからず、ただ□の夜の夢のごとし。猛き者も遂にはほろびぬ。ひとへに、風の前の塵《ちり》におなじ。

①□に入る季節はどれですか。
ア・春　イ・夏　ウ・秋　エ・冬

②――線部「風の前の塵におなじ」をあらわした二字の語を抜き出しなさい。

③この文章の出典はどれですか。
ア・『徒然草』　イ・『方丈記』　ウ・『枕草子』
エ・『平家物語』　オ・『おくのほそ道』

二　次の文章を読んで、後の問いに答えなさい。

書店員である佐藤夢芽子《さとうゆめこ》は、空港にある小さな本屋で働いている。同じ空港で働くパイロットの姉とは、機会があれば空港で会ったりしている。子どもの頃から飛行機が好きだった姉は、大学へ進学する前までパイロットになるという夢を誰にも内緒にし、心の中で大切に育てていた。

お姉ちゃんの夢を知ったそのとき、不思議な気持ちがしたことを覚えている。――同じおばあちゃんの孫で、同じ飛行機に乗って、おばあちゃんの本屋さんに行っていたのに、たったの二つ違いなのに、お姉ちゃんは心の中で夢芽子とは違う夢を見て、育てていたんだなあ、と。

そして、地上を離れて空に飛び立つという夢は、お姉ちゃんにふさわしい素敵な夢だと思い――同時に、遥かな上空を行く鳥を見上げるような、寂しい思いも味わったのだった。

「なんか、置いて行かれちゃうような気がする……」

空の上を行くお姉ちゃんには、どうしたって追いつけない。自分にはもうついていけない。手を引いてもらうことも。

1地上から見上げることしか、できない。

つい呟《つぶや》いてしまい、慌てて自分の口を塞ぐと、お姉ちゃんは明るく笑った。

「わたしが空を飛ぶのは、夢芽子や父さん母さんを雲の上に連れて行ってあげるためだよ。たくさんのひとを連れて空を飛ぶために、わたしはパイロットになるんだ」

「え？」

「子どもの頃、おばあちゃんのうちに帰るとき、飛行機の中で、夢芽子はいつも本当に楽しそうだったよね。もちろんわたしも冒険に旅立つみたいに、わくわくしてた。空の上は素敵で、そして短い旅が終われば、小さな空港で、おばあちゃんが待っている。わたしたちに会いたくて、にこにこして待ってくれている。その様子を想像するのも楽しかった。

そしてね。飛行機に乗っているひとたちの中には、わたしたちみたいに、待っている誰かのところへと空を行くひともたくさんいるんだろうなって、あるとき思ったのね。大好きな誰かに会いに行くために、飛行機に乗って、空を飛ぶひとたちがいる。会うために、帰るために、再会するために、この同じ飛行機に乗って、みんなで旅をしている。

そして気づいたの。機内放送を聞いているときだった。機長さんが楽しそうに、飛んでいる空の高さを教え、順調に飛行していることをわたしたち乗客に伝えてくれたとき。

ああ、いま話しているこのひとが、この飛行機を飛ばせてくれているんだって。このひとが、機内にいる、たくさんの夢芽子やわたしやお母さんを守って、空を飛んでくれている。だからわたしたちもこの空を飛べるんだな、って。それぞれのおばあちゃん――待っ

二〇二三年度
日本大学第二高等学校

【国語】（五〇分）〈満点：一〇〇点〉

選択問題は、特別な指示のないかぎり、選択肢《し》から最も適当なものを一つ選んで記号で答えなさい。
記述問題は、特別な指示のないかぎり、句読点、カギ括弧《かっこ》なども一字に含まれます。

一 次のそれぞれの問いに答えなさい。

問一 次の――線部の漢字の読みをひらがなで答えなさい。
① 法の遵守が求められる。
② 体裁をつくろう。
③ 恩恵を施す。

問二 次の――線部を漢字に直しなさい。
① シュギョクの名作を鑑賞する。
② 劣化した部品をコウカンする。
③ 税金をオサめる。

問三 説明文の意味になるよう、□に漢字を入れて四字熟語を完成させなさい。
① 意□□合 （互いに考えなどがぴったり合うこと）
② 器□□乏 （いろいろなことができるためにかえって大成しないこと）
③ □胆□敵 （度胸がすわっていてまったく恐れないこと）

問四 次の慣用句の□に入る語が異なるものはどれですか。
ア．□魚の交わり　イ．□に流す
ウ．お□を濁す　エ．立て板に□
オ．□泡に帰す

問五 次の文の□に当てはまる言葉はどれですか。
① 彼の言うことは信じがたく、まるで□ような話だ。
ア．雲をふむ　イ．雲をつかむ
ウ．雲をながめる　エ．雲をつくる
オ．雲をさがす
② 彼女のすばらしい演技に、□。
ア．目を落とす　イ．目を光らす
ウ．目を打つ　エ．目を洗う
オ．目を見張る

問六 次の――線部の敬語表現が正しくないものはどれですか。
ア．会長はまもなくご到着いたします。
イ．明日の午前九時にうかがいます。
ウ．校長先生がお出かけになる。
エ．私がそちらへお届けいたします。
オ．先生にお礼を申し上げる。

問七 次の文の――線部と同じ使われ方をしているものはどれですか。
・自ら教室の掃除をし、先生にほめられる。
ア．今日の夜は肌寒く感じられる。
イ．校長先生が職員室に来られる。
ウ．五歳の弟は自分で着替えられる。
エ．小学生から道をたずねられる。
オ．ボールを遠くまで投げられる。

問八 次の作者と作品の組み合わせとして正しくないものはどれですか。
ア．森鷗外　『高瀬舟』
イ．島崎藤村　『若菜集』
ウ．夏目漱石　『坊っちゃん』
エ．宮沢賢治　『注文の多い料理店』
オ．福沢諭吉　『吾輩は猫である』

英語解答

Ⅰ 放送文未公表

Ⅱ 1 ウ　2 ア　3 エ　4 イ
5 ア

Ⅲ 1 a…オ　b…エ
2 a…エ　b…オ
3 a…イ　b…ウ
4 a…ウ　b…ア
5 a…ア　b…イ

Ⅳ 1 language　2 fly　3 join
4 lend　5 across

Ⅴ 1 エ　2 ウ　3 オ　4 イ
5 ア

Ⅵ 1 【A】…ウ　【B】…イ　【C】…エ
【D】…ア
2 ウ　3 エ　4 イ　5 イ
6 ア　7 ウ　8 ア　9 イ

Ⅶ 1 subject　2 ocean
3 traffic　4 survive
5 square

Ⅷ 1 It's the largest〔biggest〕 in this area.
2 Who ate it ?

Ⅰ〔放送問題〕放送文未公表

Ⅱ〔適語(句)選択・語形変化〕

1．'from ～ to …'「～から…まで」　「上野動物園は午前９時30分から午後５時まで開園している」

2．空所の直前までが主部で，動詞は One に合わせる。「～は…だ」という内容の文なので，be動詞の単数形を用いる。　「アメリカで最も一般的なイヌの名前の１つはロッキーだ」

3．'名詞＋of＋所有代名詞' で「～の…」。所有代名詞とは，mine，yours，ours のように，「～のもの」という意味を含む代名詞で，a friend of mine「私の友達」のように用いる。　「私は自分の古着を数枚，台湾の地震の被災者に送った」

4．カンマより後の内容が，それ以前の部分から推測される内容に反するものとなっているので，'逆接' の 'Though ～, …'「～だけれども〔～ではあるが〕，…」が適切。　「ニワトリは鳥で羽もあるが，飛ぶことはできない」

5．形容詞としての用法があり，後の複数名詞を修飾できる語として，Most ～「ほとんどの～」が適切。なお，Much ～「たくさんの～」は '数えられない名詞' に用いる。A lot は，of を伴って A lot of ～「たくさんの～」とすれば，複数名詞を修飾できる。　「日本大学第二高校にはたくさんの部活動がある。ほとんどの生徒がこれらの活動に参加する」

Ⅲ〔整序結合〕

1．people in the 21st century が主語のまとまりで，これに動詞のまとまりとして can get を続ける。get の後に目的語として more information「より多くの情報」を置き，これに than ever before「以前よりも」を続けて比較級の形をつくる。　Because of the Internet, people in the 21st century can get more information than ever before.「インターネットのおかげで，21世紀の人々はかつてないほど多くの情報を手に入れることができる」

2．a lot of ～「たくさんの～」の後に，複数名詞の things を置く。この後に we don't know という '主語＋動詞～' のまとまりを続けて，後ろから things を修飾する形(目的格の関係代名詞が省略された形)にし，know の後に about を置く。 There are a lot of things we don't know about black holes.「ブラックホールについて，私たちの知らないことがたくさんある」

3．'give＋人＋物' の形の後，'物' に当たる many opportunities を修飾する形容詞的用法の to不定詞を続ける。 Nihon University gives its students many opportunities to be successful in their lives.「日本大学は学生に，人生で成功するための多くの機会を与えている」

4．空所に続く from と合わせて，be different from ～「～とは違う」の形をつくる。残った語句は '過去分詞＋語句' の形で主語 The glass の後に置き，主語を後ろから修飾する形にする(過去分詞の形容詞的用法)。 The glass used in windows is different from the glass in eyeglasses.「ガラスには数種類ある。窓に使われているガラスは，眼鏡のガラスとは違うものだ」

5．'tell＋人＋物' の形を使い，'物' の部分を '疑問詞＋主語＋動詞...' の間接疑問の形にする。 Can you tell me what it is like？「A：ベジマイトを食べたら，おいしかったよ。君は食べたことある？／B：いいえ，ないわ。それはどんなものか教えてくれる？」

Ⅳ〔書き換え―適語補充〕

1．「あなたの母語は何ですか？」→「あなたの第一言語は何ですか？」 「母語」を「第一言語」と書き換える。

2．「私は飛行機でロンドンに行く予定だ」 fly to ～「飛行機で～に行く」

3．「サッカーをするつもりなんだ。君も一緒にやりたいかな？」→「サッカーをするつもりなんだ。君も参加したいかな？」 join ～「～に加わる」

4．「この本はおもしろそうだね。明日まで借りてもいいかい？」→「この本はおもしろそうだね。明日まで貸してくれない？」 この Can you ～？は「～してくれませんか」という '依頼' を表す。本を借りたいのだから，相手に貸してくれるよう '依頼' することになる。 lend「貸す」

5．「キョウコは泳いで川の向こう岸に行った」→「キョウコは泳いで川を渡った」 across ～「～を横切って」

Ⅴ〔対話文完成―適文選択〕

≪全訳≫❶ケイト(K)：もうすぐこの学校を卒業するなんて信じられる？❷ジェシカ(J)：$_1$時が過ぎるのはとても速いわね。この学校での初日のことをまだ覚えているわ。❸K：先生やクラスのみんなが恋しくなるだろうな。❹J：ある授業が特に印象的なの。去年の理科のプロジェクトを覚えてる？❺K：もちろん。風船の車をつくったのよね。$_2$でも，うまく走らなかった。❻J：ジョンソン先生は私たちに，放課後もう１回つくれって言ったわ。先生はとても厳しかったな。❼K：$_3$そのとおりね。でも，とてもいい先生だったわ。先生もこの学校を離れるって聞いて寂しいわ。❽J：えっ！ 誰がそう言ったの？❾K：何人かの先生が彼のことを話していたわ。❿J：知らなかった。先生はどうするの？⓫K：大学で科学についてもっと学ぶ予定なんだって。⓬J：まあ！ まだ自分から勉強に向かっていくのね。すごいわ。⓭K：私たち，先生がどれだけ科学を愛しているかわかっているもんね。授業をしているとき，とても幸せそうだもの。⓮J：$_4$先生のために何かしない？ 例えば，手紙を書くのはどう？⓯K：いいと思うけど，ただ手紙をあげるだけじゃつまらないわよね。そうね…私に考えがあるわ！⓰J：聞かせてよ。⓱K：手紙の入った風船の車をつくらない？ 理科室に置いておけばいいわ。⓲J：おもしろい考えね。$_5$先生は私たちからのものだってわかるわ。⓳K：よし！ 空のペットボトルはあるわよ。⓴J：じゃあ，私は風船を何個か買いに行くわ。家で作業しよう！

＜解説＞1．卒業まであとわずかだと言われたジェシカは，まだ初日のことを覚えていると答えている。ここからジェシカが，時の流れの速さを実感しているのだと推測できる。　2．風船の車の話をしている場面で，先生にもう1回つくるように言われたのだから，それがうまく走らなかったのだとわかる。　3．「でも，いい先生だった」と続くことから，直前のジェシカの「先生はとても厳しかった」という発言に同意していると判断できる。　4．直後の「手紙を書くのはどう？」という提案は，先生のためにしてあげることの例である。　5．風船の車をつくって中に手紙を入れておけば，ただ手紙を渡すよりもおもしろいし，誰からの贈り物かもわかるという文脈になっている。

Ⅵ〔長文読解総合―説明文〕

≪全訳≫❶およそ30年の間，世界中で，私たちは食料に関する問題に直面している。食料廃棄である。私たちはよく，まだ食べられる食べ物を捨ててしまう。一方で，飢餓に苦しむ人が大勢いる。この原因はきっと，バランスの欠如だ。世界の人々はこの問題を解決するため，大いに努力している。私たち一人ひとりがその活動を理解することが必要だ。そうすることで，世界の全ての人々が，この問題に対して自分たちに何ができるのか，生きていくのに十分な食べ物を手に入れられない人々をどうやって助けることができるのか，自分なりの方法を見つけることができる。❷農林水産省によると，毎年世界で約13億トンの食料が廃棄されている。これは，私たちが毎年生産する食料の約33パーセントに当たる。日本では，毎年612万トンの食料が廃棄されている。これは，東京都の人口に当たる1400万人が毎年食べる食べ物の量と同じだ。❸食料廃棄問題には2つの要素がある。1つ目は，店やスーパーマーケットからの食料廃棄に関わるものだ。彼らは，食品がどのように見えるべきかについて非常に高い判断基準を設定している。食品加工の際，彼らは，まだ問題なく食べることができる，見た目がよくない食品を選び出し，すぐに捨ててしまう。客がその形のせいでこれらの食品を買わないことを心配しているのだ。このようにして，多くの食料が廃棄される。❹2つ目の要素は，家庭からの食料廃棄に関わるものだ。私たちは，考えなしに食べ物を買いすぎたり，たくさん調理してそのほとんどを食べなかったりすることが多い。この問題を解決しようとするだけで，私たちは日ごとに，だんだんと食料廃棄を減らすことができる。私たちはもっと慎重に食べ物を買い，調理する必要がある。しかし，問題を解決するには，それだけでは十分ではない。食料廃棄を減らすための1つの効果的な方法が，イギリスで紹介された。彼らは家庭から出る食料廃棄物を，電気やバイオガスなどの役に立つエネルギーに変えようとしている。全ての食料廃棄物は，さまざまな方法で利用することができるのだ。この考え方は，持続可能なよい循環につながる。❺もう1つの問題は，日本人は特に，賞味期限を気にしすぎるということだ。食品の中には，賞味期限が切れると，店やスーパーマーケットでは売らないものがある。賞味期限とは，購入した食品を食べるのに最適な時期のことだ。だからといって，期限を過ぎると食べられなくなるということではない。この状況が，食料問題をさらに悪化させている。例えば，日本のコンビニエンスストアでは，多くのアルバイト店員が，賞味期限を過ぎた食品をあまりに多く捨てなければならないことに大変ショックを受けたと言っている。より新鮮な食品を選びたいのは当然のことだが，食料廃棄を減らすにはどうしたらいいかを考える必要がある。店員は時間順に食品を並べるので，棚の手前から食品を選ぶべきだ。❻これらの問題を解決するため，私たちにできることはたくさんある。まず，買った食べ物は全部食べた方がよいのだから，必要な量の食べ物を買うようにするべきだ。外食するときはたくさん注文しすぎないようにし，食べ残しは，持ち帰るための箱を頼んで持ち帰るようにするべきだ。最新技術を使えば，別の方法で食料廃棄を減らすことができる。１つの方法は，食べ物の寄付を受け入れ，食べ物を必要としている人にそれらを届ける「フードドライブ」アプリをダウンロードするというものだ。こうしたフードドライブアプリのサービスは，最近始まった。この活動は，スマートフォンさえあれば始めることができる。例えばカナダでは，役に立つアプリがつくられた。まず寄付したい食べ物の写真を撮り，それを地図にアップロードする。その後，必要な人はそれを受け取りに来ることができる。こうした解決策に加え，十分な食料がない世界中の人々を支援するNPO(非営利組織)に頼ることができる。こうしたNPOでは，常に食料の寄付を受け入れている。私たちはいつでもインターネットを通して食料の寄付を申し込むことができる。もっと親しみやすい事例として，「フードドライブ」キャンペーンに参加することができる。これは1960年代にアメリカで始まった。私たちは家庭から食べ物を集め，市役所やNPOに持っていく。すると，食べ物を必要としている人たちに，公的に送ってくれるのだ。ある高校では，生徒会がこの種のキャンペーンに参加している。2020年代の今，個々が努力することにより，食料廃棄問題の解決により近づくことができるのだ。

１＜要旨把握＞【Ａ】第２段落では，１年当たりの食料廃棄の具体的な量が述べられているので，ウ.「世界と日本でどれくらいの食料が廃棄されているか」が適切。　**【Ｂ】**第３段落では，食料廃棄の１つ目の要素として，イ.「店やスーパーマーケットからの食料廃棄」が挙げられている。**【Ｃ】**第５段落では，日本における賞味期限の考え方や現状などが説明されているので，エ.「日本における賞味期限切れの食品の扱い方」が適切。　**【Ｄ】**第６段落では，食料廃棄問題の解決に向けて私たちにできることが述べられているので，ア.「食料廃棄を減らすためのいくつかの解決策」が適切。

２＜英問英答―内容真偽＞「食料廃棄について正しいのは次のうちのどれか」―ウ.「人々は，食料廃棄の問題を解決するために他の人々が何をしているかを理解する必要がある」　第１段落参照。また，第６段落の内容も，これに関するものといえる。

３＜英問英答―要旨把握＞「農林水産省によると，世界の人々は毎年どれくらいの食料を廃棄しているか」―エ.「毎年生産される食料の約３分の１」　第２段落第１，２文参照。

４＜英問英答―内容一致＞「店やスーパーマーケットで食料廃棄が起きるのは，(　　)からだ」―イ.「店員が食料を加工する際に見た目のよくない食料を捨てる」　第３段落第４文参照。

５＜英問英答―要旨把握＞「家庭からの食料廃棄を減らすため，イギリスの人々は何をしているか」―イ.「家庭から出る食料廃棄物を，生活に必要な物に変えている」　第４段落最後から４，３文目参照。「電気やバイオガスなどの役に立つエネルギー」を「生活に必要な物」と言い換えている。

６＜英問英答―要旨把握＞「第５段落について正しいのは次のうちのどれか」―ア.「店やスーパーマーケットはたいてい，賞味期限を過ぎた食品は売らない」　第２文に一致する。

７＜英問英答―要旨把握＞「最新技術は，私たちが食料廃棄を減らすのにどのように役立つか」―ウ.「寄付したい食べ物の写真を，その食べ物が必要な人に見せることができる」　第６段落第４～10文参照。カナダでつくられたアプリの内容に合う。

８＜英問英答―内容真偽＞「『フードドライブ』キャンペーンについて正しくないものは次のうちのどれか」―ア.「余分な食料のある人が，それを必要とする人に直接送る」　最終段落最後から４，

3文目参照。直接送るのではなく，市役所やNPOを通じて送る。

9＜英問英答―表題＞「この文章に最も適切なタイトルはどれか」―イ．「今日食料廃棄を減らすために何をするべきか」　この文章は，食料廃棄の問題について説明した後，その解決策について述べている。

Ⅶ〔適語補充〕

1．「数学と理科では，どちらの教科が好きですか」　math「数学」や science「理科」は，subject「教科」の例である。

2．「ペンギンは陸で時間を過ごすこともあるが，生活のほとんどを海で過ごす」　ペンギンが生活する陸以外の場所として，ocean「海」が当てはまる。

3．「赤信号のときに道路を渡ってはいけない。交通ルールを守らなければならない」　obey「～に従う」　traffic「交通の」

4．「飛行機事故で多くの人が亡くなったが，5人だけ生き残ることができた」「多くの人が亡くなった」と‘逆接’の but「しかし」で結ばれているので，生き残った人もいたのだとわかる。survive「生き残る」

5．「4辺がそれぞれ同じ長さで，4つの角が90度なら，その形は正方形だ」　angle「角」　square「正方形」

Ⅷ〔和文英訳―完全記述〕

1．私はふだん神戸市立図書館を訪れます。この地域で一番大きいです。／／「一番大きい」は‘the＋最上級’で表せる。主語には，the Kobe Public Library を指す It を用いるとよい。「この地域で」という‘範囲’を表すので，前置詞は in を用いる。

2．私のケーキがなくなっています！　誰が食べたのですか。／／疑問詞が主語の疑問文なので，疑問詞の Who「誰が」の後に，動詞の eat「食べる」を過去形で続ける。eat の目的語となる my cake は，it で表す。

2023年度／日本大学第二高等学校

数学解答

1 (1) $-\dfrac{81b^3}{a}$　(2) 4520

(3) 1，4，5　(4) $-2\sqrt{15}$

(5) 60°　(6) 6.5点

2 (1) 7：2　(2) 4：5　(3) $\dfrac{47}{252}$倍

3 (1) $\dfrac{1}{4}$　(2) $y=-\dfrac{1}{2}x+12$

(3) $y=-\dfrac{13}{2}x$

4 (1) 30°　(2) $2\sqrt{2}$cm　(3) $8\sqrt{3}\text{cm}^3$

1〔独立小問集合題〕

(1)＜式の計算＞与式 $=-3a^2\div\left(-\dfrac{125}{27}a^3b^3\right)\times(-125b^6)=-3a^2\times\left(-\dfrac{27}{125a^3b^3}\right)\times(-125b^6)=$ $-\dfrac{3a^2\times27\times125b^6}{125a^3b^3}=-\dfrac{81b^3}{a}$ となる。

(2)＜数の計算＞与式 $=95^2-5^2-67^2+3^2=(95^2-5^2)-(67^2-3^2)=(95+5)(95-5)-(67+3)(67-3)=$ $100\times90-70\times64=9000-4480=4520$

≪別解≫与式 $=9025-25-4489+9=4520$

(3)＜数の性質＞$\sqrt{12(15-3m)}=\sqrt{2^2\times3\times3(5-m)}=\sqrt{2^2\times3^2\times(5-m)}$ だから，これが整数となるとき，$5-m$ が整数の2乗となる。m が正の整数より，$5-m<5$ だから，$5-m=0$，1，4となる。$5-m=0$ のとき $m=5$，$5-m=1$ のとき $m=4$，$5-m=4$ のとき $m=1$ だから，$m=1$，4，5である。

(4)＜数の計算＞与式 $=\dfrac{y^2-x^2}{xy}=\dfrac{(y+x)(y-x)}{xy}$ となる。$y+x=(\sqrt{5}-\sqrt{3})+(\sqrt{5}+\sqrt{3})=2\sqrt{5}$，$y-x=(\sqrt{5}-\sqrt{3})-(\sqrt{5}+\sqrt{3})=\sqrt{5}-\sqrt{3}-\sqrt{5}-\sqrt{3}=-2\sqrt{3}$，$xy=(\sqrt{5}+\sqrt{3})(\sqrt{5}-\sqrt{3})=5-3=2$ だから，与式 $=\dfrac{2\sqrt{5}\times(-2\sqrt{3})}{2}=-2\sqrt{15}$ となる。

(5)＜平面図形―角度＞右図のように，円の中心をOとし，点Aと点O，点Iと点O，点Gと点Iをそれぞれ結ぶ。9点A～Iは円Oの周を9等分しているから，$\angle\text{AOI}=360°\times\dfrac{1}{9}=40°$ である。$\overset{\frown}{\text{AI}}$ に対する円周角と中心角の関係より，$\angle\text{PGI}=\dfrac{1}{2}\angle\text{AOI}=\dfrac{1}{2}\times40°=20°$ となる。また，$\overset{\frown}{\text{AI}}$：$\overset{\frown}{\text{EG}}=1:2$ より，$\overset{\frown}{\text{AI}}$，$\overset{\frown}{\text{EG}}$ に対する円周角の比は1：2だから，$\angle\text{PGI}:\angle\text{PIG}=1:2$ となる。これより，$\angle\text{PIG}=2\angle\text{PGI}=2\times20°=40°$ である。$\triangle$GPIで内角と外角の関係より，$\angle\text{GPE}=\angle\text{PGI}+\angle\text{PIG}=20°+40°=60°$ となる。

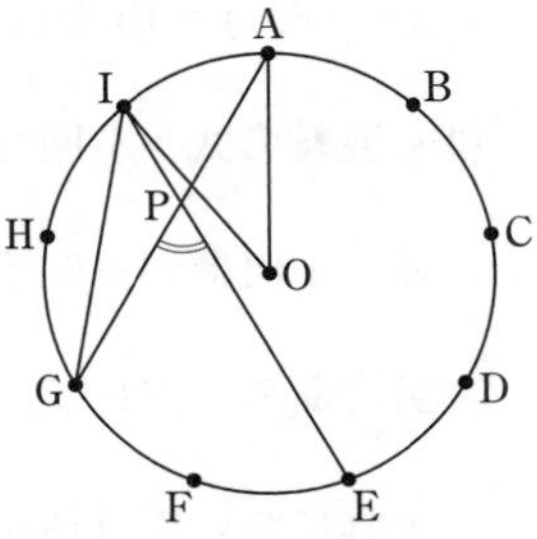

(6)＜データの活用―中央値＞20人の小テストの得点だから，中央値は，得点を小さい順に並べたときの10番目と11番目の平均となる。5点以下が $1+2+4=7$(人)，6点以下が $7+3=10$(人)，7点以下が $10+5=15$(人)より，10番目は6点，11番目は7点だから，中央値は $(6+7)\div2=6.5$(点)である。

2〔平面図形―平行四辺形〕

≪基本方針の決定≫(1)　$\triangle\text{BGH}\backsim\triangle\text{EGA}$ である。

(1)＜長さの比―相似＞右図の$\triangle$BGHと$\triangle$EGAで，対頂角より $\angle\text{BGH}=\angle\text{EGA}$，AD∥BHより $\angle\text{GBH}=\angle\text{GEA}$ だから，$\triangle\text{BGH}\backsim\triangle\text{EGA}$ となる。よって，BG：GE＝HB：AEとなる。AE：ED＝4：3より，$\text{AE}=\dfrac{4}{4+3}\text{AD}=\dfrac{4}{7}\text{AD}$ である。

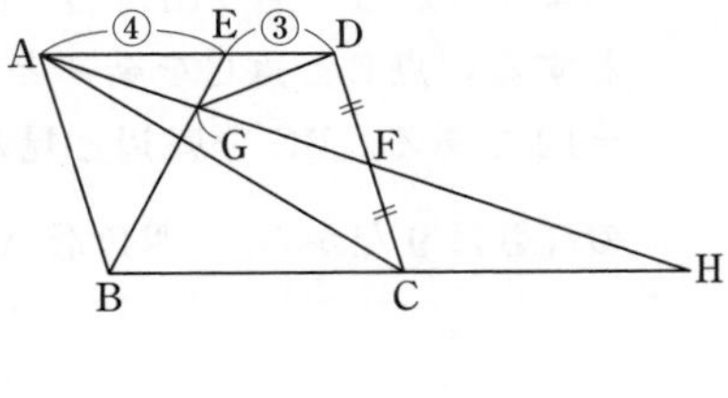

また，△ADFと△HCFで，対頂角より∠AFD＝∠HFC，AD∥CHより∠ADF＝∠HCFであり，点Fが辺DCの中点よりDF＝CFだから，△ADF≡△HCFである。これより，AD＝HCである。BC＝ADなので，HB＝HC＋BC＝AD＋AD＝2ADとなる。したがって，HB：AE＝2AD：$\frac{4}{7}$AD＝7：2となるから，BG：GE＝7：2である。

(2)＜**長さの比**＞前ページの図で，(1)より，△BGH∽△EGAだから，HG：AG＝BG：GE＝7：2であり，AG＝$\frac{2}{7+2}$AH＝$\frac{2}{9}$AHである。また，△ADF≡△HCFだから，AF＝HF＝$\frac{1}{2}$AHである。GF＝AF－AG＝$\frac{1}{2}$AH－$\frac{2}{9}$AH＝$\frac{5}{18}$AHとなるから，AG：GF＝$\frac{2}{9}$AH：$\frac{5}{18}$AH＝4：5となる。

(3)＜**面積比**＞前ページの図で，点Aと点C，点Dと点Gをそれぞれ結び，▱ABCD＝Sとする。△ADC＝△CBA＝$\frac{1}{2}$▱ABCD＝$\frac{1}{2}S$となり，DF＝CFだから，△ADF＝△ACF＝$\frac{1}{2}$△ADC＝$\frac{1}{2}\times\frac{1}{2}S=\frac{1}{4}S$となる。(2)より，AG：GF＝4：5だから，△ADG：△DGF＝4：5となり，△ADG＝$\frac{4}{4+5}$△ADF＝$\frac{4}{9}\times\frac{1}{4}S=\frac{1}{9}S$，△DGF＝$\frac{5}{9}$△ADF＝$\frac{5}{9}\times\frac{1}{4}S=\frac{5}{36}S$となる。また，AE：ED＝4：3だから，△AGE：△DEG＝4：3であり，△DEG＝$\frac{3}{4+3}$△ADG＝$\frac{3}{7}\times\frac{1}{9}S=\frac{1}{21}S$となる。よって，〔四角形EGFD〕＝△DEG＋△DGF＝$\frac{1}{21}S+\frac{5}{36}S=\frac{47}{252}$Sとなり，四角形EGFDの面積は▱ABCDの面積の$\frac{47}{252}$倍である。

3 〔**関数―関数 $y=ax^2$ と一次関数のグラフ**〕

≪**基本方針の決定**≫(2)　2点B，Cはy軸について対称である。　(3)　2等分した面積を考える。

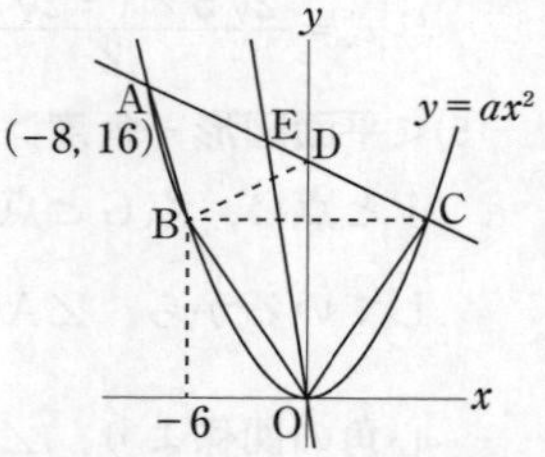

(1)＜**比例定数**＞右図で，関数$y=ax^2$のグラフはA(－8，16)を通るので，$x=-8$，$y=16$を代入して，$16=a\times(-8)^2$より，$a=\frac{1}{4}$である。

(2)＜**直線の式**＞右図で，(1)より，点Bは関数$y=\frac{1}{4}x^2$のグラフ上の点となる。x座標が－6だから，y座標は$y=\frac{1}{4}\times(-6)^2=9$となり，B(－6，9)である。点Cは，関数$y=\frac{1}{4}x^2$のグラフ上の点で，点Bと$y$座標が一致するので，点Bと点Cは$y$軸について対称な点となり，C(6，9)となる。A(－8，16)だから，直線ACの傾きは$\frac{9-16}{6-(-8)}=-\frac{1}{2}$となり，その式は$y=-\frac{1}{2}x+b$とおける。点Cを通るので，$9=-\frac{1}{2}\times6+b$，$b=12$となり，直線ACの式は$y=-\frac{1}{2}x+12$である。

(3)＜**直線の式**＞右上図で，直線ACとy軸の交点をDとして，点Bと点Dを結ぶと，点Bと点Cがy軸について対称であることより，△OBD＝△OCDだから，〔四角形ABOD〕＞△OCDである。これより，点Oを通り四角形ABOCの面積を2等分する直線は，線分ADと交わる。その交点をEとする。点Bと点Cを結ぶと，B(－6，9)，C(6，9)で，BCはx軸に平行だから，BC＝6－(－6)＝12である。BCを底辺と見ると，A(－8，16)より，△ABCの高さは16－9＝7となり，△OBCの高さは9だから，〔四角形ABOC〕＝△ABC＋△OBC＝$\frac{1}{2}\times12\times7+\frac{1}{2}\times12\times9=42+54=96$である。よって，△OCE＝$\frac{1}{2}$〔四角形 ABOC〕＝$\frac{1}{2}$×96＝48となる。(2)より，直線ACの切片が12だから，D(0, 12)であり，OD＝12である。ODを底辺と見ると，点Cのx座標より，△OCDの高さは6だから，△OCD＝$\frac{1}{2}$×12×6＝36である。したがって，△OED＝△OCE－△OCD＝48－36＝12となる。△OEDの底辺をODと見たときの高さをeとすると，△OEDの面積について，$\frac{1}{2}$×12×e＝12が成り立つ。これより，e＝2となるので，点Eのx座標は－2である。点Eは直線$y=-\frac{1}{2}x+12$上の点だから，$y=-\frac{1}{2}\times(-2)+12=13$となり，E(－2, 13)である。直線OEの傾きは$\frac{0-13}{0-(-2)}=-\frac{13}{2}$だから，求める直線の式は，$y=-\frac{13}{2}x$である。

4 〔空間図形―三角柱〕

≪基本方針の決定≫(1)　△PAQが二等辺三角形であることに気づきたい。　(3)　点Bを含む方の立体は，四角錐である。

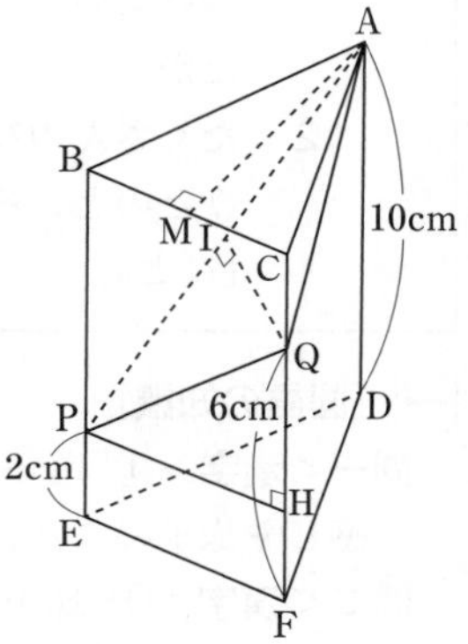

(1)**＜角度＞**右図で，点Pから辺CFに垂線を引き，交点をHとする。四角形PEFHは長方形になるので，FH＝EP＝2となり，QH＝FQ－FH＝6－2＝4である。QC＝CF－FQ＝10－6＝4だから，QH＝QCである。また，四角形BPHCも長方形だから，PH＝BCとなり，AC＝BCより，PH＝ACである。さらに，∠PHQ＝∠ACQ＝90°だから，△PQH≡△AQCである。よって，PQ＝AQとなり，△PAQは二等辺三角形である。したがって，∠PAQ＝(180°－∠AQP)÷2＝(180°－120°)÷2＝30°となる。

(2)**＜長さ＞**右図で，AB＝AC＝x(cm)とし，点QからAPに垂線QIを引く。△ACQで三平方の定理より，AQ＝$\sqrt{AC^2+QC^2}=\sqrt{x^2+4^2}=\sqrt{x^2+16}$となる。∠PAQ＝30°だから，△QAIは3辺の比が1：2：$\sqrt{3}$の直角三角形となり，AI＝$\frac{\sqrt{3}}{2}$AQ＝$\frac{\sqrt{3}}{2}\times\sqrt{x^2+16}=\frac{\sqrt{3x^2+48}}{2}$となる。△PAQがPQ＝AQの二等辺三角形より，点Iは線分APの中点だから，AP＝2AI＝$2\times\frac{\sqrt{3x^2+48}}{2}=\sqrt{3x^2+48}$と表せる。また，BP＝BE－EP＝10－2＝8である。△ABPで三平方の定理より，$AB^2+BP^2=AP^2$だから，$x^2+8^2=(\sqrt{3x^2+48})^2$が成り立ち，$x^2+64=3x^2+48$，$-2x^2=-16$，$x^2=8$，$x=\pm2\sqrt{2}$となり，$x>0$より，$x=2\sqrt{2}$となる。よって，AB＝$2\sqrt{2}$(cm)である。

(3)**＜体積＞**右上図で，〔面ABC〕⊥〔面BEFC〕だから，点Aから辺BCに垂線AMを引くと，AM⊥〔面BEFC〕となり，点Bを含む方の立体ABCPQは，底面が台形BPQC，高さがAMの四角錐である。△ABCは正三角形だから，△ABMは3辺の比が1：2：$\sqrt{3}$の直角三角形である。(2)より，AB＝$2\sqrt{2}$なので，AM＝$\frac{\sqrt{3}}{2}$AB＝$\frac{\sqrt{3}}{2}\times2\sqrt{2}=\sqrt{6}$となる。BC＝AB＝$2\sqrt{2}$だから，求める立体の体積は，$\frac{1}{3}$×〔台形BPQC〕×AM＝$\frac{1}{3}\times\frac{1}{2}\times(4+8)\times2\sqrt{2}\times\sqrt{6}=8\sqrt{3}$(cm³)となる。

＝読者へのメッセージ＝

三平方の定理は，ピタゴラスの定理ともいわれます。ピタゴラスは，古代ギリシアの数学者で，三平方の定理だけでなく，三角形の内角の和は2直角(180°)に等しいことなど，いろいろな定理を証明しました。

国語解答

一　問一　①　じゅんしゅ　②　ていさい
③　ほどこ
問二　①　珠玉　②　交換　③　納
問三　①　[意]気投[合]
②　[器]用貧[乏]
③　大[胆]不[敵]
問四　ウ　　問五　①…イ　②…オ
問六　ア　　問七　エ　　問八　オ
問九　①…ア　②　無常　③…エ

二　1　地上を離れて空に飛び立つという夢を持つ姉に，自分はどうしても追いつけないし，ついていけないと感じたから。
2　たくさんのひとたちを，待っているひとのところへ飛行機で連れていく［ひと。］
3　主人公　　4　イ　　5　オ
6　ア
7　子どもの頃の迷子になった夢芽子が目の前に現れて，大人になった夢芽子を見上げていること。
8　ウ　　9　イ
10　本が持つ魔法の力，子どもの頃の夢芽子の深い悲しみと祖母への思い，空港という場所が持つ力が合わさった(49字)［力。］

三　1　人間は～える。　2　エ
3　ア　4　ア　5　イ　6　オ
7　ウ　8　オ　9　エ
10　日本語は，読み書きにおいて，表音文字の仮名と表意文字の漢字を混ぜて用いる複合言語であること。

一〔国語の知識〕

問一＜漢字＞①「遵守」は，規則や法律などに従い，それを守ること。　②「体裁」は，外から見た感じや様子のこと。　③音読みは「実施」などの「シ」，「布施」などの「セ」。

問二＜漢字＞①「珠玉」は，美しく優れたもののことで，特に，優れた詩や文章を称賛するときに用いる。　②「交換」は，取りかえること。　③音読みは「納付」などの「ノウ」，「納豆」などの「ナッ」，「出納」などの「トウ」。

問三＜四字熟語＞①気持ちや考えが互いに一致して仲良くなることを，「意気投合」という。　②器用に何でもこなすためにかえって大成しないことを，「器用貧乏」という。　③度胸があって何も恐れないことを，「大胆不敵」という。

問四＜慣用句＞「水魚の交わり」は，親密な友情や交際のこと。「水に流す」は，過去のことをあれこれ言わず，なかったことにする，という意味。「お茶を濁す」は，その場をいいかげんにごまかす，という意味。「立て板に水」は，弁舌によどみがなく，すらすら話すこと。「水泡に帰す」は，努力のかいもなく無駄に終わる，という意味。

問五＜慣用句＞①漠然としていてとらえどころがないさまを，「雲をつかむ」という。　②驚いたり感動したりして目を大きく見開くさまを，「目を見張る」という。

問六＜敬語＞「いたす」は謙譲語。「会長」など目上の人の行為・行動については，尊敬語を用いて，「到着なさいます」あるいは「ご到着になります」などとする(ア…×)。

問七＜品詞＞「先生にほめられる」と「道をたずねられる」の「られる」は，受け身を表す。「肌寒く感じられる」の「られる」は，自発を表す。「校長先生が～来られる」の「られる」は，尊敬を表す。「自分で着替えられる」と「遠くまで投げられる」の「られる」は，可能を表す。

問八＜文学史＞『吾輩は猫である』は，明治時代に発表された夏目漱石の小説。

問九①＜古語＞おごっている人は，長くおごり続けることはできない。短くはかないことをたとえて，

「春の夜の夢」という。　②＜古文の内容理解＞「風の前の塵」は，すぐに飛ばされて，同じところにとどまることはない。そのように，全てははかなく移ろうことを，「無常」という。　③＜文学史＞『平家物語』は，鎌倉時代に成立した，平家一門の栄華と衰滅を描いた軍記物語。

二〔**小説の読解**〕出典；村山早紀『風の港』。

1＜**文章内容**＞お姉ちゃんが「地上を離れて空に飛び立つという夢」を持っていることを知り，夢芽子は「遥かな上空を行く鳥を見上げるような，寂しい思い」を味わった。「空の上を行くお姉ちゃんには，どうしたって追いつけない。自分にはもうついていけない」と，夢芽子は思ったのである。

2＜**文章内容**＞飛行機には「大好きな誰かに会いに行くために」乗っている人たちがいて，その飛行機を飛ばせているのがパイロットである。お姉ちゃんは，「たくさんのひとたちを乗せて，それぞれの行きたい街へ，待っているひとたちのところへ連れて行ってあげる」人になりたいと思った。

3＜**文章内容**＞「まっすぐで強くて，優しくて明るくて，物語の主人公みたいな女の子」だったお姉ちゃんは今も「主人公」のようで，夢芽子には，赤い口紅は「主人公」がつけるのにふさわしい色に思えた。

4＜**文章内容**＞夢芽子は，初めは「自分に言い訳しながら」桜色の口紅を開けた。しかし，「何しろ今日はとてもいいことがあった」と思い起こし始め，「こんな素敵なこと，生きててそうそうあることじゃないに決まってる」などと思ううちに，夢芽子は，気持ちが高揚して笑みがこぼれた。

5＜**文章内容**＞桜色の口紅をつけた鏡の中の自分は，夢芽子がふだん思っている自分ではない「美しい書店員」だった。夢芽子は，その姿をはっきりと見て「わあ，綺麗……」と思ったのである。

6＜**文章内容**＞夢芽子は，鏡に映っていた自分の姿が，記憶の中にある「大好きな本の中に立ち，お客様を迎え，微笑みかけている，おばあちゃん」に似ていると感じた。

7＜**文章内容**＞夢芽子は，書店の入り口に，目を赤く泣きはらした女の子が立っているのを見た。そして，その子の言葉を聞いたとき，それが子どもの頃の，迷子になった自分であることに気づいた。「子どもの頃の夢芽子がそこにいて，いま，おとなになった夢芽子を見上げて」いたのである。

8＜**表現**＞夢芽子の視線に気づいた女の子が「迷子になったの」と言うのを聞くと，夢芽子は「夢をみているような気持ち」でその子に近づいていった。状況をしっかり認識して意志を持って近寄っていくというのとは違い，よくわからないままに引き寄せられていくようだったのである。

9＜**心情**＞「子どもの頃の夢芽子がそこにいて，いま，おとなになった夢芽子を見上げている」という不思議なことが起こり，夢芽子は，その夢のような出来事の中心にいた。夢芽子は，「主人公に不思議なことが起こる物語や，奇跡が起きるその瞬間をうらやましい」と思い，「そんなことが自分にも起きればいいのに」と思っていたが，今まさに「そんなこと」が自分に起きていたのである。

10＜**文章内容**＞夢芽子は，昔，おばあちゃんから「本には魔法の力がある」と聞いていた。また，「子どもの頃の夢芽子の，深い悲しみとおばあちゃんへの思い」や，「空港というこの不思議な場所の持つ力」が奇跡を起こした可能性もある。「混沌とした力」は，「そのみんながあわさって」生まれた力である。

三〔**論説文の読解―芸術・文学・言語学的分野―言語**〕出典；外山滋比古『聴覚思考――日本語をめぐる20章』「耳のことばと目のことば」。

≪**本文の概要**≫子どものさまざまな天与の才能のうち，最も早くに伸びるのは聴覚である。近代は視覚を聴覚より優先するものと決めているようであるが，言葉に関しては，聴覚が先行するのは明らかである。現代では，視覚言語が“はじめのことば”であるかのように錯覚されている。リテラシイは，音声言語が既習であるという前提に立つべきであるのに，それをあいまいなままにして教育をスタートさせ，文字の教育を言語教育の全てであるように考えたのは，大変な誤りであった。言葉の最初の公教育はリテラシイ教育であるとしたのは，十八世紀末，十九世紀初頭にかけてのヨーロッパの教育学思想によるものである。外国を手本にして文化構築をしようとした日本には，リテラシイの実体を吟味するゆとりはなかった。しかし，ヨーロッパの言葉がほとんど表音文字のみを用いてきたのに対し，日本語は表音文字の仮名と表意文字の漢字を用いる複合言語である。日本語の個性はユニークで，ヨーロッパ流の言語教育では，十分その力を発揮させるのは困難である。

１＜指示語＞「人間はいろいろなことを習得して人間らしくなる。生まれたときは，なにもできない。だれから教えられたわけでもないが，いつとはなしに多くのことを覚える」と考えるのは，間違いであると，「私」には思える。

２＜文章内容＞人間は，生まれたときに「人間として考えられるすべてをすることのできる能力」を持っている。ただ，その天与の能力は「潜在力」であるので，周囲の大人は，「潜在力」であることを理解したうえで，その隠された能力をうまく育てていかなければならない。

３＜文章内容＞天与の能力は，「何もしない」でおけば「十年はもたない」ようである。つまり，「十歳になる前に，適当な育成を行なわなければ，もって生まれた才能は消滅」して「二度とあらわれることはない」のである。

４＜ことわざ＞「三つ児の魂，百まで」は，幼い頃の性質は，大人になっても変わらないこと。「病は治るが癖は治らぬ」は，病気は治るが，身についた癖はなかなか直せない，という意味。「老いては子に従え」は，年老いたら何事も子に任せて従え，という意味。「無くて七癖」は，誰にもいくつかは癖があること。「身から出たさび」は，自分の悪い行いのために自分が受ける苦しみや災いのこと。「蛙の子は蛙」は，子は親に似るものだということ。

５＜文章内容＞触覚や味覚は，その人の個性といえるほど他と異なるものが出てくることは少ない。その人独自の好き嫌いは，あまり出てこないのである。

６＜文章内容＞子どもは「母乳が最高の味であると体が感じながら」大きくなるが，大人にとっては，「生き残っている味覚は，美味をめでるくらいの役」しか果たしていない。ただ，大人でも例外的に「初期の味覚を温存，純化」させている人がいて，それが「プロの料理人」である。

７＜文章内容＞「あとから発達する」ものは，一般に，「さきに発達したもの」を土台として，そのうえに積み上げられたものであるため，「さきに発達したもの」よりも進化して優れたものになっていると考えられがちである。

８＜指示語＞リテラシイ教育が「こどもが学校へ自分で通える年齢まで保留されなくてはならなかった」ことは，リテラシイ教育が「話し聴くことばより高級である」ということではない。しかし，実際には，ごく一部の例外的な教師を除いて，人々はその点を考慮せずに「文字の教育を言語教育のすべてである」ように考えた。この「文字の教育を言語教育のすべてである」と考えたことで人類が失ったものは，計り知れない。

９＜文章内容＞日本語の場合，表音文字だけからできているヨーロッパの言語とは異なって，表音文字と表意文字をともに用いる。そういう言語を使っていれば，人としてのあり方も，表音文字だけで暮らす人々とは異なってくる。「日本語による日本人のメンタリティは，英語によるイギリス人，あるいは，アメリカ人のそれと同じではない」と考えられるのであり，文章が人のメンタリティを表す以上に，言語が人のメンタリティを表すといえるのである。

10＜文章内容＞ヨーロッパの言語は「ほとんど表音文字のみ」を用いてきた。しかし，日本語は，表音文字である「仮名」と，表意文字である「漢字」を持つ「複雑な言語」であり，読み書きにおいてこの二種の文字を用いる「複合言語」である。この特徴があるため，リテラシイ教育の中身も，ヨーロッパのリテラシイ教育と同じではないはずなのである。

2022年度 日本大学第二高等学校

【英　語】（50分…Ⅰは9分程度）〈満点：100点〉

Ⅰ　〔リスニング問題〕 問題は，PartⅠ～PartⅢの3種類です。〈編集部注：放送文は未公表につき掲載してありません。〉

PartⅠ　これから4つの対話が放送されます。それぞれの対話の最後の発言に対する応答として最も適切なものを，対話の後に読まれる選択肢の中から1つずつ選び，記号で答えなさい。対話と選択肢は1度しか読まれません。

1．ア．
　イ．
　ウ．

2．ア．
　イ．
　ウ．

3．ア．
　イ．
　ウ．

4．ア．
　イ．
　ウ．

PartⅡ　これからまとまった英語が放送されます。その後にその内容について英語で質問を3つします。質問の答えとして最も適切なものを，下の選択肢の中から1つずつ選び，記号で答えなさい。英語と質問は2度読まれます。途中でメモを取ってもかまいません。

1．ア．They sit on benches.　　イ．They enjoy jogging.
　ウ．They walk in the paths.　　エ．They take dogs for a walk.

2．ア．It is the second largest park in London.
　イ．It was a hunting spot for the King.
　ウ．It was closed on Sundays.
　エ．It was opened to public in the 17th century.

3．ア．The Royal family.　　イ．The government.
　ウ．A god or gods.　　エ．Freedom of speech.

PartⅢ　これから2つの英語の質問が放送されます。それぞれの質問に対して，**あなた自身の答え**を英語で書きなさい。質問は2度読まれます。**質問を書く必要はありません**。

【例】	《放送される質問》	《あなたの答え》	
	"What's the date today ?"	It's February 11th.	(○)
		February 11th.	(△)
		2/11.	(×)

1．

2．

以上でリスニング問題は終了です。引き続き，筆記問題を解答してください。

Ⅱ　次の各文において，空所に当てはまる英語として最も適切なものを１つ選び，記号で答えなさい。

1．Water and oil ______ mix.
ア．not　イ．doesn't　ウ．no　エ．never

2．The moon does not shine itself, but it is the ______ thing in the night sky.
ア．brighter　イ．more bright　ウ．brightest　エ．most bright

3．In Japan, the number of old people ______ alone is increasing.
ア．live　イ．lives　ウ．lived　エ．living

4．The students at this school climb mountains in a summer camp ______ summer vacation.
ア．during　イ．in　ウ．while　エ．among

5．My husband lived in a house ______ was a block away from mine when we were children.
ア．which　イ．who　ウ．what　エ．where

Ⅲ　次の各文が意味の通る英文になるように，下のア～オの英語を並べかえて空所を補いなさい。その際，aとbに入るものをそれぞれ選び，記号で答えなさい。

1．Some students were late for school day after day, so their teacher [______ ___a___ ______ ___b___ ______] time.
ア．be　イ．on　ウ．told　エ．to　オ．them

2．Martin Luther King, Jr. [______ ___a___ ______ ___b___ ______] for equal human rights.
ア．is　イ．leading　ウ．for　エ．known　オ．the movement

3．I want to fix the light on the ceiling.　Can you [______ ___a___ ______ ___b___ ______] on ?
ア．me　イ．bring　ウ．a chair　エ．stand　オ．to

4．The National Gallery of Art is [______ ___a___ ______ ___b___ ______] all seasons.
ア．in　イ．people　ウ．many　エ．visit　オ．a museum

5．When university starts, students buy new textbooks, but [______ ___a___ ______ ___b___ ______] nearby bookshops.
ア．are　イ．ones　ウ．at　エ．used　オ．sold

Ⅳ　次の各組の文がほぼ同じ内容になるように，(　)に最も適切な単語１語を答えなさい。

1．If you are not busy, won't you come with me ?
If you are (　　), won't you come with me ?

2．Mr. and Mrs. Donegan will open their home to a Japanese student this summer.
Mr. and Mrs. Donegan will be a (　　) family for a Japanese student this summer.

3．I always keep my promises.　Believe me.
I never (　　) promises.　Believe me.

4．Jason is wearing a ring on his left third finger.　That means he is married.
Jason is wearing a ring on his left third finger.　That means he is not (　　).

5．Would you like to listen to the music again ?
Shall I (　　) the music again for you ?

V　次のHiroとロシア人のガールフレンドOlgaとの会話を読み，空所に当てはまる英語をそれぞれ下から選び，記号で答えなさい。ただし，同じ記号を２回使ってはいけません。(★は注があることを示します)

Hiro : How did you like the movie, Bohemian Rhapsody ?

Olga : I liked it very much. It was more exciting than I expected. Now I want to listen to the songs used in the movie.

Hiro : I'm glad to hear that ! (1)

Olga : Sounds good. But aren't you forgetting something ?

Hiro : Really ?

Olga : What is today, Hiro ?

Hiro : Do you mean what date ? It's March 8th.

Olga : (2)

Hiro : Well, is it a special day today ? It's not your birthday, right ?

Olga : Don't you know International Women's Day ? It is an important day especially for Russian women.

Hiro : Oh really ? I'm afraid I've never heard of the day. Maybe it is not so popular in Japan.

Olga : That's too bad. Well, it is a day to celebrate the ★achievements of women. Men show their thanks to women by preparing meals and giving them flowers.

Hiro : Okay then, I'd love to give you some flowers. Wow, how lucky ! (3) Do you give special flowers on this day, such as carnations for Mother's Day ?

Olga : You must not give red carnations to Russian women ! They have a negative image.

Hiro : Do they ? Then, how about roses ?

Olga : Red roses are nice for a girlfriend. Bright-colored flowers are perfect for Women's Day. Pink, orange, or blue flowers would be great for family members or friends.

Hiro : Well then, I'll buy ten red roses. How about that ?

Olga : (4)

Hiro : What ? You said red roses were good. . . .

Olga : You should give odd-numbered flowers !

Hiro : Odd-numbered ?

Olga : Not ten, but one, three, five, seven. . . .

Hiro : (5) You have too many rules for flowers !

(注) ★achievement：功績

＝選択肢＝

ア．There's a flower shop over there.

イ．I love red roses.

ウ．Shall we go for a cup of coffee ?

エ．Don't do that !

オ．Oh, I see.

カ．I didn't just mean the date !

VI 次の英文を読んで，あとの問いに答えなさい。（★は注があることを示します）

My father was born in 1949, four years after World War Ⅱ ended. When he was a child, he often watched American TV programs. Through them, he was excited about American lives : delicious-looking food, cool hairstyles, ★gorgeous houses, big cars driving along ★highways, and so on. He became a big fan of America. He wished to speak English like the American people on TV programs. Twenty-five years later, the boy who loved America grew up and became an English teacher. He really wanted to visit America for a long time, but he was too busy to visit it. His dream finally came true when he was 51.

In 2000, I was in the second year at university. I felt my life was boring. One day in early spring, my father asked me suddenly, "Masaki, how about going on a trip to America this summer ? I will be given a three-week holiday as a ★reward for my many years of working. I have dreamed of driving on Route 66 in America since I was young." I was surprised by his sudden ★offer. My father was very strict. To be honest, I felt I didn't get along with him. However, I wanted to change my boring life, so I decided to go with him.

Route 66 was one of the US national roads. It was 3,755 km long. It ran from Chicago to Los Angeles. It was built in 1926, but it was closed because other highways were ★developed. However, most of the ★historic roads can still be enjoyed.

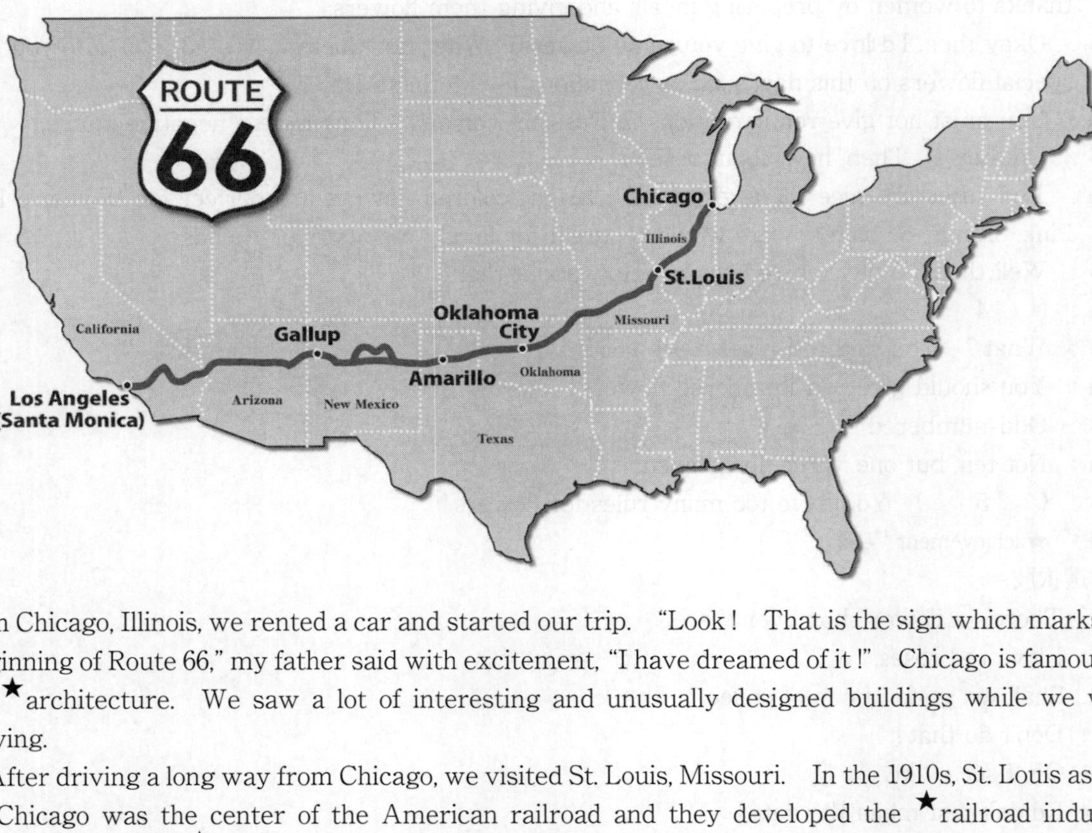

In Chicago, Illinois, we rented a car and started our trip. "Look ! That is the sign which marks the beginning of Route 66," my father said with excitement, "I have dreamed of it !" Chicago is famous for its ★architecture. We saw a lot of interesting and unusually designed buildings while we were driving.

After driving a long way from Chicago, we visited St. Louis, Missouri. In the 1910s, St. Louis as well as Chicago was the center of the American railroad and they developed the ★railroad industry. After the 1920s, as ★automobiles became popular, many people drove past St. Louis when they went from Chicago to LA or from LA to Chicago. Here in St. Louis, we dropped in at a gas station. I was surprised to see a self-service one for the first time in my life. There was no one to help us.

In Oklahoma City, we found a young man with a cowboy hat. He was a ★hitchhiker and asked us to give him a ride to Texas. My father didn't want to do so because he was a stranger, but I felt sorry for him and decided to give him a ride. My father was not happy with the stranger and didn't talk at all. His name was Alex. He was a car engineer working in Oklahoma City. Alex and I were the same age and became good friends soon. After a couple of hours' drive, we heard something strange from the engine. We had car trouble. I got out of the car and looked around. There was nothing around : no cars, no buildings, only the three of us under a wide open sky. My father and I were ★at a loss. However, Alex smiled and said, "____①____" Then, he opened the ★car hood and fixed the engine.

On the way to Amarillo, Texas, my father kept talking with Alex. I couldn't understand why he kept silent before the car trouble. When we arrived in Amarillo, Alex got out of the car. He gave me his cowboy hat and said, "See you on the road." I just said, "See you," and my father, "It was a lot of fun to be with you."

In Gallup, New Mexico, there was a problem. My father lost his passport. He tried to remember where he left it. At last he remembered using a restroom at the restaurant we visited for lunch. So we went back there. ②<u>Fortunately, the restaurant owner was waiting for our return.</u>

Finally, we reached Santa Monica, Los Angeles after about a three-week drive. Here we saw the sign that marks the end of Route 66. My father was excited again. I remembered the last words Alex said, "See you on the road." He probably meant, "See you somewhere again." I strongly felt that when I had a son, I would drive along Route 66 again, with him.

（注） ★gorgeous：豪華な　★highway(s)：幹線道路　★reward：ほうび　★offer：申し出
★develop(ed)：発展(発達)させる　★historic：歴史的な　★architecture：建築様式
★railroad industry：鉄道産業　★automobiles：自動車
★hitchhiker：通りがかりの自動車に乗せてもらい目的地まで行く人　★at a loss：途方に暮れて
★car hood：ボンネット(車の前部のエンジンなどが入っている箇所のふた)

【問題】

1．(1)～(6)のそれぞれの地と関連のある事柄をア～カから選びなさい。

(1) Chicago　(2) St. Louis　(3) Oklahoma City
(4) Amarillo　(5) Gallup　(6) Santa Monica

ア．picking up a hitchhiker　イ．the end sign of Route 66
ウ．a self-service gas station　エ．dropping off the engineer
オ．unusual styles of buildings　カ．losing the passport

2．Which of the following is WRONG about Masaki's father ?

ア．He became interested in America by watching their TV programs.
イ．He wanted to be a good speaker of English someday.
ウ．He became an English teacher in the late 1960s.
エ．He didn't have a chance to visit America until he was 51.

3．Why did Masaki's father's dream come true ?

ア．Because he received a reward of some money from his school.
イ．Because he got a holiday after working hard for his school.
ウ．Because Masaki wanted to change his boring life.
エ．Because Masaki decided to go with him.

4．Which of the following is TRUE about St. Louis？

ア．Many trains ran through St. Louis, and it was also an important place that produced trains.

イ．No one helped at any gas station in St. Louis, so drivers had to put gas into their cars by themselves.

ウ．After the 1920s, a lot of people stopped at St. Louis when they walked from Chicago to Los Angeles.

エ．St. Louis as well as Chicago was in the center of Route 66, and many people drove between the two cities.

5．Why didn't Masaki's father want to drive Alex at first？

ア．He just did not like to be a hitchhiker.

イ．He knew that Texas was too far away to drive Alex to.

ウ．He thought that they would have car trouble with Alex.

エ．He did not want to give a ride to anyone he did not know.

6．Which of the following best fits the underlined part ①？

ア．You are lucky.　You got me.　Don't you remember I am an engineer？

イ．Did you check the car before you rented it？　I should ask someone else to get me to Texas.

ウ．We need to call AAA right away.　They are experts who help drivers in trouble on the roads.

エ．I'm afraid we can't do anything.　We are too far away from town.　We'll have to stay until someone comes.

7．How did Masaki's father change after the car was fixed？

ア．He gave a cowboy hat to Alex as a sign of friendship.

イ．He started to enjoy talking with Alex with fun.

ウ．He changed topics when he spoke to Alex.

エ．He asked Alex to drive the car.

8．What would Masaki and his father probably do after the underlined part ②？

ア．They would ask Alex to get the passport.

イ．They would look for the passport in the restroom.

ウ．They would wait for the owner to bring it to Gallup.

エ．They would receive the passport from the restaurant owner.

9．How did Masaki feel when he thought of Alex's last words at the end of the road？

ア．He felt he wanted to drive in America with his father.

イ．He felt the words meant "Let's travel together again."

ウ．He felt he wanted to travel again with his son in the future.

エ．He felt a three-week drive was too long for just the two of them.

10．本文の内容と合致するものを１つ選びなさい。

ア．Masaki's father was born before World War II started.

イ．Masaki became bored when he heard his father's offer.

ウ．Route 66 was once closed, but most of it is now open.

エ．When Masaki had car trouble, he thought Alex would help him.

オ．Masaki and his father spent three weeks driving in Santa Monica.

Ⅶ　次の各文が意味の通る英文になるように，(　)に最も適切な英語を書きなさい。ただし，答えはそれぞれ示された文字で始まる**単語１語**とします。なお，解答欄には最初の文字を含めて書きなさい。

1．The moon goes around the (e　　).

2．Take this medicine after each meal.　Please do not take it on an (e　　) stomach.

3．Stella didn't (i　　) Daniel to her birthday party, because he is always saying bad things to her.

4．Sam has to bring up five children.　He needs a lot of money to (s　　) his big family.

5．Is it (n　　) for you to buy that watch ?　You already have three watches.

Ⅷ　次のそれぞれの下線部を，文脈に合うように**「主語」と「動詞」のある英語１文**で表現しなさい。

1．I like this T-shirt.　おいくらですか。

2．A：　Where were you when the earthquake happened yesterday ?

　　B：　お風呂に入っていました。

【数 学】 (50分) 〈満点：100点〉

(注意) 1．分度器，コンパスは使用できません。
2．分数はできるところまで約分して答えなさい。
3．比は最も簡単な整数比で答えなさい。
4．$\sqrt{\quad}$の中の数はできるだけ小さな自然数で答えなさい。
5．解答の分母に根号を含む場合は，有理化して答えなさい。
6．円周率はπを用いなさい。

1 次の各問いに答えよ。

(1) $\dfrac{3}{2}-(-6)^3\div(-4^2)+\dfrac{1}{4}\times(-2)^6$ を計算せよ。

(2) $\dfrac{b}{a^3}\times\left(-\dfrac{ab}{2}\right)^3\div\dfrac{3b}{4a^2}$ を計算せよ。

(3) 連立方程式 $3x+2y=0.25x-0.2y=\dfrac{6}{5}$ を解け。

(4) $\sqrt{3a-5}$ の整数部分が5であるとき，これを満たす整数aの値をすべて求めよ。

(5) 2次方程式 $x^2+ax+3=0$ の解の1つは，2次方程式 $x^2-4x-12=0$ の小さい方の解に1を加えたものと等しい。このとき，aの値を求めよ。

(6) 4人で一度だけじゃんけんをするとき，1人だけが勝つ確率を求めよ。

(7) 右の図において，線分ABは円Oの直径である。∠BOC＝32°となる点Cを円周上にとる。また，∠ABCの2等分線と円の交点をDとし，AD∥ECとなる点Eを円周上にとる。このとき，∠BAEの大きさを求めよ。

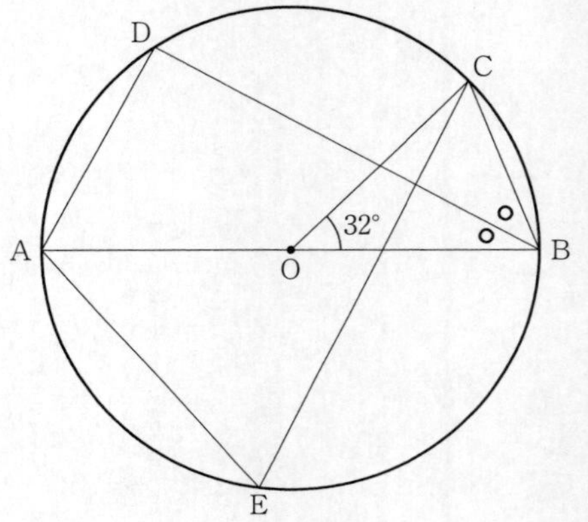

2 右の図のように，放物線$y=ax^2$$(a>0)$と直線$y=-x+12$が2点A，Bで交わっている。点Aの$x$座標が4のとき，次の問いに答えよ。

(1) aの値を求めよ。

(2) ABの長さを求めよ。

(3) x座標が正であり，△ABP＝△ABOとなるような点Pを放物線上にとる。このとき，点Pの座標を求めよ。

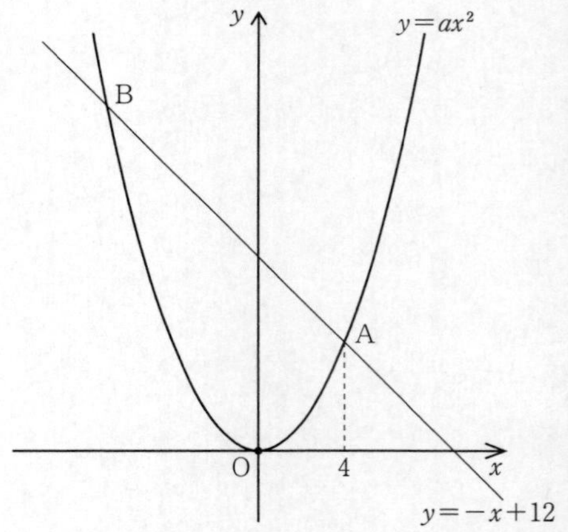

3　下の図のように，底面の円の半径が 5，高さが12の円すいがあり，その底面と側面に球Oが内接している。このとき，次の問いに答えよ。

(1)　球Oの半径を求めよ。

(2)　球Oの体積は円すいの体積の何倍になるか求めよ。

(3)　球Oと円すいの側面が接したところにできる円の円周の長さを求めよ。

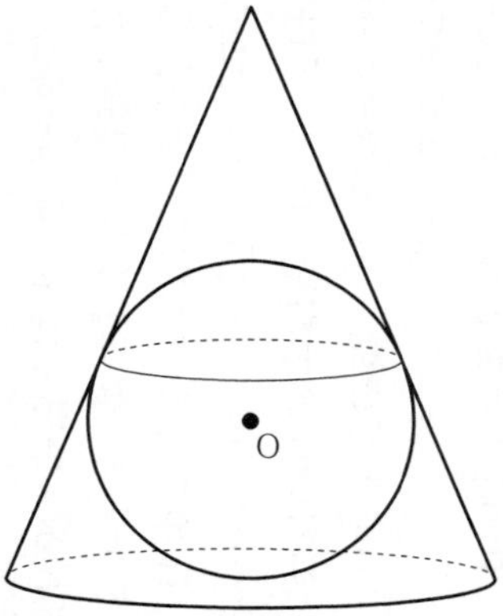

4　右の図のように，AB＝9，AD＝10 の平行四辺形 ABCD において，∠BAD の 3 等分線は一方が辺 BC と交わり，もう一方が辺 CD と交わっている。それらの交点をそれぞれ E，F とする。また，辺 AD 上に AB∥GE となる点Gをとり，AF と GE の交点をHとすると，AH＝5 となった。このとき，次の問いに答えよ。

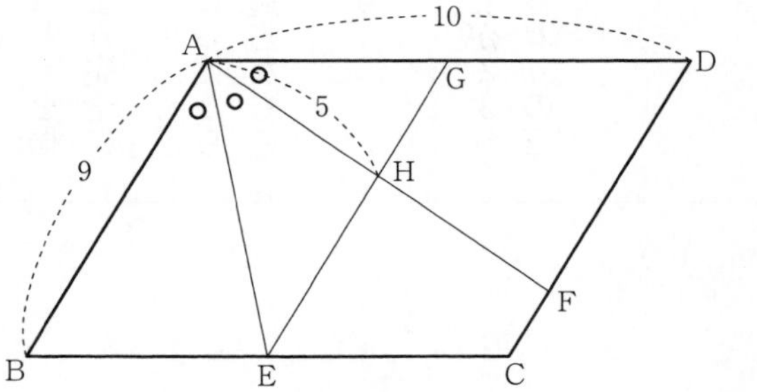

(1)　GH の長さを求めよ。

(2)　AG の長さを求めよ。

(3)　四角形 CFHE の面積は △AEH の面積の何倍になるか求めよ。

ウ．新しい「こと」に向かう強い心のかまえという意味
エ．「困難」な命令を受けてそれを拒否するという意味
オ．異なる内容を結びつける「けれども」という意味

4.「いままでの『こと』が終わって、自分はこれから新しい『こと』に立ち向かう」とはどういうことですか。
ア．日本人は古い「こと」が終わるときにはためらわず、「こと」のつながりを意識して、新しい「こと」に向き合わなければならないということ。
イ．日本人は古い「こと」から新しい「こと」へ移り変わるとき、接続詞としての「さらば」を用いて、二つを切り離して考えるということ。
ウ．日本人は一つ一つの「こと」の意味合いを確認しながら対処する傾向があるため、新しい「こと」に向かうためには時間がかかるということ。
エ．日本人は新しい「こと」に立ち向かうとき、一度立ち止まり「さらば」などと言い、古い「こと」に別れを告げなければならないということ。
オ．日本人は「さらば」と言うことによって古い「こと」を振り返り、古い「こと」に戻ってしまうことがないよう完全に訣別をするということ。

5.「この世の出来事を一つ一つの『こと』の連なりとしてとらえる」ということが表れている四字熟語として最も適当なものはどれですか。
ア．因果応報　イ．意気消沈　ウ．疑心暗鬼
エ．前途多難　オ．四面楚《そ》歌

6.「ある特徴」とはどんな特徴ですか。「姿勢」につながるように本文から四十五字程度で抜き出し、そのはじめと終わりの三字を答えなさい。

7.□に当てはまる語はどれですか。
ア．また　イ．つまり　ウ．たとえば
エ．しかし　オ．そして

8.「かなり特殊なこと」の例として最も適当なものはどれですか。
ア．ホールでのコンサートの最中に知り合いにあったので黙ってあいさつをした。
イ．夜ご飯を食べるときに「いただきます」と言ってからご飯を食べた。
ウ．テレビで「あっ」と声をあげて驚いてしまうようなニュースが放送された。
エ．部活動でイメージトレーニングをして自分の気持ちを上向きにしてから練習をした。
オ．ジェットコースターに乗ってあまりの恐怖から叫び声をあげてしまった。

9.「『さようなら』が日本人の別れのあいさつになってきた」のはなぜですか。解答欄の「〜から。」につながるように説明しなさい。

古い「こと」と訣別《けつべつ》しながら、新しい「こと」に立ち向かう強い傾向を保持してきたかの証拠である。（『やまとことばの人類学』）

日本人が「さらば」「さようであるならば」と別れるのは、古い「こと」が終わったときに、そこに立ち止まって、それを「さようであるならば」と確認し訣別しながら、新しい「こと」に立ち向かおうという心のかまえ、傾向を表しているという説明です。

この説明には、5この世の出来事を一つ一つの「こと」の連なりとしてとらえるという日本人の人生や世界のとらえ方の、6ある特徴が前提にされています［略］が、それは具体的には、こういう例で語られるようなことです。

［7］、日本の小、中学校などでする、起立・礼・着席といったような礼節のあり方。これは外国にはあまり見られない、日本人の「こと」の対処の仕方であり、始まり・終わりを言葉に発してきちんと確認しながら、一つ一つの「こと」を進めていこうとする態度である、と。

あるいは電車のアナウンスや、車掌のふるまい。何時何分発の何々行きとアナウンスがあって、車掌の指差し確認があって、そのあと笛がピーッと鳴って電車がゆっくりと出て行く——。われわれには安全確認という名のもとの、まったく見慣れた光景ですが、これも8かなり特殊なことのようです。

さらには、かけ声、囃《はやし》、呪言《じゅごん》などでも、われわれは、「ヤア」「ドッコイショ」「チョイト」「コリャコリャ」などと声を出して当面の事柄を進めて行くが、「囃し」とは、「『生《は》やし』『早《は》やし』などと同根であって、あるものの生成を促進せしめ、生成を促す力を与える」呪言でもあると同書では説明されています。「言語を発することによって、あるいは、言語の呪力に頼ることによって、ひとつひとつ処理していこうとする態度」ということでもあります。

こうした荒木さんの指摘を受けて思い起こしたのですが、小林康夫とフランス・ドルヌの共著『日本語の森を歩いて』という本は、次のような面白いエピソードを伝えています。——著者のドルヌさんが初めて日本語で研究発表をしたとき、結論を述べて発表を終えたつもりが、聴衆からは何の反応もなかった、と。その原因は、「以上です」という言葉が最後になかったからなのだ、というわけです。

たしかに、われわれは、そういうけじめというか、ここまでだ、ここで終わる、ということをあらためて言うことによって次の場面に移っていく、という傾向があるようです。「二人以上の人間が、ある「こと」の場にいて、先行の「こと」につづいて、新しい「こと」をはじめようとする場合、日本人はどうしても「それでは」「では」という言葉によって先行の「こと」を終え、新しい「こと」に立ち向かうという姿勢を見せないことにはどうにも納まりが悪いところがある」（荒木同書）というわけです。

つまり、あらためて「さようであるならば」と、言葉に出して、言葉の力もふくめて、先行の「こと」を確認し終えて、あたらしい「こと」に移行し始めようとするところに、9「さようなら」が日本人の別れのあいさつになってきたということです。

〈竹内整一『日本人はなぜ「さようなら」と別れるのか』による〉

問　——線部および空欄《くうらん》1～9について、それぞれの問いに答えなさい。

1．［　］に入る最も適当な語句はどれですか。

ア．名詞　イ．動詞　ウ．副詞

エ．形容詞　オ．接続詞

2．［　］に入る語を本文の点線で囲んだ部分から二字で抜き出しなさい。

3．「もともとの接続詞の意味合い」とはどのようなものですか。

ア．間をつなぐ言葉としての「それならば」という意味

イ．別れぎわの挨拶である「さようなら」という意味

さらばいかがはせん。難き物なり共仰《ともおお》せごとに従ひて求めにまからん（『竹取物語』）

そういうことであれば、どうにもならない、たとえ困難であろうとも、それを求めに参りましょう――。この「さらば」は、命令を受けてそれを引き受けるという、その間をつなぐ言葉としての「それならば」です。あるいは、こういう例。

親もなくいと心細げにて、さらばこの人こそはと事にふれて思へるさまもらうたげなりき（『源氏物語』）

親もなく心細げであるという事柄を受けて、「ということであるならば」、この人をこそ頼ろうと事にふれて思っている様子がいじらしい――。ここでも、その「さらば」はまったくの接続詞です。むろん、[2]といったような意味合いはまったくありません。これはこれで、現在にいたるまでずっと使われてきている用法です。

しかし、そうした言葉が、すでに平安時代の前期には、たとえば、次のように使われています。

さらばよと別れし時にいはませば我も涙におぼほれなまし
（伊勢『後撰和歌集』）

『日本国語大辞典』では、これは「別れの挨拶に用いる語。さようなら」として分類されています。つまり、品詞としては感動詞であり、別れの言葉として自立して使われているということです。――あのときにあなたが「さらばよ」と言って別れてくださったなら、私も涙に溺《おぼ》れたであろうに、と。あなたはそうははっきり言わなかった、だから私は涙を流せなかった。きちんと別れを別れとして認識しなかった、という怨《うら》みごととして語られているわけです［略］。

また、こういう例も挙げられています。

うちつけに炒《い》られんも、様悪しければ、さらばとて、帰り給ふ（『源氏物語』）

性急に焦《じ》れったくするのも見苦しいことなので、「さらば」と言ってお帰りになった、という意味の文章です。これも「さようなら」という別れ言葉の用法の方に入れられていますが、～のも見苦しいことなので、「ということであるならば」と言ってお帰りになったとだけでも十分解釈できます。ここでは、別れ言葉「さらば」と接続詞「さらば」の間はきわめて微妙です。

ただ、「さらばとて」とか「さらばよと」という言い方になると、「～と言って」「～ということで」ということですので、3もともとの接続詞の意味合いはうすれて、自立語の別れ言葉「さらば」の意味合いが強くなってきます。［略］

日本人の認識や行動のあり方を身近な言葉遣いの側面から分析した荒木博之さんの『やまとことばの人類学』は、以上のような「さらば」「さようなら」について次のように説明しています。

……日本語の別れの言葉である「さらば」も、4いままでの「こと」が終わって、自分はこれから新しい「こと」に立ち向かうのだという心のかまえを示す特別ないい方であるといっていいのである。

日本人が古代から現代に至るまで、その別れに際して常に一貫して、「さらば」をはじめとする、「そうであるならば」という意のいい方を使ってきたのは、日本人がいかに古い「こと」から新しい「こと」に移ってゆく場合に、必ず一旦立ち止まり、

オ．もう準備はすでにできとうっちゃ。

4．「蟬の声を聞いた気がした。まだ、そんな季節ではないというのに」の部分の説明として最も適当なものはどれですか。

ア．集中力を高めすぎて、周囲がわからない状態である。

イ．タイムが思うように出ず、成績が振るわない状態である。

ウ．混乱していて、まったく状況が把握できない状態である。

エ．余裕があり、周囲の不思議な状況も気づける状態である。

オ．疲労困憊《こんぱい》で、ジージーとした耳鳴りがした状態である。

5．「がっかりする」のはなぜですか。解答欄の「〜から。」につながるように説明しなさい。

6．「虚勢を張る」とはどのような意味ですか。

ア．ついたうそを無理におし通そうとすること。

イ．自信のない者が謙虚な態度をとること。

ウ．相手をばかにしたような態度で接すること。

エ．上辺《うわべ》だけ強がってふるまおうとすること。

オ．他人の話に横から口を出して邪魔すること。

7．「後藤田コーチは『へぇ』といった表情をした」のはなぜですか。

ア．歩には走る気力はもう残っていないと思っていたのに、意欲を見せたから。

イ．歩は体力的に限界で、陸上部に入ることをあきらめたと思っていたから。

ウ．今の自分の実力に対して、歩が満足していないと感じることができたから。

エ．課せられたメニューを、歩が軽いメニューだと感じていたようだったから。

オ．倒れこんだにもかかわらず、歩がダウンジョグを始めようとしたから。

8．「しまった。と思ったが遅かった」とありますが、この時の歩の気持ちの説明としてふさわしいものはどれですか。

ア．コーチの機嫌をとらなければならないのに、コーチが一番嫌いな駅伝を楽しいと言ってしまい慌《あわ》てた。

イ．実力がないことがわかっていたが、それをコーチの前で隠し通すことができずに困ってしまった。

ウ．疲れ果てたことをコーチに気づかれ、疲れを隠せなかったことに気が動転し無言になってしまった。

エ．走る練習を甘く考えていたことをコーチに見抜かれ、怒らせてしまったのではないかと動揺《どうよう》した。

オ．中学では陸上部に所属していなかったことを思わず話してしまい、隠すべきだったと後悔した。

9．「陸上じゃなくて駅伝が好きなんでしょ？」と尋ねた後藤田コーチの真意はなんですか。説明しなさい。

10．「体の内側から起こる、正体の分からない感情」とありますが、これがどのような気持ちか五十字以内で説明しなさい。

11．「何かの冗談じゃないかと思った」とありますが、何が「冗談じゃないか」と思ったのですか。

ア．コーチが自分の考えに賛同してくれたこと。

イ．今日の記録をとり直す機会が与えられたこと。

ウ．正式に陸上部への入部が認められたこと。

エ．畑谷さんが自分の走りを褒めてくれたこと。

オ．中学時代の活躍をあらためて認められたこと。

三

次の文章を読んで、後の問いに答えなさい。

本来「さらば」というのは、「先行の事柄を受けて、後続の事柄が起こることを示す」言葉・「然《さ》らば」で、「それならば。それでは。しからば。」の意味だとされる［1］です。小学館『日本国語大辞典』は、こう説明して、以下のような例を挙げています。

さんの声が轟《とどろ》く。

「集合っ！」

速やかに集まる陸上部員達。今日の練習は終了だ。部員達は、高瀬先生とコーチの前に立ち、「はいっ！」、「はいっ！」と連呼している。

高瀬先生の口が動いているが、何を言ってるのか聞こえない。並んだ部員達が一斉にこちらを見た。総勢十三人。息を呑《の》む音が、聞こえたような気がした。

「畑谷っ！」

後藤田コーチの一声で、「はいっ！」と畑谷さんが手を上げた。

「一ケ月遅い始動になるから、面倒を見てやって。以上、解散っ！」

呆然《ぼうぜん》と立っていると、畑谷さんが走り寄ってきた。顔が強張《こわば》っている。怒っているのかと思ったら違った。

「凄《すご》い……。倉本さん。本当に、あのコーチが折れた……」

顔を覆《おお》って、笑い出したいのを堪《こら》えている。

「……やったね。おめでとう……」

「え、え……」

11何かの冗談じゃないかと思った。

今日の自分の走りは最低だったし、コーチからは考えの甘さを指摘された。絶望の底に落とされたような気分でいたから、すぐには信じられなかった。

〈蓮見恭子『襷を、君に。』による〉

問　――線部および空欄《くうらん》1～11について、それぞれの問いに答えなさい。

1．「歩を見るなり目を細める。無言」とありますが、この部分からは後藤田コーチのどのような気持ちを読み取ることができますか。

ア．あまりにも陸上に対して素人である歩の姿を見て、何もわからないものの、これから成長しようとする意欲的な姿勢に好意的である。

イ．部員たちに求めた部活動への厳しい姿勢を、新入部員である歩に求めるのではないかと勘違いされないように、安心させようとしている。

ウ．入部を希望してたずねてきた歩に対しては、一見優しい表情を見せながらも、その存在を認めることはできないと強く拒絶している。

エ．技術指導だけでなく部員の管理まで自分任せにしている高瀬先生のやり方に納得ができず、新入部員を歓迎する気持ちにはなれないでいる。

オ．自分に対して恐怖心を抱く歩の姿を見て、部員に対する自分の態度を改めるべきではないかと悩み、声をかけることができないでいる。

2．「一緒に走っていいのかどうか分からなかった」のはどうしてですか。

ア．正式な部員として認められていなかったので、同じ活動に参加することをためらわれたから。

イ．はじめての競技場だったので、どのコースが走って良いコースかがまったくわからなかったから。

ウ．実力のない自分が他の部員と一緒に走ると、ペースを乱して反感を買ってしまうと思ったから。

エ．先生の許可がなく勝手に走ってしまうことで、部を退部しなければならなくなる心配があったから。

オ．入部していない自分が他の部員と共に走らせてもらえるというコーチの配慮に驚いてしまったから。

3．□に当てはまる言葉はなんですか。

ア．チャンスやん。きたきた！

イ．嫌がらせやん。これって！

ウ．最後まで絶対走り切るっちゃ。

エ．一位になったら、どないしよ。

それに、走る練習ばかりしてる割りには、一緒に走ると自分より遅い子もいる。弟の勝男だって、陸上部のくせに全然走れてない。練習なんかしなくても、自分は速く走れる。だから、自分は並みの人間じゃない。

そんな勘違いと驕《おご》りを、後藤田コーチは一目で見抜いてしまったのだ。

コーチは無言のまま歩の顔を見ている。こうしている間にも、考えている事を全て、読み取られていそうだ。

「陸上競技は練習も地味だし、マスコミの扱いも、球技やフィギュアスケートなんかとは比べものにならないぐらいお粗末。実業団の大会はガラガラで、半分も席が埋まってない。それなのに、駅伝とマラソンだけは別格。沿道に人が溢れ、延々と生中継で放送される。駅伝なんて国際大会の種目に入ってないのに。だから、勘違いする子が出てくる。あなたも、9陸上じゃなくて駅伝が好きなんでしょ？」

返す言葉がない。

「私達が最終的に目指しているのは、将来トラック競技の中長距離走種目やマラソンで、世界を視野に入れた活躍ができる選手を育てる事。駅伝は、あくまでトレーニングの一環。沿道の人に応援してもらいたいとか、マスコミに注目されたいとか、その程度の考えの子は来て欲しくないの」

頬が熱い。

悔しさからではない。10体の内側から起こる、正体の分からない感情のせいだ。

自分が駅伝をやりたいと思った動機は何だったんだろう？

ただ、楽しかっただけ？

違う。

中学時代はこれといった目的もなく、流されて生きていた。友達が一緒だからと安易に部活や進学先を決めてしまっていた。それが、駅伝に出会ってからは自ら担任に掛け合い、両親に何の相談もなく志望校を変え——。

自分を突き動かしたものは一体、何だったのだろう？

さっと一人の少女の姿が、頭の中を駆け抜けた。

あ……。

目を閉じると、浮かんでくる。可憐《かれん》な美少女が美しく走り、美しく勝つ様が。

そうだった。

店に置かれたテレビで、同い年の女の子の走りに圧倒され、焦《こ》がれるような思いを胸に抱いたのだった。

「強くなりたいです！」

自分でも驚くほどの大声で、コーチも弾かれたように目を見開いた。

「全国大会に出てる一流選手みたいに速く、綺麗に走って……、大会で勝ちたい……。少しでも近付きたいです」

——彼女に……。

走る姿だけで歩の価値観を覆《くつがえ》してしまったあの子。あの子のようになりたいのだ。

「お願いです！　速く走れるようにして下さい。同じになれんでもいい。少しでも、今より強くして下さい」

コーチがじっと顔を見ていた。

「そんなに、走るのが好きなの？」

「は、はい。好きです。大好きです！　今からでも走れます」

嘘《うそ》ではなかった。

走っている時はあんなに苦しくて、もう走りたくないと思っているのに、終わってみればまた走りたくなっている。今だって「もう一度走れ」と言われたら、やっぱり走ってしまうだろう。

ふっと溜息の音がした。

「そう言ってられるのも、今のうちだけ……」

後藤田コーチは背中を向けると、さっと手を振った。ちょうどダウンジョグを終えた部員達が水分を補給していた。すかさず、南原

に。

足をひきずるようにしながら、最後の一周に入る。コーナーを一つずつクリアするごとに、「あと二つ、あと一つ」と確認する。最後のコーナーを回り終えたところで、前方のフィニッシュライン上で手を振っている人がいた。

片手にバインダー。真っ白な頭と、黒いジャージ。

「頑張れー！　あと少し！」

高瀬先生だ。

励まされて少しだけ力が湧《わ》いた。お腹に力を入れ、足を踏ん張る。

そして、フィニッシュラインを越えると同時に、地面に倒れ込んだ。脚の付け根に芯棒が入れられたように突っ張っている。

仰向《あおむ》けになると、この季節にしては強い日差しが、顔に足に容赦なく降りかかった。大量の汗をかいたはずなのに、鼓動に合わせて新しい汗が次から次へと溢《あふ》れ出してくる。このまま溶けてしまいそうな勢いだ。そのくせ喉《のど》がからからで、水場に行きたいのに、立ち上がるどころか、指一本を動かすのも億劫《おっくう》だ。

そして、相変わらず耳の中で蝉がジージーと鳴いている。その蝉時雨《しぐれ》の狭間《はざま》で、誰かが話しているのが聞こえてきた。

「……気になるのは、フォーム……。あまり綺麗な走り方ではないですね」

後藤田コーチの声だ。

「そうだ。最初と最後は別人だった」

相槌《あいづち》を打っているのは高瀬先生。

5がっかりする。

中学時代、駅伝に出場する際に正しいフォームの手ほどきを受けていたのに、今日は途中で崩れてしまっていたようだ。

「思ったよりペースが落ちなかったし、最後まで走ろうとしていた根性は買う。たとえ才能があっても、走りたがらない選手よりは……」

話をよく聞こうと頭を動かしたら、コーチがこちらに向かって歩いてくるのが見えた。立ち上がり、ウエアについた埃《ほこり》を払った。湿気を吸った埃は、うまく落とせない。

一緒に走った上級生や一年生達が、何事もなかったようにダウンジョグを始めていた。

「もう走りたくないでしょう？」

上から見下ろされたから、胸を張って自分を大きく見せるようにした。

「平気です。これぐらい」

精一杯、6虚勢を張る。

7後藤田コーチは「へぇ」といった表情をした。

「多少は走れるようだけど、大会の経験は？」

「中学三年の秋に、駅伝の大会に出ました。地区大会を勝って全国大会の予選に進みました。そこで……、負けました」

「私は記憶力がいいんだけど、倉本という名前に覚えがない」

「中学時代はソフトボール部所属で……。長距離走は得意だったので、陸上部の顧問に声をかけられて……。中三の秋に駅伝のメンバーに加わりました」

「トラック競技には出場してなかったんだな？」

「してません。でも、駅伝は走りたいんです。走っていて、とても楽しかったし……」

「楽しい？」

目を細めた拍子に、コーチの片方の頬《ほお》がぴくんと引きつった。

「舐《な》めてるわね」

8しまった。と思ったが遅かった。

走りきった後の心地よい高揚感が、一気に降下してゆく。

「陸上部員達が辛い練習に耐えていた間、あなたは一体何をしていたの？」

頭から冷たい水をかけられた気がした。膝が震え、今にもその場に座ってしまいそうだった。

陸上競技の練習は走るばっかりで、面白くなさそう。

る。

「『三〇〇〇』の通過タイムを十分程度で。できるな？　新入生は十一分三十秒で。途中で周回遅れにされると思うから、全国レベルのスピードを体感するように」

一年生達が蒼白《そうはく》になる中、高田稔だけがにやにや笑っていた。自信ありげだった。

——どうしよう。三〇〇〇メートルの自己ベストは十一分二十九秒なのに……。

あの時ですら最後は息がもたなかったのに、そこから二千メートル余分に走るのだ。おまけに、半年前の記録。

——［　3　］

だが、後には引けない。マネージャーがストップウォッチを手に、スタートライン脇に立つ。周囲を見た限りでは、立ったままスタートするので良いらしい。

「位置について。五秒前。四、三、二……」

マネージャーがカウントダウンしてゆく。

「一、スタート！」の掛け声で、一斉に飛び出す。いきなり激しい先頭争いが繰り広げられる。前に出たかったが、目の前で部員達の背中が壁となり、つんのめった挙句《あげく》、危うく転びそうになった。

スタートがごちゃつくのは話には聞いていたが、慣れていないと捌《さば》き方が分からない。

——は、速《はや》っ！

位置取りの争いから弾き出され、ペースも分からずに戸惑っている間に部員達の背中が遠ざかる。

五〇〇〇メートル走は、歩にとって未知の領域だ。

最初から上げて行った方がいいのか、スタミナを温存して最後にスパートした方がいいのか、未経験の距離だけに判断できなかった。

迷っている間にも、どんどん離されてゆく。パニックを起こしているのか、いつも以上に心拍数が上昇しているのが分かった。

一か八か、思い切ってスピードを上げた。

とにかく、やる気を見せたかった。少なくとも一年生達には負けたくなかった。

それにもかかわらず、隊列の最後尾を捉《とら》える事すらできない。五周を過ぎた辺りで、脚が思うように動かなくなった。自分でも、ペースを維持したまま残りの距離を走り切れないのが分かった。

設定されたタイムからも、大幅に遅れている。

そのうち肺が焼けるような感覚がして、呼吸のリズムも乱れてきた。息継ぎの音が耳の中で激しく反響する。

あと五周、あと四周……。

頭の中で残りの周回を数えながら走るものの、延々と同じ景色が続くから、自分が何周目を走っているのかが途中で分からなくなり、余計に苦しくなる。

かつて経験した事のない苦しさ。

完全にペース配分を間違えてしまった。

自分でもフォームが崩れているのが分かる。顎《あご》が上がり、腰が落ちている。錘《おもり》をつけられたように腕が重い。

——腕を振れー！

くじけそうになる度、だらりと垂れ下がる腕を持ち上げ、空気を漕《こ》ぐように走った。

全身から吹き出した汗が皮膚を濡《ぬ》らし、もう一枚、別の皮を貼り付けられたようで気持ちが悪い。それも、段々とどうでも良くなる。

後ろから次々と追い越される。

彼女達はラインを越えたところで次々と止まる。一緒に止まりたかったが、歩にはあと一周残っている。その一周、たったの四百メートルがとてつもなく遠く感じる。

目の前に三途《さんず》の川が見えた。

よく見ると、レーンの白線だった。大袈裟《おおげさ》ではなく、地獄の苦しみだ。

——このまま死んでしまうんか……。

4蝉《せみ》の声を聞いた気がした。まだ、そんな季節ではないというの

エ．村上春樹　オ．夏目漱石

問九 次の文章を読んで、後の問いに答えなさい。

仁和寺にある法師、年よるまで岩清水を拝まざりければ、心うく覚えて、あるとき思ひ立ちて、ただ一人、徒歩より詣でけり。極楽寺、高良などを拝みて、かばかりと心得て帰りにけり。さて、かたへの人にあひて、「年ごろ思ひつること、果たしはべりぬ。聞きしにも過ぎて尊くこそおはしけれ。そも、参りたる人ごとに山へ登りしは、何事かありけん、ゆかしかりしかど、神へ参るこそ本意なれと思ひて、山までは見ず。」とぞ言ひける。

少しのことにも、先達はあらまほしきことなり。

① 法師は山に登りませんでしたが、それはなぜですか。

ア．歩いていくには遠すぎると思ったから。
イ．山頂に到達する体力がないと思ったから。
ウ．一人で行くには心細いと思ったから。
エ．神様を拝むことが大切だと思ったから。
オ．山を案内してくれる人がいなかったから。

② この文章の出典はどれですか。

ア．『おくのほそ道』　イ．『枕草子』
ウ．『平家物語』　エ．『徒然草』
オ．『竹取物語』

二

次の文章を読んで、後の問いに答えなさい。

高校一年生の倉本歩《あゆむ》は一人でトレーニングをしている時、駅前で担任の先生と出会った。クラスで一人だけ部活動が決まっていなかった歩を心配していた先生は、陸上部顧問の高瀬先生に連絡し、歩は陸上競技場に向かうことになった。

後ろからそろっと回り、頭を下げる。

高瀬先生はじっと歩の顔を見た。

日焼けした顔に白い髪を垂らし、セルフレームの大きな眼鏡をかけている。細めた目が優しそうだったから、ほっとする。

「何だ。入部したがってるのって、あんただったのか？　最近、やたらと傍《そば》をうろちょろしてる生徒がいると思っとったら……」

自分は姿を隠して、人の事はしっかりと見ていたようだ。

「あそこにいるのがコーチの後藤田先生。自分で声かけて、指示に従いなさい」

後藤田コーチは、シューズを履き替える部員達を厳しい目付きで見ている。恐る恐る近付き、「よろしくお願いします」と小さな声で挨拶《あいさつ》をする。

振り返った後藤田コーチは、1歩を見るなり目を細める。無言。

「あの、高瀬先生が、指示に従えと……」

「部外者にいちいち指示は出しません」

仕方なく、皆に合わせてトラックに立つ。タータンの硬い感触を足の裏に感じる。いつものように二列縦隊ではなく、横に三列に並び始めた。

2一緒に走っていいのかどうか分からなかった。傍にいた栞《しおり》に「あの……」と声をかけたら、小声で「一年生は後ろ」と言われた。

「新入生の持久力を見たいから、今日はいつもより長い距離を走ってもらう」

広い競技場に後藤田コーチの声が響く。

「距離は……『五〇〇〇』。もちろん、タイムも測る」

隣に居た栞が「最悪」と呟《つぶや》く。

歩は蒼《あお》ざめた。

トラックを十二周と少し。

五キロ程度なら、ジョグで走った事はある。だが、あの時はペースも遅かった。それ以前にトラック競技は未経験の歩には、スタートの仕方やペース配分も分からない。

「南原」

前列中央に立つ南原さんが、後藤田コーチの呼びかけに手を上げ

二〇二二年度　日本大学第二高等学校

【国　語】〈五〇分〉〈満点：一〇〇点〉

選択問題は、特別な指示のないかぎり、選択肢《し》から最も適当なものを一つ選んで記号で答えなさい。
記述問題は、特別な指示のないかぎり、句読点、カギ括弧《かっこ》なども一字に含まれます。

一　次のそれぞれの問いに答えなさい。

問一　次の――線部の漢字の読みをひらがなで答えなさい。

① 開会式の会場を彩る。
② 火山灰に埋没してしまった都市。
③ 怠惰な生活を送らないようにしよう。

問二　次の――線部を漢字に直しなさい。

① 小さいころからトウカクを現す。
② 人びとの視線がソソがれる。
③ バランスよく栄養をセッシュする。

問三　次の――線部を漢字に直し、四字熟語を完成させなさい。

① どんな困難な問題にもタイゼン自若とした態度で対応した。
② 彼女の無理難題に対するトウイ即妙の受け答えは見事だった。
③ 戦における信賞ヒツバツの効果は絶大だった。

問四　次の文を故事成語の意味として選んだとき、余るものはどれですか。

・言動などのつじつまが合わないこと
・二者が争う間に、第三者が利益を得ること
・余計な心配をすること
・人生の幸、不幸は予測できないということ

ア．漁夫の利　　イ．矛盾
ウ．杞憂　　エ．背水の陣
オ．塞翁《さいおう》が馬

問五　次の□に漢数字を入れたとき、異なるものはどれですか。

ア．□つ子の魂百まで
イ．□の句が継げない
ウ．孟母□遷《せん》の教え
エ．仏の顔も□度
オ．□人寄れば文殊の知恵

問六　次のカタカナ語の意味として適当なものをそれぞれ選びなさい。

① アーカイブ
② イニシアチブ

ア．内容がわかるように示した縮小の画像
イ．周りにどう影響するか評価すること
ウ．物事を率先してすること
エ．社会に変化をもたらす技術や変革
オ．記録などをまとめて保存管理するもの

問七　「さえ」を言い換える言葉の組み合わせとして正しいものはどれですか。

① のどが痛くて水さえ飲めない。
② 雨が強まり、雷さえ鳴ってきた。
③ あとは宿題さえ終われば完璧だ。

ア．①　すら　②　だけ　③　まで
イ．①　だけ　②　まで　③　すら
ウ．①　すら　②　まで　③　だけ
エ．①　だけ　②　すら　③　まで

問八　次の文章から始まる作品の作者名はどれですか。

メロスは激怒した。必ず、かの邪智暴虐《じゃちぼうぎゃく》の王を除かなければならぬと決意した。

ア．宮沢賢治　　イ．太宰治　　ウ．芥川龍之介

2022年度／日本大学第二高等学校

英語解答

Ⅰ　放送文未公表

Ⅱ　1　エ　2　ウ　3　エ　4　ア
　　5　ア

Ⅲ　1　a…オ　b…ア
　　2　a…エ　b…イ
　　3　a…ア　b…オ
　　4　a…ウ　b…エ
　　5　a…イ　b…オ

Ⅳ　1　free　2　host　3　break
　　4　single　5　play

Ⅴ　1　ウ　2　カ　3　ア　4　エ
　　5　オ

Ⅵ　1　(1)…オ　(2)…ウ　(3)…ア　(4)…エ
　　　(5)…カ　(6)…イ
　　2　ウ　3　イ　4　ア　5　エ
　　6　ア　7　イ　8　エ　9　ウ
　　10　ウ

Ⅶ　1　earth　2　empty　3　invite
　　4　support　5　necessary

Ⅷ　1　How much is it?
　　2　I was taking a bath.

Ⅰ〔放送問題〕放送文未公表

Ⅱ〔適語(句)選択・語形変化〕

1．主語のWater and oilは複数として扱う。また，mix「混ざる」は一般動詞なので，否定文では一般的にはdon'tを用いるが，ここではより強い否定の意味を持つnever「決して～ない」が適する。　「水と油は決して混ざらない」

2．'the＋最上級(＋名詞)＋in＋範囲'「…のうちで最も～(な―)」の形。　bright－brighter－brightest　「月はそれ自体輝かないが，夜の空の中で最も明るいものだ」

3．theからaloneまでが主語のまとまり。'名詞＋現在分詞(～ing)＋語句'で「～している…」というまとまりをつくれる(現在分詞の形容詞的用法)。　「日本では１人で暮らしている老人の数が増えている」

4．「～している間(に)」を表す語のうち，duringは'～'に特定の期間を表す語句(名詞のまとまり)が，whileは'～'に'主語＋動詞…'が入る。　「この学校の生徒は夏休み中のサマーキャンプで山に登る」

5．先行詞が'物'で後に動詞が続く場合，関係代名詞にはwhichかthatを用いる。なお，whereは関係副詞で，後には'主語＋動詞…'を伴う文がくる。　「私の夫は私たちが子どものとき，私の家から１ブロック離れた家に住んでいた」

Ⅲ〔整序結合〕

1．'tell＋人＋to ～'「〈人〉に～するように言う」の形をつくる。on timeで「時間どおりに」。… so their teacher told them to be on time.「数人の生徒がくる日もくる日も遅刻していたので，彼らの先生は彼らに時間どおりに来るように言った」

2．be known for ～「～で知られている」の形で，前置詞のforの後に動名詞のleadingを続ける。Martin Luther King, Jr. is known for leading the movement for equal human rights.「マーティン・ルーサー・キング・ジュニアは平等な人権を求める運動を率いたことで知られている」

3．'bring＋人＋物'の形の後，'物'に当たるchairを修飾する形容詞的用法のto不定詞を続ける。I want to fix the light on the ceiling.　Can you bring me a chair to stand on?「天井の電灯

を修理したいんだ。立つための椅子を持ってきてくれる？」

4．The National Gallery of Art is「国立美術館は」という‘主語＋動詞’に続く語句として a museum「美術館だ」を置く。‘名詞＋主語＋動詞…’の形(目的格の関係代名詞が省略された形)を用いて，これを修飾するまとまりをつくる。 The National Gallery of Art is a museum many people visit in all seasons.「国立美術館は四季を通して多くの人々が訪れる美術館だ」

5．主語となる名詞は ones で，at は場所を表す前置詞として nearby bookshops の前に置くと判断できる。used は受け身の意味を持つ過去分詞として ones の前に置き，used ones「中古品(使われた物)」という主語のまとまりにする。sold は‘be動詞＋過去分詞’の受け身形で ones の後に続ける。この ones は，前に出てきた textbooks の代わりをしている。 When university starts, students buy new textbooks, but used ones are sold at nearby bookshops.「大学が始まると，学生は新しい教科書を買うが，中古品が近くの書店で売られている」

Ⅳ〔書き換え―適語補充〕

1．「もし忙しくなければ一緒に来ませんか？」→「もしひまなら一緒に来ませんか？」 「忙しくない」を「ひま」と言い換える。

2．「ドネガン夫妻は今年の夏，自宅をある日本人学生のために開放する」→「ドネガン夫妻は今年の夏，日本人学生のためにホストファミリーになる」 a host family「(ホームステイなどの)ホストファミリー」

3．「私はいつも約束を守ります。私を信じてください」→「私は決して約束を破りません。私を信じてください」 keep ～'s promise で「約束を守る」，break ～'s promise で「約束を破る」。

4．「ジェイソンは左手の薬指に指輪をしている。それは彼が結婚していることを意味する」→「ジェイソンは左手の薬指に指輪をしている。それは彼が独身でないことを意味する」 「結婚している」を「独身でない」に書き換える。 single「たった１つ〔１人〕の，独身の」

5．「その音楽をもう一度聴きたいですか？」→「その音楽をもう一度あなたのためにかけましょうか？」 この play は「(音楽を)かける」という意味。 Would you like to ～？「～したいですか」 Shall I ～？「(私が)～しましょうか」

Ⅴ〔対話文完成―適文選択〕

≪全訳≫❶ヒロ(H)：映画「ボヘミアン・ラプソディ」はどうだった？❷オルガ(O)：とても気に入ったわ。思っていた以上におもしろかった。今は，映画で使われている曲を聴きたいわ。❸H：それを聞けてうれしいね！ 1コーヒーを飲みに行こうよ。❹O：いいわね。でも何か忘れてない？❺H：本当に？❻O：今日は何の日，ヒロ？❼H：日付のことかい？ 3月8日だよね。❽O：2ただの日付のことじゃないの！❾H：えっと，今日は特別な日なの？ 君の誕生日じゃないよね？❿O：国際女性デーを知らないの？ 特にロシア人女性にとっては大切な日なのよ。⓫H：ああ，本当に？ その日のことを聞いたことはないな。日本ではあまり知られていないのかも。⓬O：それは残念だわ。そうね，それは女性の功績を祝う日なのよ。男性は食事を準備したり女性に花をあげたりして，女性に感謝を示すの。⓭H：わかった，それじゃあ，君に花をあげたいな。うわあ，なんてラッキーなんだ！ 3向こうに花屋があるよ。母の日のカーネーションのように，この日は何か特別な花をあげるの？⓮O：ロシア人女性に赤いカーネーションをあげてはいけないのよ！ ネガティブなイメージがあるの。⓯H：そうなの？ じゃあ，バラはどう？⓰O：赤いバラはガールフレンドにいいわね。明るい色の花は女性デーにぴったり。ピンクやオレンジ，青い花は，家族や友人にとてもいいわ。⓱H：えっと，それじゃあ赤いバラを10本買うよ。それでどう？**18**Ｏ：4そんなことしないで！**19**Ｈ：何だって？　君は赤いバラはいいって言ったよね…。**20**Ｏ：奇数の花をあげるべきなの！**21**Ｈ：奇数？**22**Ｏ：10じゃなくて，1，3，5，7とか…。**23**Ｈ：5なるほど。君たちの花のルールは多すぎるよ！

＜解説＞1．直後にSounds good.「いいわね」とあるので，‘提案’や‘勧誘’の表現が適する。Shall we ～？「～しませんか，～しましょう」　2．前後では「日付」が話題となっている。3．オルガに花をあげたいと思ったヒロは，近くに花屋があってラッキーだと言ったのである。4．10本のバラを買おうと言ったヒロに対し，オルガは第20段落で奇数の花をあげるべきだと述べているので，10本のバラを買うことを止める表現が適する。　5．奇数について問いただしたヒロに対し，オルガは改めて具体的に説明し，ヒロはその説明に納得したのである。

Ⅵ〔長文読解総合―エッセー〕

≪全訳≫**1**私の父は第二次世界大戦が終わった4年後の1949年に生まれた。彼は子どもの頃，アメリカのテレビ番組をよく見ていた。それらを通して，彼はおいしそうな食べ物，かっこいい髪型，豪華な家，幹線道路を走る大きな車など，アメリカの生活に興奮していた。彼はアメリカの大ファンになった。彼はテレビ番組のアメリカ人のように英語を話したいと思った。25年後，アメリカが大好きだった少年は成長し，英語教師になった。彼は長い間，本当にアメリカを訪れたがっていたが，忙しすぎて訪れることができなかった。彼の夢は，彼が51歳のときにようやく実現した。**2**2000年，私は大学2年生だった。私は自分の生活がつまらないと感じていた。早春のある日，父は突然私に「マサキ，今年の夏，アメリカ旅行に行かないか？　長年の仕事に対するごほうびとして，3週間の休暇がもらえるんだ。若い頃から，アメリカのルート66を運転することを夢見ていたんだよ」と尋ねた。私は彼の突然の申し出に驚いた。父はとても厳しかった。正直なところ，私は彼とうまくいっていないと感じていた。でも，退屈な生活を変えたいと思ったので，彼と一緒に行くことに決めた。**3**ルート66はアメリカの国道の1つだった。長さは3755km。シカゴからロサンゼルスまで延びていた。1926年に建設されたのだが，他の幹線道路が発達したので，閉鎖された。しかし，この歴史的な道路のほとんどはまだ楽しむことができる。**4**私たちはイリノイ州のシカゴで車を借り，旅を始めた。「ほら！　あれがルート66の始まりを示す標識だ」「これを夢見てたんだ！」と，父は興奮して言った。シカゴはその建築様式で有名だ。運転中，私たちは多くの興味深い，変わったデザインの建物を見た。**5**シカゴから長い距離を運転し，私たちはミズーリ州のセントルイスを訪れた。1910年代，セントルイスはシカゴと同様にアメリカの鉄道の中心で，鉄道産業が発達した。1920年代以降，自動車が普及するにつれ，シカゴからロサンゼルスへ，あるいはロサンゼルスからシカゴへ行くときに，多くの人々がセントルイスを通り過ぎた。ここセントルイスで，私たちはガソリンスタンドに立ち寄った。私は人生で初めてセルフサービスのガソリンスタンドを見て驚いた。私たちを手伝う人は誰もいなかった。**6**オクラホマシティで，私たちはカウボーイハットをかぶった若者を見つけた。彼はヒッチハイカーで，テキサスまで車に乗せていってくれるよう頼んだ。父は彼が見知らぬ人だったのでそうしたくはなかったのだが，私は彼をかわいそうに思い，乗せてあげることにした。父はその見知らぬ人に不満で，全く話さなかった。彼の名はアレックスだった。彼はオクラホマシティで働く自動車技師だった。アレックスと私は同い年で，すぐに仲良くなった。数時間運転すると，エンジンから何か変な音が聞こえた。車が故障したのだ。私は車から降りて辺りを見回した。周りには何もなかった。車も建物もなく，大きく広がる空の下にいるのは私たち3人だけだった。父と私は途方に暮れた。しかし，アレックスは笑顔で，「①君たちはラッキーだよ。僕がいるから。僕が技師だということを忘れたのかい？」と言った。それから，彼はボンネットを開け，エンジンを修理した。❼テキサス州のアマリロに向かう途中，父はずっとアレックスと話していた。車の故障の前にどうして彼が黙っていたのか理解できなかった。私たちがアマリロに到着したとき，アレックスは車を降りた。彼は私にカウボーイハットをくれると，「また道で会おう」と言った。私はただ「じゃあね」と言い，父は「君と一緒にいるのはとても楽しかったよ」と言った。❽ニューメキシコ州のギャラップでは，ある問題が起こった。父がパスポートをなくしたのだ。彼はどこにそれを置き忘れたかを思い出そうとした。ようやく彼は，昼食に訪れたレストランでトイレを使ったことを思い出した。そこで，私たちはそこに戻った。幸いなことに，レストランの主人は私たちが戻るのを待っていてくれた。❾約３週間運転し，私たちはついにロサンゼルスのサンタモニカに着いた。ここで私たちは，ルート66の終点を示す標識を見た。父は再び興奮した。私は，アレックスが言った「また道で会おう」という最後の言葉を思い出した。彼はおそらく，「またどこかで会おう」という意味で言ったのだろう。息子を持ったら，息子とともにまたルート66を車で走りたいと，私は強く思った。

1＜要旨把握＞⑴シカゴについては第４段落で述べられており，最終文で unusually designed buildings「変わったデザインの建物」を見たとある。　⑵第５段落最後から２，３文目参照。a self-service one の one は gas station を指している。　⑶第６段落第１～３文参照。　pick up ～〔pick ～ up〕「(途中で)～を車に乗せる」　⑷第７段落第３文参照。ヒッチハイカーのアレックスは，アマリロで車を降りた。　drop off ～「～を車から降ろす」　⑸第８段落第１，２文参照。父がパスポートをなくした。　⑹第９段落第１，２文参照。　mark「～を示す」

2＜英問英答―内容真偽＞「マサキの父親について間違っているのは次のどれか」―ウ．「彼は1960年代後半に英語教師になった」　第１段落第１文より，父親は1949年生まれとわかる。また，同段落最後から３文目より，父親が英語教師になったのは早くても1949年の25年後，つまり1974年以降のことになる。

3＜英問英答―文脈把握＞「マサキの父親の夢はなぜかなったのか」―イ．「彼が学校のために懸命に働いた後，休暇をもらったから」　第２段落第４文参照。３週間の休暇は，何年も勤務したことに対するほうびとして与えられた。

4＜英問英答―内容真偽＞「セントルイスについて正しいのは次のどれか」―ア．「多くの列車がセントルイスを通り，列車を製造する重要な土地でもあった」　第５段落第２文参照。鉄道産業が発達したということは，列車の製造が行われていたということである。

5＜英問英答―文脈把握＞「なぜマサキの父親は最初，アレックスを車に乗せたがらなかったのか」―エ．「彼は知らない人を車に乗せたくなかった」　第６段落第３文参照。anyone he did not know が stranger「見知らぬ人」に当たる。

6＜英問英答―適文選択＞「下線部①に最も合うのは次のどれか」―ア．「君たちはラッキーだよ。僕がいるから。僕が技師だということを忘れたのかい？」　第６段落第６文から，アレックスが自動車技師だとわかる。下線部①の前で，車が故障して私と父は途方に暮れたとあるが，下線部①を含む文は‘逆接’の However「しかし」で始まっており，アレックスは笑顔を見せている。また，その次の文から，アレックスが車を修理したことが読み取れる。ここからアレックスは，自分が自動車技師だから大丈夫だ，車は修理できるといった意味の発言をしたとわかる。

7＜英問英答―文脈把握＞「マサキの父親は車が修理された後どう変わったか」―イ．「彼はアレックスと話すのを楽しみ始めた」　第６段落第４文から，父親がアレックスと話さなかったことが，同段落後半から，アレックスが車の修理をしたことが読み取れる。その後，第７段落第１文には父親がアレックスと話し続けたとあり，同段落最終文から，父親がアレックスとの会話を楽しんでいたことがわかる。

8＜英問英答―文脈把握＞「マサキと父親は下線部②の後，何をするだろうか」―エ.「彼らはレストランの主人からパスポートを受け取るだろう」　マサキと父親は，なくしたパスポートを捜しに，途中で立ち寄ったレストランに戻った。そのレストランの主人が，彼らが戻るのを待っていてくれたのは，父のパスポートを見つけて返そうとしていたからだと推測できる。

9＜英問英答―文脈把握＞「道の終わりでアレックスの最後の言葉を思い出したとき，マサキはどう感じたか」―ウ.「彼は将来，自分の息子とともに旅行したいと感じた」　第9段落最終文参照。

10＜内容真偽＞ア.「マサキの父親は第二次世界大戦が始まる前に生まれた」…×　第1段落第1文参照。　イ.「マサキは彼の父親の申し出を聞いたとき，うんざりした」…×　第2段落最後から4文目および最終文参照。急な申し出に驚いたものの，受け入れることにしている。　ウ.「ルート66はいったん閉鎖されたが，現在そのほとんどが開かれている」…○　第3段落最後の2文に一致する。　エ.「マサキは車の故障があったとき，アレックスが彼を助けてくれるだろうと思った」…×　第6段落最後から3文目参照。どうしてよいかわからず，途方に暮れている。　オ.「マサキと父親は，サンタモニカで3週間車を運転して過ごした」…×　第4～9段落参照。サンタモニカで3週間車を運転したのではなく，シカゴから各地を通り，3週間後にサンタモニカに到着したのである。

Ⅶ〔適語補充〕

1.「月は地球の周りを回っている」　moon「月」　earth「地球」　sun「太陽」

2.「毎食後にこの薬を飲んでください。空腹のときには飲まないでください」　食後に薬を飲むようにという注意は，空腹時には飲まないようにということを表す。　empty「空の」

3.「ステラはダニエルを誕生日パーティーに招待しなかった，というのも彼がいつも彼女にひどいことを言うからだ」 ‘invite ～ to …’「～を…に招待する」

4.「サムは5人の子どもを育てなければならない。彼は自分の大家族を養うために多くのお金が必要だ」 support「～を養う」　bring up ～「～を育てる」

5.「君にとってその腕時計を買うことは必要かい？　君はもう3つも腕時計を持ってるじゃないか」　もう3つも腕時計を持っているのに，さらに買おうとしているので，その必要性に疑問を持ったのである。 necessary「必要な」

Ⅷ〔和文英訳―完全記述〕

1.このTシャツが気に入りました。おいくらですか。//値段はhow muchで尋ねられる。

2.A：昨日地震があったとき，どこにいましたか？／B：お風呂に入っていました。//「お風呂に入る」はtake a bathで表せる。過去のある時点での動作なので，過去進行形(was/were ～ing)が適する。

数学解答

1 (1)　4　　(2)　$-\frac{1}{6}a^2b^3$

(3)　$x=\frac{12}{5}$，$y=-3$

(4)　10，11，12，13　　(5)　4

(6)　$\frac{4}{27}$　　(7)　53°

2 (1)　$\frac{1}{2}$　　(2)　$10\sqrt{2}$　　(3)　(6，18)

3 (1)　$\frac{10}{3}$　　(2)　$\frac{40}{81}$倍　　(3)　$\frac{80}{13}\pi$

4 (1)　4　　(2)　6　　(3)　$\frac{44}{45}$倍

1〔独立小問集合題〕

(1)＜数の計算＞与式$=\frac{3}{2}-(-216)\div(-16)+\frac{1}{4}\times64=\frac{3}{2}-\frac{27}{2}+16=\frac{3}{2}-\frac{27}{2}+\frac{32}{2}=\frac{8}{2}=4$

(2)＜式の計算＞与式$=\frac{b}{a^3}\times\left(-\frac{a^3b^3}{8}\right)\times\frac{4a^2}{3b}=-\frac{b\times a^3b^3\times4a^2}{a^3\times8\times3b}=-\frac{1}{6}a^2b^3$

(3)＜連立方程式＞$3x+2y=\frac{6}{5}$……①，$0.25x-0.2y=\frac{6}{5}$……②とする。①×5より，$15x+10y=6$……①′　②×20より，$5x-4y=24$……②′　①′－②′×3より，$10y-(-12y)=6-72$，$22y=-66$　∴$y=-3$　これを②′に代入して，$5x+12=24$，$5x=12$　∴$x=\frac{12}{5}$

(4)＜数の性質＞$\sqrt{3a-5}$の整数部分が5だから，$5\leqq\sqrt{3a-5}<6$である。これより，$\sqrt{25}\leqq\sqrt{3a-5}<\sqrt{36}$，$25\leqq3a-5<36$である。$3a-5=25$とすると，$3a=30$，$a=10$となる。$3a-5=36$とすると，$3a=41$，$a=\frac{41}{3}$となる。よって，$10\leqq a<\frac{41}{3}$だから，求める整数$a$の値は，$a=10$，11，12，13である。

(5)＜二次方程式―解の利用＞まず，二次方程式$x^2-4x-12=0$を解くと，$(x+2)(x-6)=0$　∴$x=-2$，6　小さい方の解は$x=-2$だから，$-2+1=-1$より，二次方程式$x^2+ax+3=0$の解の1つは$x=-1$である。$x=-1$を$x^2+ax+3=0$に代入して，$(-1)^2+a\times(-1)+3=0$より，$a=4$となる。

(6)＜確率―じゃんけん＞4人でじゃんけんをするとき，それぞれグー，チョキ，パーの3通りの出し方があるから，4人の出し方は全部で$3\times3\times3\times3=81$(通り)ある。このうち，1人だけが勝つのは，その1人がグーで勝つとき，Aだけが勝つ，Bだけが勝つ，Cだけが勝つ，Dだけが勝つ場合の4通りある。1人がチョキで勝つとき，パーで勝つときも同様に4通りずつあるから，1人だけが勝つ場合は$4+4+4=12$(通り)ある。よって，求める確率は$\frac{12}{81}=\frac{4}{27}$となる。

(7)＜平面図形―角度＞右図で，ABとCEの交点をFとする。△OBCはOB＝OCの二等辺三角形だから，∠OBC＝(180°－∠BOC)÷2＝(180°－32°)÷2＝74°である。よって，$\overset{\frown}{\mathrm{AC}}$に対する円周角より，∠AEF＝∠ABC＝74°である。また，BDは∠ABCを2等分しているので，∠ABD＝$\frac{1}{2}$∠ABC＝$\frac{1}{2}\times74°=37°$であり，半円の弧に対する円周角より，∠ADB＝90°だから，△ABDで，∠DAF＝180°－∠ABD－∠ADB＝180°－37°－90°＝53°となる。AD∥ECより，∠AFE＝∠DAF＝53°となるので，△AEFで，∠BAE＝180°－∠AEF－∠AFE＝180°－74°－53°＝53°である。

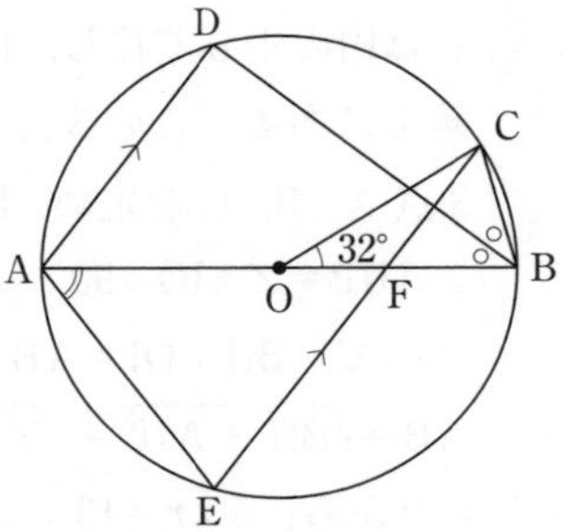

2 〔関数—関数$y=ax^2$と一次関数のグラフ〕

図1

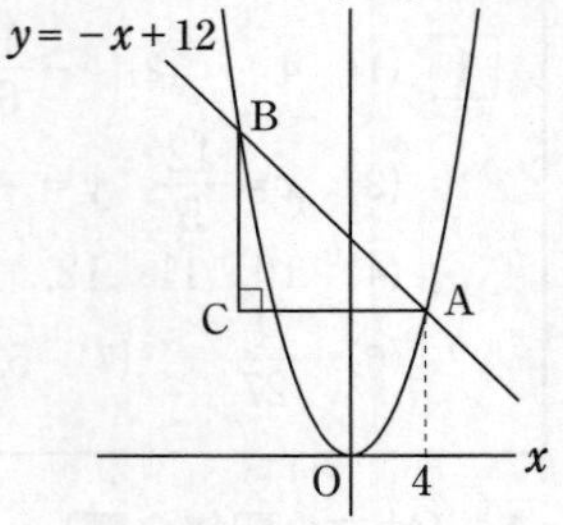

(1)<比例定数>右図1で，点Aは直線$y=-x+12$上にあり，x座標が4だから，$y=-4+12=8$より，A(4，8)である。放物線$y=ax^2$は点Aを通るので，$8=a\times4^2$より，$a=\frac{1}{2}$となる。

(2)<長さ—三平方の定理>右図1で，(1)より，点Bは放物線$y=\frac{1}{2}x^2$と直線$y=-x+12$の交点となる。この2式より，$\frac{1}{2}x^2=-x+12$，$x^2+2x-24=0$，$(x+6)(x-4)=0$　$\therefore x=-6，4$　よって，点Bのx座標は-6であり，$y=\frac{1}{2}\times(-6)^2=18$だから，B($-6$，18)である。点Aを通り$x$軸に平行な直線と点Bを通り$y$軸に平行な直線の交点をCとすると，A(4，8)，B(-6，18)より，$AC=4-(-6)=10$，$BC=18-8=10$である。よって，△ABCで三平方の定理より，$AB=\sqrt{AC^2+BC^2}=\sqrt{10^2+10^2}=\sqrt{200}=10\sqrt{2}$となる。

図2

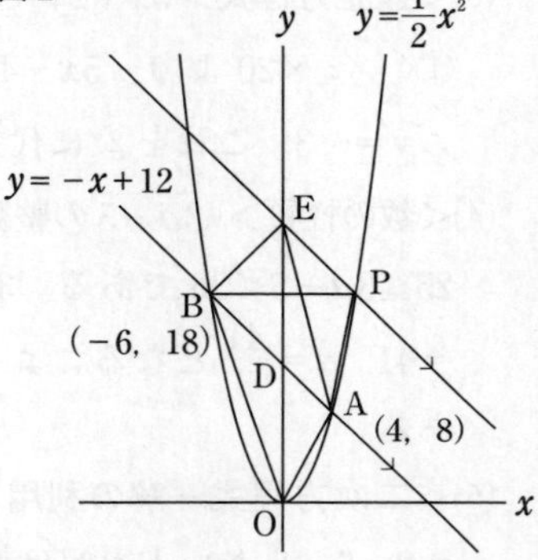

(3)<面積—等積変形>右図2のように，直線$y=-x+12$とy軸の交点をDとすると，切片が12より，D(0，12)となる。y軸上の点Dより上に△ABO=△ABEとなる点Eをとる。△ABP=△ABOだから，△ABP=△ABEとなり，AB∥PEとなる。よって，直線PEの傾きは-1である。次に，OD=12を底辺と見ると，△ADOの高さは4，△BDOの高さは6だから，△ABO=△ADO+△BDO$=\frac{1}{2}\times12\times4+\frac{1}{2}\times12\times6=60$となる。これより，△ABE=△ABO=60である。E(0，t)とすると，$DE=t-12$となり，DEを底辺と見ると，△AEDの高さは4，△BEDの高さは6なので，△ABE=△AED+△BED$=\frac{1}{2}\times(t-12)\times4+\frac{1}{2}\times(t-12)\times6=5t-60$と表せる。したがって，$5t-60=60$が成り立ち，$5t=120$，$t=24$となるので，E(0，24)である。直線PEの式は$y=-x+24$となるので，点Pは放物線$y=\frac{1}{2}x^2$と直線$y=-x+24$の交点である。$\frac{1}{2}x^2=-x+24$より，$x^2+2x-48=0$，$(x+8)(x-6)=0$　$\therefore x=-8，6$　点Pのx座標は正だから，$x=6$であり，$y=\frac{1}{2}\times6^2=18$より，P(6，18)である。

3 〔空間図形—円錐と球〕

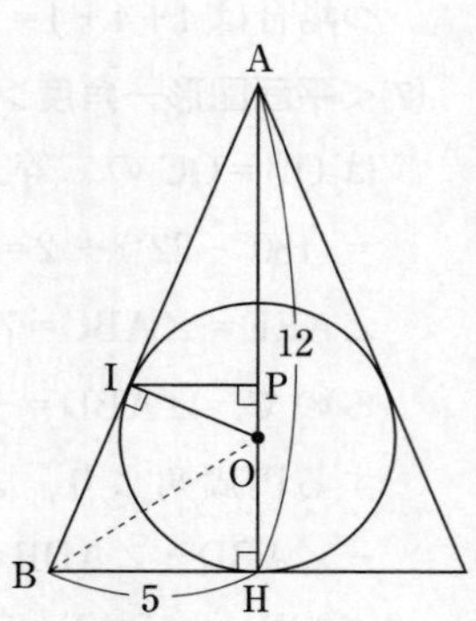

(1)<長さ—相似，三平方の定理>球Oは円錐に内接しているので，底面とは円の中心で接し，円錐の頂点，球の中心O，底面の円の中心は一直線上にある。この3点を含む断面は，右図のようになる。図のように，3点A，B，Hを定め，円OとABの接点をIとし，$OH=OI=r$とする。∠AHB=∠AIO=90°，∠BAH=∠OAIだから，△ABH∽△AOIである。よって，BH：OI=AB：AOが成り立つ。△ABHで三平方の定理より，$AB=\sqrt{BH^2+AH^2}=\sqrt{5^2+12^2}=\sqrt{169}=13$であり，$AO=AH-OH=12-r$だから，$5：r=13：(12-r)$となる。これを解くと，$13r=5(12-r)$より，$r=\frac{10}{3}$となるので，球Oの半径は$\frac{10}{3}$である。

≪別解≫前ページの図で，△OBI≡△OBH となるから，BI＝BH＝5 となり，AI＝AB－BI＝13－5＝8 である。△AOI で三平方の定理より，$AI^2+OI^2=AO^2$ だから，$8^2+r^2=(12-r)^2$ が成り立つ。これを解いて，$64+r^2=144-24r+r^2$ より，$r=\frac{10}{3}$ となり，球 O の半径は $\frac{10}{3}$ である。

(2)＜体積比＞(1)より，球 O の半径は $\frac{10}{3}$ だから，球 O の体積は $\frac{4}{3}\pi\times\left(\frac{10}{3}\right)^3=\frac{4000}{81}\pi$ である。また，円錐は，底面の半径が 5，高さが 12 だから，円錐の体積は $\frac{1}{3}\times\pi\times5^2\times12=100\pi$ である。よって，$\frac{4000}{81}\pi\div100\pi=\frac{40}{81}$ より，球 O の体積は円錐の体積の $\frac{40}{81}$ 倍である。

(3)＜長さ＞前ページの図で，点 I から線分 AH に垂線 IP を引くと，線分 IP が球 O と円錐の側面が接したところにできる円の半径である。∠AIO＝∠IPO＝90°，∠AOI＝∠IOP より，△AOI∽△IOP である。また，△ABH∽△AOI だから，△ABH∽△IOP となり，AH：IP＝AB：IO が成り立つ。よって，12：IP＝13：$\frac{10}{3}$ となり，$13\text{IP}=12\times\frac{10}{3}$，$\text{IP}=\frac{40}{13}$ となるから，求める円の周の長さは $2\pi\times\frac{40}{13}=\frac{80}{13}\pi$ である。

≪別解≫前ページの図で，△ABH∽△AIP となるから，BH：IP＝AB：AI＝13：8 より，$\text{IP}=\frac{8}{13}\text{BH}=\frac{8}{13}\times5=\frac{40}{13}$ となる。よって，求める円の周の長さは $2\pi\times\frac{40}{13}=\frac{80}{13}\pi$ である。

4〔平面図形―平行四辺形〕

≪基本方針の決定≫(2)　△ABE と△AGH は相似である。

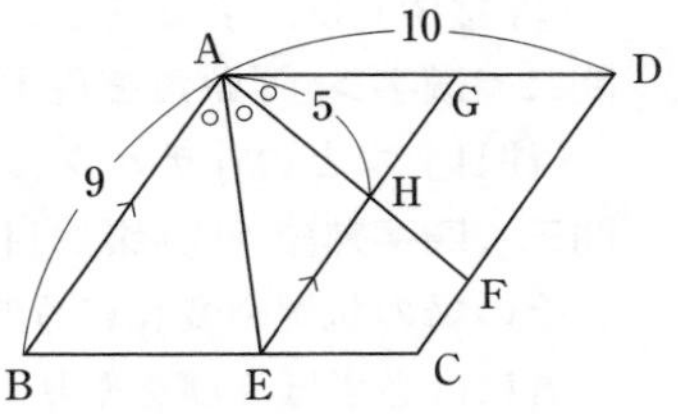

(1)＜長さ＞右図で，AB∥GE より，∠BAE＝∠AEH であり，∠BAE＝∠EAH だから，∠AEH＝∠EAH となる。これより，EH＝AH＝5 となる。また，四角形 ABCD は平行四辺形で，AB∥GE だから，四角形 ABEG も平行四辺形となる。よって，GE＝AB＝9 であり，GH＝GE－EH＝9－5＝4 となる。

(2)＜長さ―相似＞右図で，∠BAE＝∠GAH であり，四角形 ABEG が平行四辺形より，∠ABE＝∠AGH だから，△ABE∽△AGH となる。よって，AB：AG＝BE：GH が成り立つ。AG＝BE＝x とすると，9：x＝x：4 となり，$x^2=9\times4$　$\therefore x=\pm6$　$x>0$ より，$x=6$ だから，AG＝6 である。

(3)＜面積比＞右上図で，△AEH＝S とする。GH：EH＝4：5 より，△AGH：△AEH＝4：5 だから，△AGH＝$\frac{4}{5}$△AEH＝$\frac{4}{5}S$ となり，△AEG＝△AGH＋△AEH＝$\frac{4}{5}S+S=\frac{9}{5}S$ となる。四角形 ABEG は平行四辺形なので，▱ABEG＝2△AEG＝$2\times\frac{9}{5}S=\frac{18}{5}S$ となる。また，AG：AD＝6：10＝3：5 より，▱ABEG：▱ABCD＝3：5 だから，▱ABCD＝$\frac{5}{3}$▱ABEG＝$\frac{5}{3}\times\frac{18}{5}S=6S$ となる。さらに，△AGH∽△ADF となり，相似比は AG：AD＝3：5 だから，△AGH：△ADF＝3^2：5^2＝9：25 である。これより，△ADF＝$\frac{25}{9}$△AGH＝$\frac{25}{9}\times\frac{4}{5}S=\frac{20}{9}S$ となるので，〔四角形 GHFD〕＝△ADF－△AGH＝$\frac{20}{9}S-\frac{4}{5}S=\frac{64}{45}S$ である。以上より，〔四角形 CFHE〕＝▱ABCD－▱ABEG－〔四角形 GHFD〕＝$6S-\frac{18}{5}S-\frac{64}{45}S=\frac{44}{45}S$ となるから，四角形 CFHE の面積は△AEH の面積の $\frac{44}{45}$ 倍である。

国語解答

一 問一 ① いろど ② まいぼつ ③ たいだ
問二 ① 頭角 ② 注 ③ 摂取
問三 ① 泰然 ② 当意 ③ 必罰
問四 エ　問五 イ
問六 ①…オ ②…ウ　問七 ウ
問八 イ　問九 ①…エ ②…エ

二 1 ウ　2 ア　3 イ　4 オ
5 途中でフォームが崩れてしまった［から。］
6 エ　7 ア　8 エ
9 注目されたいという気持ちではなく，陸上競技に真剣に取り組む覚悟が必要だ，と歩に伝えること。
10 テレビで見た女の子の走りに圧倒され，彼女のように走って，少しでも彼女に近づきたい，という気持ち。（48字）
11 ウ

三 1 オ　2 別れ　3 ア
4 エ　5 ア
6 始まり～とする［姿勢］　7 ウ
8 イ
9 日本人は，別れる際に，「さようであるならば」と言葉にして，先行のことを確認してから，新しいことに移行しようとする［から。］

一〔国語の知識〕

問一＜漢字＞①音読みは「彩色」などの「サイ」。　②「埋没」は，埋まって，隠れること。③「怠惰」は，するべきことをしないで，怠けていること。

問二＜漢字＞①「頭角を現す」は，才能や技芸が，人より際立って優れてくること。　②音読みは「注目」などの「チュウ」。　③「摂取」は，外部から取り入れて，自分のものにすること。

問三＜四字熟語＞①「泰然自若」は，落ち着いていて，少しも動じないさま。　②「当意即妙」は，その場の状況や変化にうまく応じて，機転をきかせること。　③「信賞必罰」は，功績をあげた者には必ずほうびをやり，過失を犯した者には必ず罰を与えること。

問四＜故事成語＞「矛盾」は，言動が一貫せず，筋道が通らないこと。「漁夫の利」は，当事者どうしが争っている隙に，第三者がうまく利益を得ること。「杞憂」は，無用な心配をすること。「塞翁が馬」は，何が幸せにつながり，何が不幸をもたらすかは，予測がつかないこと。「背水の陣」は，後には引けない状況にあえて身を置いて，決死の覚悟で事に当たること。

問五＜ことわざ＞「三つ子の魂百まで」は，持って生まれた性格は，年を取っても変わらない，という意味。「二の句が継げない」は，あきれて，次に言うべき言葉も出てこない，という意味。「孟母三遷の教え」は，子どもの教育には環境が第一である，という教え。「仏の顔も三度」は，どんなに穏やかな人でも，たびたびひどいことをされれば，ついには怒り出す，という意味。「三人寄れば文殊の知恵」は，平凡な人でも三人集まれば，よい知恵が浮かぶ，という意味。

問六＜語句＞①「アーカイブ」は，記録や資料などをまとめて保存・管理すること，また，その場所。②「イニシアチブ」は，率先して行うこと。主導権。

問七＜品詞＞「水さえ飲めない」の「さえ」は，ある事柄を強調的に例として挙げ，他を類推させる意味を表す。「雷さえ鳴ってきた」の「さえ」は，ある事物に，さらにつけ加える意味を表す。「宿題さえ終われば」の「さえ」は，その条件が満たされれば十分な結果が生じる意味を表す。

問八＜文学史＞太宰治の小説『走れメロス』の冒頭部分である。太宰治(1909～48年)は，青森県生まれの小説家で，他に，『人間失格』などの小説がある。

問九≪現代語訳≫仁和寺にある法師がいたが，年を取るまで石清水八幡宮を拝んだことがなかったので，情けなく感じて，あるとき思い立って，たった一人で，徒歩でお参りに行った。極楽寺，高良(神社)などを拝んで，これだけだろうと思って帰ってきた。／そうして，仲間の人に会って，「長年思っていたことを，果たしました。聞いていたことにも勝って尊くいらっしゃいました。ところで，お参りした人が皆山に登っていたのは，何かがあるのでしょうか。行ってみたいと思いましたが，神にお参りすることが本来の目的だと思って，山までは見ませんでした」と言ったそうである。／ちょっとしたことにも，案内者はいてほしいものである。

①＜古文の内容理解＞法師は，本殿が山の上にあることを知らずに，麓の極楽寺や高良神社を八幡宮だと思い込んでいた。そのため，法師は，他の人々が山を登るのを見ても，神にお参りするという本来の目的以外のことをしてはいけないと考えて，山へ登らなかったのである。　②＜文学史＞『徒然草』は，鎌倉時代後期の随筆で，作者は，兼好法師。

二〔小説の読解〕出典；蓮見恭子『襷を，君に。』。

1＜心情＞後藤田コーチは，歩に対して一見優しげな表情を浮かべたが，一ケ月遅れで入部を希望してきた歩を認められずにいた。そのため，後藤田コーチは，歩に「無言」で接したのである。

2＜文章内容＞歩は，高瀬先生に，後藤田コーチの指示に従うようにと言われたが，後藤田コーチは，歩に指示を与えてくれなかった。歩は，仕方なく勝手にトラックに立ったが，陸上部員でもなく，コーチの許可も得ていなかったので，「一緒に走っていいのかどうか分からなかった」のである。

3＜文章内容＞歩の「三〇〇〇メートルの自己ベストは十一分二十九秒」であり，それも「半年前の記録」だった。後藤田コーチが，三〇〇〇メートルを「十一分三十秒」で通過したうえに，さらに「二千メートル」走るようにと命じるのを聞いて，歩は，これは，自分に対する「嫌がらせ」だと感じたのである。

4＜表現＞歩が走り終わって，地面に倒れ込んだ後も，「相変わらず耳の中で蝉がジージーと鳴いて」いた。走っているうちに体力の限界を超えてしまい，歩の頭の中では，蝉が鳴くような耳鳴りが起きていたのである。

5＜文章内容＞歩は，「中学時代，駅伝に出場する際に正しいフォームの手ほどきを受けていたのに，今日は途中で崩れて」しまったようだった。最後まで，正しいフォームで走り通すことができなかったので，歩は，がっかりしたのである。

6＜慣用句＞「虚勢を張る」は，実力以上に強そうな，または偉そうな態度を取る，という意味。

7＜心情＞後藤田コーチは，歩に，「もう走りたくないでしょう？」と言ったが，歩は，これくらい「平気」だと言い返した。体力の限界を超えて走ったように見えた直後でも，歩が，まだ走れるという姿勢を見せたので，後藤田コーチは，意外に感じたのである。

8＜心情＞歩が「走っていて，とても楽しかった」ので「駅伝は走りたい」と言うと，後藤田コーチの態度は急に変わった。おもしろくなさそうな走る練習をしなくても，「自分は速く走れる」と思い込んでいた歩は，「そんな勘違いと驕り」を後藤田コーチに見抜かれたと思って，焦ったのである。

9＜心情＞後藤田コーチは，歩が「沿道の人に応援してもらいたいとか，マスコミに注目されたいとか，その程度の考えの子」なのか，それとも本当に走るのが好きなのかを確かめたいと思って，尋ねたのである。陸上競技は，練習も地味で，マスコミの扱いもお粗末なので，ただ注目されたいから駅伝を目指す程度の気持ちでは，続けることはできない。陸上部に入るからには真剣に陸上競技に取り組む覚悟が必要であることを，後藤田コーチは，歩に伝えたかったのである。

10＜心情＞歩は，テレビで見た「同い年の女の子の走りに圧倒」されて，駅伝をやりたいと思うようになった。彼女のように，速く，きれいに走って，大会に勝ち，少しでも彼女に近づきたいという思いが，歩を突き動かしていた。後藤田コーチに，注目されたいという理由程度の子はいらないと言われたとき，その思いが，歩の「体の内側から」湧き起こってきたのである。

11＜文章内容＞後藤田コーチが「一ケ月遅い始動になるから，面倒を見てやって」と畑谷さんに言ったことから，歩は，自分の陸上部入りが認められたことを知った。上手に走れず，考えの甘さも指摘された歩は，その決定に驚き，「何かの冗談じゃないかと思った」のである。

三〔論説文の読解—文化人類学的分野—日本文化〕出典；竹内整一『日本人はなぜ「さようなら」と別れるのか』。

≪本文の概要≫本来，「さらば」というのは，「先行の事柄を受けて，後続の事柄が起こることを示す」言葉であり，それならば，それでは，という意味である。しかし，そうした言葉が，すでに平安時代の前期には，別れの挨拶として用いられている。『やまとことばの人類学』で，荒木博之は，日本人には，古い「こと」が終わったときに，そこに立ち止まって，それを「さようであるならば」と確認し訣別しながら，新しい「こと」に立ち向かおうとする傾向があり，そのため，「さらば」「さようなら」と別れるのだと，説明している。この説明には，この世の出来事を一つ一つの「こと」の連なりとしてとらえるという，日本人の人生や世界のとらえ方の，ある特徴が前提にされている。日本人は，始まり・終わりを言葉に発してきちんと確認しながら，一つ一つの「こと」を進めていこうとする。それは，言葉を発することによって，物事を一つ一つ処理していこうとする態度である。だからこそ，「さようなら」が，日本人の別れの挨拶になったのだと考えられる。

1＜品詞＞「さらば(然らば)」は，そういうことならば，という意味を表す接続詞である。

2＜文章内容＞「さらばこの人こそはと」の「さらば」は，「ということであるならば」という意味を表す「まったくの接続詞」であり，現在の「別れ」といったような意味合いはない。

3＜文章内容＞「さらば」という言葉の「もともとの接続詞の意味合い」とは，「先行の事柄を受けて，後続の事柄が起こること」を示す，「それならば」という意味のことである。

4＜文章内容＞日本人には，「古い『こと』から新しい『こと』に移ってゆく場合に，必ず一旦立ち止まり，古い『こと』と訣別しながら，新しい『こと』に立ち向かう」傾向がある。別れ言葉の「さらば」もその傾向を示すものであり，日本人は，古い「こと」が終わったことをきちんと確認し，別れを告げたうえで，新しい「こと」に向き合おうとするのである。

5＜四字熟語＞「因果応報」は，よい行いをすればよい報いがあり，悪い行いをすれば悪い報いを受けること。原因となることとその結果として起こることは，必ずつながっているのである。

6＜文章内容＞日本人は，「この世の出来事を一つ一つの『こと』の連なりとして」とらえている。そのような「人生や世界のとらえ方」をしているために，日本人は，「始まり・終わりを言葉に発してきちんと確認しながら，一つ一つの『こと』を進めていこうとする」姿勢を取るのである。

7＜接続語＞「この世の出来事を一つ一つの『こと』の連なりとして」とらえるという，「日本人の人生や世界のとらえ方」の特徴を表す事柄の例として，小，中学校の「起立・礼・着席」という挨拶や，「電車のアナウンスや，車掌のふるまい」や，「かけ声，囃，呪言など」が挙げられている。

8＜文章内容＞日本の駅で行われている「電車のアナウンスや，車掌のふるまい」には，「始まり・終わりを言葉に発してきちんと確認」しようとする日本人の特徴が表れている。ご飯を食べるときに「いただきます」と言うのも，食事の始まりを確認しようとする日本人らしさの表れである。

9＜主題＞日本人は，「古い『こと』が終わったときに，そこに立ち止まって，それを『さようであるならば』と確認し訣別しながら，新しい『こと』に立ち向かおう」とする。また，日本人は，「始まり・終わりを言葉に発してきちんと確認しながら，一つ一つの『こと』を進めていこうとする」ので，人と別れる際には，「さようなら」と口に出して，別れることを確認するのである。

2021年度 日本大学第二高等学校

【英　語】 （40分…Ⅰは8分程度）〈満点：100点〉

Ⅰ　〔リスニング問題〕 問題は，PartⅠ～PartⅢの3種類です。〈編集部注：放送文は未公表につき掲載してありません。〉

PartⅠ　これから4つの対話が放送されます。それぞれの対話の最後の発言に対する応答として最も適切なものを，対話の後に読まれる選択肢の中から1つずつ選び，記号で答えなさい。対話と選択肢は1度しか読まれません。

1．ア．
　イ．
　ウ．

2．ア．
　イ．
　ウ．

3．ア．
　イ．
　ウ．

4．ア．
　イ．
　ウ．

PartⅡ　これからある公園内のアナウンスが放送されます。その後にその内容について英語で質問を3つします。質問の答えとして最も適切なものを，下に印刷されている選択肢の中から1つずつ選び，記号で答えなさい。英語と質問は2度読まれます。途中でメモをとってもかまいません。

1．ア．For 6 hours.　イ．For 7 hours.
　ウ．For 8 hours.　エ．For 9 hours.

2．ア．See wild animals near the river.
　イ．Go down the river with a guide.
　ウ．Learn how to get on a rafting boat.
　エ．Find out more about the area's culture.

3．ア．You can only learn about wildlife at the museum.
　イ．You cannot challenge yourself on the wild river.
　ウ．You can touch cute animals in the park.
　エ．You cannot join the rafting tour alone.

PartⅢ　これから2つの英語の質問が放送されます。それぞれの質問に対して，**あなた自身の答え**を英語で書きなさい。質問は2度読まれます。**質問を書く必要はありません**。

【例】	《放送される質問》	《あなたの答え》	
	"What's the date today ?"	It's February 11th.	（○）
		February 11th.	（△）
		2/11.	（×）

1．

2．

以上でリスニング問題は終了です。引き続き，筆記問題を解答してください。

II　次の各文において，空所に当てはまる英語として最も適切なものを1つ選び，記号で答えなさい。

1．My friends looked ______ when they saw a famous actor at the concert hall.
ア．happy　イ．happily　ウ．happiness　エ．be happy

2．Mark usually gets up at 7, but this morning he ______ up at 5.
ア．wakes　イ．woke　ウ．is waking　エ．was waking

3．Mr. Smith felt very tired today, ______ he went to bed early.
ア．but　イ．or　ウ．so　エ．because

4．I gave Elena my address, and she gave me ______.
ア．it　イ．that　ウ．mine　エ．hers

5．Don't put too ________ in the soup.　It's not good for your health.
ア．many salt　イ．much salt　ウ．many salts　エ．much salts

III　次の各文が意味の通る英文になるように，下のア～オの英語を並べかえて空所を補いなさい。その際，aとbに入るものをそれぞれ選び，記号で答えなさい。

1．I have never played rugby, but [______ __a__ ______ __b__ ______] of fun.
ア．rugby　イ．is　ウ．a lot　エ．watching　オ．games

2．Michael swims really fast.　He [______ __a__ ______ __b__ ______] his brother.
ア．swimmer　イ．than　ウ．is　エ．better　オ．a

3．Some of these plastic bottles [______ __a__ ______ __b__ ______] into clothes.
ア．made　イ．are　ウ．to　エ．going　オ．be

4．Carl, please [______ __a__ ______ __b__ ______].
ア．come back　イ．I　ウ．at home　エ．stay　オ．until

5．Mom, these cups are dirty.　Can [______ __a__ ______ __b__ ______]？
ア．ones　イ．have　ウ．clean　エ．some　オ．we

IV　次の各組の文がほぼ同じ内容になるように，（　）に最も適切な単語1語を答えなさい。

1．Happy birthday, Jack！　Here's something for you.
Happy birthday, Jack！　Here's a (　　　) for you.

2．Don't touch the bench.　It's not dry yet.
Don't touch the bench.　It's still (　　　).

3．Will you eat here or take it out？
Is it for here or to (　　　)？

4．Bamboo is seen in every part of East Asia.
Bamboo is (　　　) in East Asia.

V　次の母親と息子との会話を読み，空所に当てはまる最も適切な英語をそれぞれ下から選び，記号で答えなさい。ただし，同じ記号を２回以上使ってはいけません。

At dinner time

Mom : What's wrong, honey? You're not eating very much.

Son : (1)

Mom : That's not true. You're not like yourself at all these days.

Son : It's nothing much. It's just. . . . Now I'm in a new class, and I don't have any friends there.

Mom : Well, that's quite natural. (2)

Son : Actually, they do! Some of them already know each other and they're best friends!

Mom : I see.

Son : No one comes to talk to me. They just have fun and don't care a bit about me!

Mom : Hey, do you really think they are all doing so well? They just have fun? Who knows? Maybe they're just trying hard to fit in the new class.

Son : Hmm. . . . I see. I've never thought like that. (3)

Mom : If you have no friends in the class, it's also a big chance to make new ones.

Son : (4) I don't believe that! Tell me something more useful.

Mom : Well, honey, important things always sound simple. But to try those simple things in life is difficult and important.

Son : OK, maybe I'll say good morning to someone in the class tomorrow.

Mom : (5) Well, now, don't forget our dinner. You should think about the food and the people at the table.

Son : Oh, sorry, mom. I was thinking only about my problem at school.

Mom : Now let's enjoy the dinner.

＝選択肢＝

ア．Oh, come on!

イ．That's a good idea.

ウ．No one knows anyone in a new class.

エ．So it's hard for them, too.

オ．Well, I'm fine.

VI　次の英文を読んで，あとの問題に答えなさい。（★は注があることを示します）

April 3, 2019

Dear Koji,

Do you remember me? Do you still teach English at the same high school?

There is an international English teachers' meeting in Tokyo at the end of August and I have just been chosen to speak about teaching English there. So could we meet again during my stay in Tokyo? I would like to hear from you soon and to know how you are doing.

★Warm regards,

Zofia Kaminski

This was an email from an old foreign friend. For about ten years, I didn't get any messages from her. Zofia is a ★Polish lady. I met her in London in 1998 when I was taking a teachers' summer

English program. She was also an English teacher. She taught at a college in a small town in Poland. We were in the same class and became friends. Even after the program, we wrote to each other for some time. And two years later, in 2000, I had a chance to visit Poland and see Zofia. She and her husband Piotr drove all the way to my hotel and took me to her town in their car. We enjoyed sightseeing and went to Zofia's house for dinner. I really had a great time with them.

For the next ten years we stayed in touch with each other. She sent me emails. In one of them, she said that she had two children—a boy and a girl and showed me her family photos. But that was probably our last ★contact. Then, in 2019, the above email was sent to me ★unexpectedly.

On August 26, Zofia and her family arrived in Tokyo, and she called me. We decided to meet on the next day. I wanted to show her a lot of things and places in Tokyo, and I chose Asakusa. We went to Senso-ji Temple and enjoyed shopping. Zofia, Piotr and their two children were really excited to see Japanese things. They bought some Japanese *kanji* T-shirts. They also enjoyed eating Japanese snacks. It was two o'clock in the afternoon. The sun was shining and it made us too hot to continue walking around. So we decided to go to a café to cool down. While we were having *kakigori*, Zofia suddenly said, "Where's my purse ? I think I lost it somewhere." She felt very worried. In the purse, she kept all her important things such as her money, credit cards and passport. "Don't worry so much, Zofia. In Japan, even if you lose something, someone will bring it to the police," I said to her.

We went to a nearby police box and told an officer what her purse looked like. Luckily, while we were there a man brought the purse to the police box. Zofia was surprised to know how honest Japanese people were. She was ★becoming fond of Japan and its people more and more. At the end of the day, Zofia invited me to Poland again and I promised to do so the next summer.

In the summer of 2020, I was going to visit Poland again, but I had to give up that idea. The ★coronavirus was all over the world and people couldn't go to other places. If we did so, the virus would spread more. So we couldn't go abroad easily. However, I found an interesting ★article on the Internet—traveling online. By traveling online, we can choose some cities to look around and connect with ★travel agents there. I started ★searching the Internet and found some online tours to Poland. From them, I chose a one-hour tour of ★Krakow and its Christmas market. I waited until December. The tour was not so expensive—900 yen for 30 minutes.

On the tour day, I connected with the tour guide for a video chat. She was a college student in Poland. She showed me around the city of Krakow and the Christmas market. I asked her to take me to some places here and there. I found food stands. They sold local foods. I really wanted to try some. The guide told me the history of the city and its market. Although I really enjoyed the tour and talking with her, I felt something was a little sad about the tour. I was able to enjoy sightseeing and talking through the Internet, but I couldn't taste, smell, or feel the air. Soon after I turned off the video chat, I started to miss Zofia, her family and everything in the small town in Poland.

（注）★Warm regards：手紙・メールでの結びの言葉　★Polish：ポーランド人の
★contact：連絡　★unexpectedly：突然　★become fond of ～：～が好きになる
★coronavirus：（新型）コロナウィルス　★article：記事　★travel agent(s)：旅行業者
★search the Internet：インターネットで検索する　★Krakow：クラコフ（ポーランド南部の地名）

【問題】

1．What did Zofia want to tell Koji the most in her email of April 3 in 2019 ?

ア．She wanted to say that there was an international English teachers' meeting that summer.

イ．She wanted to be chosen as a speaker of the teachers' meeting.
ウ．She hoped to meet him when she came to Japan that year.
エ．She hoped to say that she still remembered him.

2．How long were Zofia and Koji probably NOT in touch until 2019？
ア．For two years.　イ．For nine years.
ウ．For nineteen years.　エ．For twenty-one years.

3．Why did Koji say, "Don't worry so much, Zofia"？
ア．Because he believed her purse would be brought to the police.
イ．Because he thought the police would send her purse to her.
ウ．Because he was planning to buy a new purse for her as a gift.
エ．Because he knew where her purse was.

4．Why did Koji have to wait for his online visit to Poland until December？
ア．Because he had to save money for the trip.
イ．Because he wanted to see a Christmas market.
ウ．Because he had to wait for a seat to be cancelled.
エ．Because he wanted to check how much snow would fall.

5．What did Koji do during the online tour in Krakow？
ア．He asked the tour guide to connect with Zofia for a video chat.
イ．He took the tour guide from one place to another in the market.
ウ．He made friends with a college student from the city of Krakow.
エ．He learned the history of Krakow and the Christmas market.

6．Which of the following is TRUE about Koji's online trip in Poland？
ア．He thought visiting Poland online was as interesting as actually being there.
イ．He felt sorry for his tour guide because she didn't get enough money.
ウ．He missed his family and hometown after traveling in Poland online.
エ．He couldn't taste local foods in the stands in the marketplace.

Ⅶ　次の各文が意味の通る英文になるように（　）に最も適切な英語を書きなさい。ただし，答えはそれぞれ示された文字で始まる**単語１語**とします。なお，解答欄には最初の文字を含めて書きなさい。

1．Open the (w　　), Ray.　Let's get some fresh air.
2．Don't miss your (b　　).　Having three meals a day makes you healthier.
3．Before the speech contest, Emily was very (n　　).　Her heart was beating so fast.
4．What's the (w　　) like today in Kyoto？　—It's sunny.
5．The number (b　　) fourteen and sixteen is fifteen.

Ⅷ　次のそれぞれの下線部を，文脈に合うように**英語１文**で表現しなさい。

1．A：Wow, your son is so cute!　おいくつですか。
　　B：He will be three next month.
2．A：この単語はどんな意味ですか。
　　B：I'm not sure.　I guess it's a word for an animal.

【数　学】　（40分）〈満点：100点〉

（注意）　1．分度器，コンパスは使用できません。

2．分数はできるところまで約分して答えなさい。

3．比は最も簡単な整数比で答えなさい。

4．$\sqrt{\quad}$ の中の数はできるだけ小さな自然数で答えなさい。

5．解答の分母に根号を含む場合は，有理化して答えなさい。

6．円周率はπを用いなさい。

1　次の各問いに答えよ。

(1)　$-\frac{3}{5}a^7b^8\div\left(-\frac{3}{5}a^2b\right)^3-\left(\frac{1}{3}ab^2\right)^2\div\left(-\frac{a}{b}\right)$ を計算せよ。

(2)　2次方程式 $(2x-1)^2=-4(3x+1)(x-2)-8x-1$ を解け。

(3)　$\sqrt{13n}$ が自然数となるような3けたの自然数nのうち，最も小さいものを求めよ。

(4)　今月，ある商品の定価をx%値上げしたところ，先月より売れた個数は1割減少し，売り上げが3.5%増えた。xの値を求めよ。

(5)　$\frac{3}{\sqrt{2}}$ の整数部分をa，小数部分をbとするとき，$a^2+5ab+4b^2$ の値を求めよ。

(6)　1，2，3，4，5の数字が書かれた5枚のカードが箱の中に入っている。この箱の中から同時に2枚のカードを取り出すとき，大きい方の数字が4以下で，小さい方の数字が2以上となる確率を求めよ。

(7)　下の図1の円Oにおいて，4点A，B，C，Dは円周上の点である。このとき，$\angle x$の大きさを求めよ。

図1

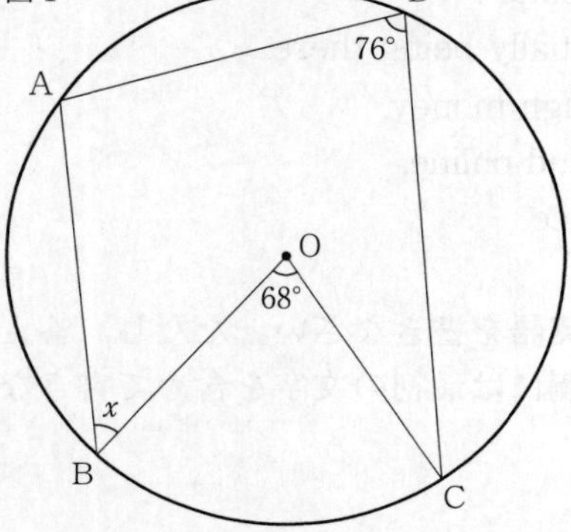

図2

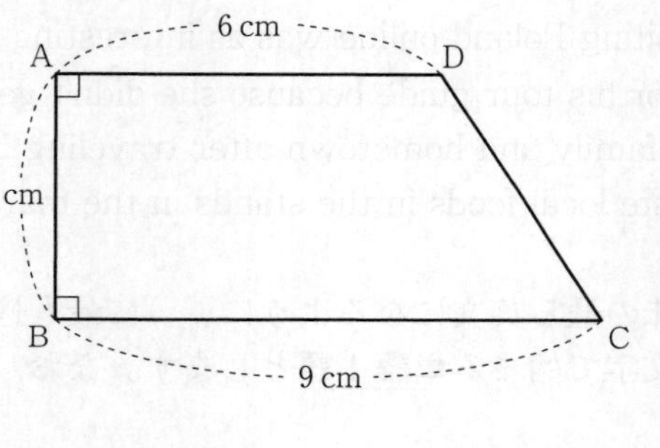

(8)　上の図2の台形ABCDを，辺ABを軸として1回転させてできる立体の体積を求めよ。

2 　下の図において，２つの放物線は $y=x^2$…①，$y=ax^2\ (a>1)$…②である。放物線①上に，２点 A(3，9)，B(−4，16)をとり，線分 OA，OB と放物線②の原点 O 以外の交点をそれぞれ C，D とする。OC：CA＝1：2 のとき，次の各問いに答えよ。

(1) a の値を求めよ。

(2) 点 D の座標を求めよ。

(3) 四角形 ABDC の面積を求めよ。

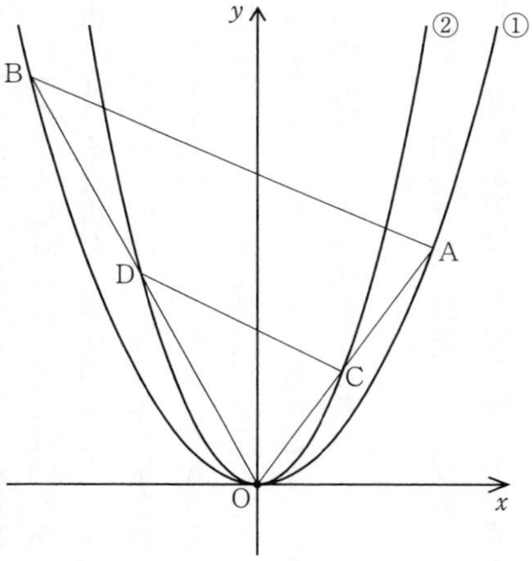

3 　１辺の長さが６の正三角形 ABC の外接円がある。点 A における円の接線を l とする。図のように，線分 AB を 1：3 に分ける点を D とし，直線 CD が外接円，直線 l と交わる点をそれぞれ E，F とする。このとき，次の各問いに答えよ。

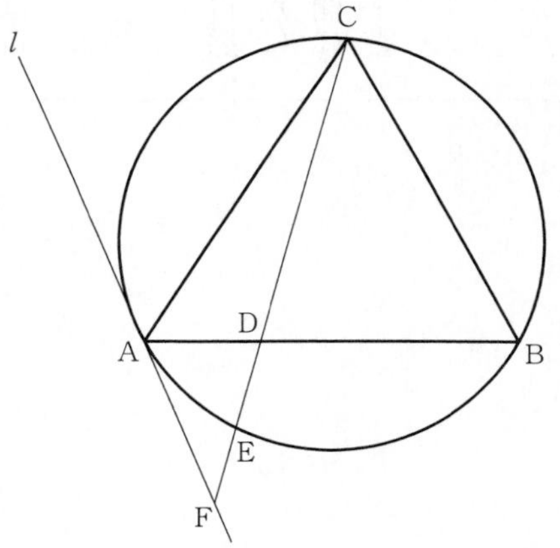

(1) ∠AEF の大きさを求めよ。

(2) 線分 AF の長さを求めよ。

(3) 線分比 AE：EF を求めよ。

(4) 線分比 BE：EF を求めよ。

野に入れながら、その中で手がかりを見つけて考えを進める。A＝B、B＝C、C＝Aといったような論理は、考え抜いたあとで、他者に説明するために組み立てる表現だ。事件現場に立つシャーロック・ホームズを想像してほしい。彼は、現場全体を見ながら、頭の中ではそれまでに集めた証拠品のイメージや証言を繰り返していることだろう。全体を見ながら、どこかに特異点を見いだそうとしているのである。さまざまな要素があり、それらがどういう関係にあるのか、そしてそれらの関係がどう全体をかたちづくっているのかを見ていくのである。

こうした思考は、数学でも国語でも、研究でもビジネスの現場でも変わらない。「文科系と理科系ではアタマの使い方が異なる」などと思い込んではならない。原則は同じなのだ。文章全体を見ていながら、どこかに必ず文章全体にかかわるひっかかりがあるはずだ。それをつかむ。そのポイントを自分なりに展開することで人間はものを考え始めることができる。学校の勉強には正解が用意されている。皆さんが誤った答案を書けば、間違いを指摘される。だが皆さんに課せられているのは、正解を知ることではなく、4頭の働かせ方を学ぶことだ。この学びは、たんに知識を蓄えることではなく、自分自身を変えていくことにほかならない。全体のコンテクストがあり、その特異点をつかんで全体をもう一回つくり直す。これは自分の世界を自分でつくり直していく力でもある。

（小林康夫『学ぶことの根拠』による）

〈注〉　＊コンテクスト＝文脈。文章の前後のつながり。

問一　――線部1「人間は、鳥や魚と同じような意味では『自然（＝世界）』の中に生きていない」とありますが、どのような点において、人間と鳥・魚は異なりますか。その異なる点を解答欄に合うように本文中から二十字で抜き出し、最初と最後の五字を書きなさい。

［　　　　］という点。

問二　――線部2「二段階」とありますが、それは何と何ですか。

問三　【3】に入る語はどれですか。

ア．あるいは　イ．なぜなら　ウ．さらに
エ．そして　オ．しかし

問四　――線部4「頭の働かせ方を学ぶこと」とは、すなわちどのようなことですか。解答欄に合うように四十五字以上、五十五字以内で説明しなさい。

［　　　　］こと。

問五　次の選択肢は、本文を読んだ人たちが感想を述べているところです。この中で最も本文を理解している感想はどれですか。

ア．「学校は私たちの学ぶ場でもあるけれど、それと同時に私たちの可能性を奪っていく場所なんだとわかったわ。」
イ．「正しい知識を得るために学校に通っているけれども、知識がないことが悪いこととは限らないんだな。」
ウ．「知識を増やすことは私たちの可能性を狭めていくので、広い視野を持つためにはバランスよく暗記する必要があるのよ。」
エ．「これからの時代を作っていくのは僕たち若者だよね。だって歳をとると経験があってたいていのことは知ってるからね。」
オ．「エラーすることによって自分の知識を増やせるなら、僕はこれからもエラーを恐れずに勉強に取り組むよ。」

いるともいえなくはない。人間は、自分が生きている世界と自分との間に越えがたいズレを感じながら、(孤独ではあるけれども)自由に、世界を学び、世界を自分に合うようにつくり替える努力を積み重ねてきた。それが歴史ということ。私たちは今、その結果としての世界を生きているのだ。

しかし現代において、人間が行っている世界のつくり替えは、あまりにも高度で複雑だ。例えば、地下鉄を通したり、ジェット機を飛ばしたりしているが、そのために何が必要かを挙げてみればわかる。まず、言葉を知らなければならない。世界の仕組みを理解して記述するには、数学がなければならない。物理学も工学も欠かせない。いくつものことを積み重ねて、ようやくジェット機が一機、空を飛べる。

そうした数学や物理学、工学は、自然そのものではなく、人間が自然を学びながらつくり出した体系であるから、学ぶことには 2 二段階あることになる。星の運行から暦をつくり、めぐる季節の知識を生かした耕作や狩猟を行うなど、自然を学ぶことが第一段階だとすれば、自然を学んだ人間がつくり出したものを学ぶことが第二段階だ。現代を生きる我々には、この「二重の学び」が宿命づけられており、この第二段階のために特に必要とされているのが学校ということになる。

人間がつくり出したものは数えきれず、一人では到底学びきれない。人間は学ぶべきことを増やしすぎたのではないかと思うほどだ。研究分野の細分化も近年ますます進行している。

たしかに、何をするにせよ勉強して覚えるべきことは多い。何か新発見をするほどの研究者になりたいのであればなおさらだ。【3】知識量で勝る者が強者かというと、現実はそうなっていない。実は新発見というものは、発見者が一五～一六歳の頃からその種を自分の中に宿していることが多い。つまり、あなたたちの年になにかの「種」が宿されるということ。これは分野によらない。このことが端的に示しているのは、世界を変える力は知識ではなく「若い力」だということだ。若い力とは「知らない」力であり、「知っている」ということよりも「知らない」ということのほうが重要なのである。

理由の一つが「エラー」、つまり「失敗」する可能性だ。膨大な知識の体系に分け入った若者は、それを骨肉化しようとするとき、誤った理解をすることもしばしばある。物事は、教えられたとおりに学ぶとは限らないからだ。新発見は、それまでの常識からすればエラー、あるいはアクシデントと呼ばれる事態の中でなされることが多い。人間が何かを成し遂げる力は、エラーにこそある。生物としての人類もそうやって進化してきたはず。突然変異というエラーを利用することで環境に適応し、生き残ってきたのだから。歳をとると失敗を恥じるようになり、エラーを起こせなくなっていくが、エラーを恐れてはならない。若さとは、弱点であると同時に世界を変えていく力でもあるのだ。

「知らない」ことは大きな力にもなりうる。エラーをする可能性はおおいにあるが、それは、誰も考えつかなかったことを行う可能性でもある。学校では「間違えてはならない」という雰囲気が形成されがちだが、それは世界を変える力を逆に失わせてしまうことになるかもしれない。(中略)

学ぶためのもう一つのポイントは、全体を見ること。それと同時にどこか一点を見なければならない。全体だけを見ていても絶対に自分のものにはならない。これも矛盾していると思うだろう。だがスポーツを想像すればわかりやすい。スポーツは単に肉体の問題ではない。例えば野球では、筋力を鍛えさえすればホームランを打てるわけではない。筋力だけでなく、身体全体を考え、何かポイントをつかむことでバッターとして成長できる。人はそれぞれ「癖」を持っているものだが、それを捨て、自分なりのポイントをつかむことが基本だ。

これは思考の基本でもある。人間がものを考えるとき、公理から出発することはありえない。全体の＊コンテクストをぼんやりと視

問四　――線部4「これはたぶん磨かへん」と高杉くるみが言ったのはなぜですか。

ア・ぴかぴかにする石を後で選択するため、とりあえず磨かない石をたくさん拾っておいて、選ぶ楽しみを取っておこうと思ったから。

イ・石のきれいさはぴかぴかであるかどうかで決まるが、石には石の意思があるので、ごつごつした石も大切にしようと思っているから。

ウ・石のすべすべした感触が好きで、石の研磨に長い時間をあてているが、どんなに時間をかけてもきれいにならない石だと判断したから。

エ・石をぴかぴかになるまで磨きたいが、中には磨かれたくない石もあるので、その石も価値あるものとして大切に扱いたいと考えたから。

オ・最近はつるつるのぴかぴかの石よりもごつごつした石のきれいさに魅力を見出すようになって、無理に石を磨くことをやめたから。

問五　――線部5「文字を入力する指がひどく震える」とありますが、それはなぜですか。

ア・実はゲームにはまったく興味がなくて、自分の本当の趣味は刺繍だという秘密を、宮多が他の友だちにばらしてしまうのではないかと心配したから。

イ・ゲームにはない刺繍の魅力を宮多に伝えたいが、好きなものを追求する覚悟が自分にはまったく足りていないことを宮多に見破られるのを恐れたから。

ウ・本当の趣味は刺繍であることを宮多に打ち明けたいと思いつつも、自分のことを理解されず、孤独を実感することになるのが不安だったから。

エ・友だちとゲームの話ばかりしている宮多に、本当に自分が好きなものを追い求める楽しさを理解してもらいたいと思い、気持ちが高揚したから。

オ・祖母に褒められた刺繍の出来ばえを宮多に認めてもらえなかったら、これまで築いてきた刺繍の腕前への自信が失われそうで怖かったから。

問六　――線部6「そういうドレス」とは、具体的に、何の美しさを再現して刺繍した「ドレス」ですか。解答欄に合うように、十五字以上、二十字以内で答えなさい。

（　　）の美しさを再現して刺繍したドレス。

問七　――線部7「教えてもらおう」とありますが、なぜ「僕」はこのように思い直したのですか。解答欄に合うように、三十字以上、四十字以内で答えなさい。

宮多から自分の刺繍を褒めるメッセージが届いたことをきっかけに、（　　）から。

三　次の文章を読んで、後の問いに答えなさい。

鳥は、本当に自由なのだろうか。私はそうではないと思う。鳥はいわば空の中に閉じこめられている。魚も同様で、水の中に閉じこめられている。鳥は空を「空」とは呼ばず、魚も水を「水」と名づけることはない。人間がするようには自分の住む世界を対象として捉えることがないからだ。人間は言葉を用い、空を「空」と呼び、海を「海」と名づけた。いわば世界と自分をはっきりと分けて認識している。その意味で人間は、世界に閉じこめられてはいない。言い換えれば1人間は、鳥や魚と同じような意味では「自然(=世界)」の中に生きていない。おそらくこのことが、人間、とりわけ若い皆さんが世界と自分との間にズレを感じる理由だ。

重要なことは、このズレがあるからこそ、人間はほかの動物のように自足することができず、自分が生きる世界を絶えずつくり替えていかなければならないということ。例えば、森を切り拓き、田畑をつくる。これこそ人間だけが持っている自由であり、人間が自由である証しなのだが、見方を変えれば、その自由に閉じこめられてものには触れられない。すくいとって保管することはできない。太陽が翳《かげ》ればたちまち消え失せる。だからこそ美しいのだとわかっていても、願う。布の上で、あれを再現できたらいい。そうすれば指で触れてたしかめられる。身にまとうことだって。6そういうドレスをつくりたい。着てほしい。すべてのものを「無理」と遠ざける姉にこそ。きらめくもの。揺らめくもの。どうせ触れられないのだから、なんてあきらめる必要などない。無理なんかじゃないから、ぜったい。

どんな布を、どんなかたちに裁断して、どんな装飾をほどこせばいいのか。それを考えはじめたら、いてもたってもいられなくなる。それから、明日。明日、学校に行ったら、宮多に例のにゃんこなんとかというゲームのことを、7教えてもらおう。好きじゃないものを好きなふりをする必要はない。でも僕はまだ宮多たちのことをよく知らない。知ろうともしていなかった。

靴紐をきつく締め直して、歩く速度をはやめる。

〈寺地はるな『水を縫う』による〉

〈注〉＊ナポリタン・マスティフ＝犬種の名称。続く「ポメラニアン」も同様。

問一 ――線部1「その顔を見た瞬間『ごめん』と口走っていた」とありますが、それはなぜですか。

ア．自分の知らないスマホゲームの話に懸命についていこうとしたが、周囲にこびない高杉くるみの姿に勇気をもらい、宮多たちに自分の趣味を分かってもらおうと決意したから。

イ．女子生徒たちが仲間同士で机を並べている中、孤立している高杉くるみの様子を見て、ひとりぼっちでいるのはあなただけではないという無言のメッセージを送りたかったから。

ウ．懸命に友だちの話についていこうとする自分とは違い、ひとりでも周りを気にせずにいる高杉くるみを見て、無理をしてまで友だちの会話に加わる必要はないことに気づいたから。

エ．友だちをつくるために無理に宮多たちの話に耳を傾けていたが、高杉くるみが満足げに食事をしている姿を見て、自分もひとりきりになって食事を楽しみたいと思い直したから。

オ．ゲームをする習慣がないために宮多たちの話に引き込まれてしまっていたが、自分らしさを見失わない高杉くるみを見て、本当に自分が好きな趣味に改めて気づかされたから。

問二 ――線部2「耳たぶをちりっと掠めた」という表現は、どのような様子を表していますか。

ア．教室内に無邪気なざわめきが戻り、それまでの不快なやり取りがまったく気にならなくなった様子。

イ．教室内に戻ったざわめきから聞こえる、友人たちのささやかなやり取りにほほ笑ましさを感じている様子。

ウ．教室内のざわめきとともに落ち着きを取り戻し、友人からの冷やかしも謙虚に聞き入れていこうとする様子。

エ．教室内のざわめきから、自分への悪口を聞きとって何とか言い返そうと注意深く耳を澄ましている様子。

オ．教室内のざわめきの中、遠くのやり取りから自分への悪意を一瞬感じ取りつつも受け流す様子。

問三 ――線部3「学校以上に『個性を尊重すること、伸ばすこと』に向いていない場所は、たぶんない」という言い方から「僕」のどのような思いが読み取れますか。

ア．個性は大事だとよく言われているが、教室の中では過度に異質な個性は浮いてしまうことへの皮肉。

イ．個性的な立ち振る舞いばかりが肯定されて、個性を出すことを無理強いされることへの反発。

ウ．学校だけは自分の本心や性格をさらけ出せる場所で、個性を発揮することができているという自信。

エ．日常生活で一番長く過ごす場所が学校であり、個性を発揮できる場所が他にないことへのいら立ち。

オ．個性的な人ほど他の人が持つ個性に敏感で嫉妬《しっと》深く、相手を認めようとしないことへの嫌悪。

「土日に？　わざわざ？」

「やすりで磨くの。つるつるのぴかぴかになるまで」

放課後の時間はすべて石の研磨《けんま》にあてているという。ほんまにきれいになんねんで、と言う頬がかすかに上気している。

ポケットから取り出して見せられた石は三角のおにぎりのような形状だった。たしかによく磨かれている。触ってもええよ、と言われて、手を伸ばした。指先で、しばらくすべすべとした感触を楽しむ。

「さっき拾った石も磨くの？」

くるみはすこし考えて、4これはたぶん磨かへん、と答えた。

「磨かれたくない石もあるから。つるつるのぴかぴかになりたくないってこの石が言うてる」

石には石の意思がある。駄洒落《だじゃれ》のようなことを真顔で言うが、意味がわからない。

「石の意思、わかんの？」

「わかりたい、といつも思ってる。それに、ぴかぴかしてないときれいやないってわけでもないやんか。ごつごつのざらざらの石のきれいさってあるから。そこは尊重してやらんとな」

じゃあね。その挨拶《あいさつ》があまりに唐突でそっけなかったので、怒ったのかと一瞬焦った。

「キヨくん、まっすぐやろ。私、こっちやから」

川沿いの道を一歩踏み出してから振り返った。ずんずんと前進していくくるみの後ろ姿は、巨大なリュックが移動しているように見えた。

石を磨くのが楽しいという話も、石の意思という話も、よくわからなかった。わからなくて、おもしろい。わからないことに触れるということ。似たもの同士で「わかるわかる」と言い合うより、そのほうが楽しい。

ポケットの中でスマートフォンが鳴って、宮多からのメッセージが表示された。

「昼、なんか怒ってた？　もしや俺あかんこと言うた？」

違う。声に出して言いそうになる。宮多はなにも悪いことをしていない。ただ僕があの時、気づいてしまっただけだ。自分が楽しいふりをしていることに。

いつも、ひとりだった。

教科書を忘れた時に気軽に借りる相手がいないのは、心もとない。ひとりでぽつんと弁当を食べるのは、わびしい。でもさびしさをごまかすために、自分の好きなことを好きではないふりをするのは、好きではないことを好きなふりをするのは、もっともっとさびしい。

好きなものを追い求めることは、楽しいと同時にとても苦しい。その苦しさに耐える覚悟が、僕にはあるのか。

5文字を入力する指がひどく震える。

「ちゃうねん。ほんまに本読みたかっただけ。刺繍の本」

ポケットからハンカチを取り出した。祖母に褒《ほ》められた猫の刺繍を撮影して送った。すぐに既読の通知がつく。

「こうやって刺繍するのが趣味で、ゲームとかほんまはぜんぜん興味なくて、自分の席に戻りたかった。ごめん」

ポケットにスマートフォンをつっこんだ。数歩歩いたところで、またスマートフォンが鳴った。

「え、めっちゃうまいやん。松岡くんすごいな」

そのメッセージを、何度も繰り返し読んだ。

わかってもらえるわけがない。どうして勝手にそう思いこんでいたのだろう。

今まで出会ってきた人間が、みんなそうだったから。だとしても、宮多は彼らではないのに。

いつのまにか、また靴紐《くつひも》がほどけていた。しゃがんだ瞬間、川で魚がぱしゃんと跳ねた。波紋が幾重《いくえ》にも広がる。太陽の光を受けた川の水面が風で波打つ。まぶしさに目の奥が痛くなって、じんわりと涙が滲《にじ》む。

きらめくもの。揺らめくもの。目に見えていても、かたちのないここはこうなって、こうなってて。勝手に指が動く。

ふと顔を上げると、近くにいた数名がこっちを見ていた。男女混合の四人グループのうちのひとりが僕の手つきを真似て、くすくす笑っている。

「なに？」

自分で思っていたより、大きな声が出た。他の島の生徒たちが気づいて、こちらに注目しているのがわかった。宮多たちも。でももう、あとには引けない。

「なあ、なんか用？」

まさか話しかけられるとは思っていなかったのか、ひとりがぎょっとしたように目を見開く。その隣の男子が「は？　なんなん」と頬《ほお》をひきつらせた。

「いや、なんなん？　そっちこそ」

べつに。なあ。うん。彼らはもごもごと言い合い、視線を逸《そ》らす。教室に、ざわめきが戻る。遠くで交わされるひそやかなささやきや笑い声が、2耳たぶをちりっと掠《かす》めた。

校門を出たところでキヨくん、と呼ばれた。振り返ったその瞬間に、強い風が吹く。

キヨくん。小学校低学年の頃のままに、高杉くるみは僕の名を呼ぶ。当時は僕も彼女を「くるみちゃん」と親しげな感じで呼んでいたのだが、学年が上がるにつれて会話の機会が減り、今ではもうどう呼べばいいのかわからない。

「高杉さん。くるみさん。どっちで呼んだらええかな？」

「どっちでも」

名字が高杉というだけで塾の子らに「晋作《しんさく》」と呼ばれていた時期があって嫌だった、なので晋作でなければ、なんと呼ばれても構わないらしい。

「高杉晋作、嫌いなん？」

「嫌いじゃないけど、もうちょい長生きしたいやん」

「なるほど。じゃあ……くるみさん、かな」

歩いていると、グラウンドの野球部やサッカー部の声がどんどん遠くなっていく。今日は世界がうっすらと黄色くて、遠くの山がぼやけて見えた。春はいつもそうだ。すべての輪郭があいまいになる。

「あんまり気にせんほうがええよ。山田くんたちのことは」

「山田って誰？」

僕の手つきを真似て笑っていたのが山田某《なにがし》らしい。

「私らと同じ中学やったで」

「覚えてない」

個性は大事、というようなことを人はよく言うが、3学校以上に「個性を尊重すること、伸ばすこと」に向いていない場所は、たぶんない。柴犬の群れに交じった*ナポリタン・マスティフ。あるいはポメラニアン。集団の中でもてはやされる個性なんて、せいぜいその程度のものだ。犬の集団にアヒルが入ってきたら、あつかいに困る。

アヒルはアヒルの群れに交じれば見分けがつかなくなる。その程度のめずらしさであっても、学校ではもてあまされる。浮く。くすくす笑いながら仕草を真似される。

「だいじょうぶ。慣れてるし」

けど、お気遣いありがとう。そう言って隣を見たら、くるみはいなかった。数メートル後方でしゃがんでいる。灰色の石をつまみあげて、しげしげと観察しはじめた。

「なにしてんの？」

「うん、石」

うん、石。ぜんぜん答えになってない。入学式の日に「石が好き」だと言っていたことはもちろんちゃんと覚えていたが、まさか道端の石を拾っているとは思わなかった。

「いつも石拾ってんの？　帰る時に」

「いつもではないよ。だいたい土日にさがしにいく。河原とか、山に」

問九　次の文は古典作品の冒頭部分です。［　　］に当てはまる語はどれですか。

月日は百代の過客にして、［　　］なり。

〈選択肢〉

ア．ゆく河の流れ

イ．諸行無常の響き

ウ．行き交ふ年もまた旅人

エ．男もすなる日記といふもの

オ．心にうつりゆくよしなしごと

問十　次の文章を読んで、それぞれの問いに答えなさい。

春はあけぼの。やうやう白くなりゆく山ぎはすこしあかりて、紫だちたる雲のほそくたなびきたる。

夏は夜。月のころはさらなり、やみもなほ、蛍の多く飛びちがひたる。また、ただ一つ二つなど、ほのかにうち光りて行くもをかし。雨など降るもをかし。

①　――線部「をかし」の意味はどれですか。

ア．不似合いだ　イ．不思議である

ウ．のどかである　エ．風情がある

オ．興ざめだ

②　この作品の作者を選びなさい。

ア．紀貫之　イ．清少納言　ウ．在原業平

エ．紫式部　オ．鴨長明

［二］　次の文章を読んで、後の問いに答えなさい。

高校に入学した「僕」は刺繍《ししゅう》を趣味としており、近く結婚を控えた姉に、自分で刺繍したウエディングドレスを贈りたいと考えている。次の文章は、そんな「僕」の学校生活を描いた場面である。

昼休みの教室には、机をくっつけたいくつもの島ができていた。大陸と呼びたいような大所帯もある。中学の給食の時間とは違う。めいめい仲の良い相手と昼食をともにすることができる。

入学式から半月以上過ぎた。僕は教卓の近くの、机みっつ分の島にいる。宮多を中心とする、五人組のグループだ。

宮多たちは、にゃんこなんとかという僕の知らないスマホゲームの話で盛り上がっている。猫のキャラクターがたくさん出てきて戦うのだという。ゲームをする習慣がないから、意味がよくわからない。さっきからぜんぜん会話に入れない。課金とかログインボーナスという単語が飛び交っている。もう、相槌《あいづち》すら打てなくなってきた。

祖母の顔を思い出して、懸命に話についていこうとした。だって友だちがいないのは、よくないことなのだ。家族に心配されるようなことなのだから。

「なあ、松岡くんは」

宮多の話す声が、途中で聞こえなくなった。ふいに高杉くるみが視界に入ったから。

世界地図なら、砂粒ほどのサイズで描かれる孤島。そこに彼女はいた。箸《はし》でつまんだたまごやきを口に運んでいる。唇の両端がきゅっと持ち上がった。虚勢を張るわけでもなく、おどおどするでもなく、たまごやきを味わっている。1その顔を見た瞬間「ごめん」と口走っていた。

「え」

「ごめん。俺、見たい本あるから席に戻るわ」

ぽかんと口を開ける宮多たちに、背を向ける。

図書室で借りた、世界各国の民族衣装に施された刺繍を集めた本を開く。宮多たちがこの本に興味を示すとは到底思えない。わかってもらえるわけがない。ほんとうは『明治の刺繍絵画名品集』というぶあつい図録がよかった。残念ながらそちらは貸出禁止になっていたのだ。どのように糸を重ねてあるか、食い入るように眺める。

二〇二一年度
日本大学第二高等学校

【国語】（四〇分）〈満点：一〇〇点〉

選択問題は、特別な指示のない場合、選択肢《し》から最も適当なものを一つ選んで記号で答えなさい。
記述問題は、特別な指示のない場合、句読点、「　」、・も一字に含まれます。

一 次のそれぞれの問いに答えなさい。

問一 次の――線部の漢字の読みをひらがなで答えなさい。
① 春休みに母の郷里へ遊びに行く。
② 彼女は柔和な人だ。
③ 言動を慎む。

問二 次の――線部を漢字に直しなさい。
① チクサン農家を保護する。
② アワてないように準備する。
③ 食糧をチョゾウする。

問三 次のうち、対義語の組み合わせとして正しいものはどれですか。
ア．総合―利益　イ．主観―抽象
ウ．希薄―豊富　エ．実践―理論
オ．複雑―質素

問四 次の四字熟語の□に適語を入れたとき、余るものはどれですか。
・朝□暮改
・旧□依然
・一念□起
・枝葉□節
ア．一　イ．発　ウ．態　エ．末　オ．令

問五 次の例文の――線部と同じ意味のものはどれですか。
〈例文〉　自分ばかりが頑張っても、合奏はうまくいかない。
ア．できあがったばかりのスープは熱い。
イ．かれこれ一時間ばかりも待たされた。
ウ．駅には今着いたばかりだ。
エ．今にも降り出さんばかりの天気だ。
オ．主役が退場して、脇役ばかりが残った。

問六 次の文の中で、慣用句の使い方として適当なものはどれですか。
ア．このリンゴはとても甘くて歯が浮くようだ。
イ．私は初めて見た彼女の演技力に舌を巻いた。
ウ．合格の知らせに鼻を鳴らして喜んだ。
エ．合唱祭の曲目は口車に乗るようにすぐに決まった。
オ．先生が目くじらを立てて落とし物を探している。

問七 次の――線部の語句の意味をそれぞれ選びなさい。
① あの政治家は前言を撤回し、あまつさえ公約を守らない。
ア．そのうえ　イ．要するに
ウ．まったく　エ．うわべだけで
オ．いつものように
② 今回の試験はおしなべて良い結果だった。
ア．非常に　イ．わずかに
ウ．思いがけず　エ．いつものように
オ．全体にわたって

問八 次の短歌のうち、二句切れのものはどれですか。
ア．金色のちひさき鳥のかたちして銀杏ちるなり夕日の岡に
イ．最上川の上空にして残れるはいまだうつくしき虹の断片
ウ．白鳥は哀しからずや空の青海のあをにも染まずただよふ
エ．草わかば色鉛筆の赤き粉のちるがいとしく寝て削るなり
オ．みづうみの氷は解けてなほ寒し三日月の影波にうつろふ

2021年度／日本大学第二高等学校

英語解答

Ⅰ 放送文未公表

Ⅱ 1 ア　2 イ　3 ウ　4 エ
5 イ

Ⅲ 1 a…ア　b…イ
2 a…オ　b…ア
3 a…エ　b…オ
4 a…ウ　b…イ
5 a…イ　b…ウ

Ⅳ 1 present〔gift〕　2 wet
3 go　4 everywhere

Ⅴ 1 オ　2 ウ　3 エ　4 ア
5 イ

Ⅵ 1 ウ　2 イ　3 ア　4 イ
5 エ　6 エ

Ⅶ 1 window　2 breakfast
3 nervous　4 weather
5 between

Ⅷ 1 How old is he ?
2 What does this word mean ?

Ⅰ〔放送問題〕放送文未公表

Ⅱ〔適語(句)選択・語形変化〕

1．'look＋形容詞' で「～(の状態)に見える」という意味を表す。　「コンサートホールで有名な俳優を見かけたとき，私の友達はうれしそうに見えた」

2．this morning「今朝」という '時のある一点' における動作を述べる時制として，過去形が適する。現在形は，現在の習慣的な動作などを表す。　wake－woke－woken　「マークはふだん7時に起きるが，今朝は5時に目が覚めた」

3．「とても疲れていた」と「早く寝た」をつなぐ語として，前の内容の '結果' をその後に示す so「だから，それで」が適切。　「スミスさんは今日とても疲れていたので，早く寝た」

4．エレナは自分の住所を私にくれた，という文脈だと推測できるので，hers「彼女のもの」が適する。　「私は自分の住所をエレナにあげて，エレナは彼女の住所を私にくれた」

5．salt「塩」は '数えられない名詞' なので一般に複数形にはせず，「多くの」と '量' を表すときも many ではなく much を使う。　「スープに塩を入れすぎないで。健康に良くないよ」

Ⅲ〔整序結合〕

1．最後が a lot of fun「とても楽しい」というまとまりになると推測でき，ここから，動名詞の watching rugby games「ラグビーの試合を見ること」が主語になると判断できる。　I have never played rugby, but watching rugby games is a lot of fun.「ラグビーをやったことは一度もないが，ラグビーの試合を見ることはとても楽しい」

2．better と than があることから，比較級の文と判断できる。He is a good swimmer「彼は水泳が上手だ」の good を比較級 better にした文。　Michael swims really fast. He is a better swimmer than his brother.「マイケルはとても速く泳ぐ。彼はお兄〔弟〕さんより水泳が上手だ」

3．最後が be made into ～ で「～につくり変えられる，～になる」の形になると推測できるので，その前は be going to ～「～する予定だ，～するつもりだ」を用いて are going to とまとめればよい。　Some of these plastic bottles are going to be made into clothes.「これらのペットボトルの中には，服になるものもある」

4．please の後にくる動詞のまとまりとして come back「戻る」か stay at home「家にいる」が考えられるが，until「～するまで(ずっと)」があることから，私が戻るまで家にいるよう頼んだのだとわかる。　Carl, please stay at home until I come back.「カール，私が戻るまで家にいてください」

5．can の疑問文なので，主語となる we の後に動詞の原形である have を置く。ones は前に述べられた‘数えられる名詞’の複数形を表し，ここでは cups を指す。some のような‘数量’を表す形容詞は，clean のような‘状態’を表す形容詞の前に置く。　Mom, these cups are dirty. Can we have some clean ones?「お母さん，これらのカップは汚れているよ。きれいなものをもらえる？」

Ⅳ〔書き換え―適語補充〕

1．「誕生日おめでとう，ジャック！　君への贈り物だよ」　この Here's ～ は何かを手渡すときの定型表現で「はい，～です」という意味。誕生日に誰かに渡す something「(何か～)もの」なのだから，present〔gift〕「贈り物，プレゼント」だとわかる。

2．「そのベンチに触らないで。まだ乾いていないよ」→「そのベンチに触らないで。まだぬれているよ」　「まだ乾いていない」は，「まだぬれている」と言い換えられる。　wet「ぬれた，湿った」

3．「ここで召し上がりますか，それともお持ち帰りですか？」　take ～ out「〈食べ物〉を持ち帰る」は，to go「持ち帰り(用)で」を使ってほぼ同じ内容を表せる。

4．「竹は東アジアのあらゆる地域で見られる」→「竹は東アジアのいたるところにある」　「あらゆる地域で見られる」ということは，everywhere「いたるところに〔で〕」あるということ。

Ⅴ〔対話文完成―適文選択〕

≪全訳≫❶夕食時に❷母親(M)：ねえ，どうかしたの？　あまり食べてないじゃない。❸息子(S)：1大丈夫だよ。❹M：そんなことないわ。この頃，全然あなたらしくないわよ。❺S：大したことじゃないよ。ただ…。今，新しいクラスにいるんだけど，友達が1人もいないんだ。❻M：あら，それは当然でしょう。2誰だって新しいクラスに知り合いなんていないわ。❼S：実際にはいるんだよ！　もうお互いを知っている人たちもいて，彼らはとても仲がいいんだ！❽M：なるほど。❾S：誰も僕に話しかけてこない。彼らはすごく楽しくて，僕のことなんか少しも気にしてないのさ！❿M：ねえ，彼らがそんなにうまくいってるとあなたは本当に思ってるの？　すごく楽しいって？　誰がそんなことわかるの？　彼らは新しいクラスになじもうと一生懸命努力しているだけかもしれないわよ。⓫S：うーん…。なるほど。そんなふうに考えたことは一度もなかったな。3じゃあ，彼らも大変なんだね。⓬M：クラスに友達が誰もいないのなら，新しい友達をつくるいい機会でもあるわよ。⓭S：4えっ，まさか！　そうは思えないな！　もっと役に立つことを教えてよ。⓮M：あのね，いつだって大事なことは単純に聞こえるものよ。でも，人生においてそういう単純なことに取り組むのは，難しいけれど大切なことよ。⓯S：わかった，明日はクラスで誰かにおはようって言ってみようかな。⓰M：5それはいいアイデアね。さあ，夕食のことを忘れないで。食べ物とテーブルにいる人たちのことも考えるべきよ。⓱S：ああ，ごめんなさい，お母さん。僕は学校での自分の問題ばかり考えていたよ。⓲M：さあ，夕食を楽しみましょう。

＜解説＞1．息子の様子を心配する母親の言葉に対する息子の返答として，I'm fine.「大丈夫だよ」が適切。　2．新しいクラスに友達がいないという息子に対し，母親が当然だと言っているので，それを説明する内容が入る。no one は「誰も～ない」という意味。　3．楽しそうに見えるクラスの人たちも，実はクラスになじもうと努力しているのかもしれないという母親の意見に対し，息子は「そんなふうに考えたことは一度もなかった」と答えている。これに続く内容として，クラスの人たちも大変だというエが適する。it は前の母親の言葉にある to fit in the new class を，them はクラスの人たちを指している。　４．直後の発言から，母親の意見に異議を唱えていることがわかる。Come on！は「うそでしょう！　まさか！」という意味でも用いられる。　５．母親が，友達づくりのために朝の挨拶から始めてみるという息子のアイデアを，いいものだとほめている場面である。

Ⅵ〔長文読解―英問英答―エッセー〕

≪全訳≫❶2019年４月３日❷コウジさんへ❸私のことを覚えていますか？　あなたは今も同じ高校で英語を教えていますか？❹８月末に東京で英語教師の国際会議があり，私はそこで英語教育に関する講演をするために選出されたところです。東京滞在中に再びお会いできるでしょうか？　早目にご連絡をいただき，近況をうかがえると幸いです。❺親愛の気持ちを込めて。❻ゾフィア・カミンスキー❼これは古くからの外国人の友達がくれたＥメールだった。約10年間，彼女から便りはなかった。ゾフィアはポーランド人の女性だ。私は1998年に教師向けの夏期英語講習を受けているとき，ロンドンで彼女に出会った。彼女も英語教師だった。彼女はポーランドの小さな町の大学で教えていた。私たちは同じクラスで，友達になった。講習後もしばらくの間，手紙のやりとりをしていた。２年後の2000年，私はポーランドに行ってゾフィアに会う機会があった。彼女と夫のピョートルはわざわざ私のホテルまで車で迎えにきて，その車で彼女の町に連れていってくれた。私たちは観光を楽しみ，夕食をとるためにゾフィアの家に行った。彼らと一緒にとても楽しい時を過ごした。❽その後10年間はお互いに連絡を取り合った。彼女は私にＥメールを送ってくれた。そのうちの一通に，彼女には２人の子ども――男の子と女の子がいるとあり，家族の写真も添えられていた。しかし，それがおそらく私たちの最後の連絡だった。そして，2019年，上記のＥメールが突然送られてきたのだ。❾８月26日，ゾフィアと家族は東京に到着し，彼女は私に電話をかけてきた。私たちは翌日会うことにした。私は東京で彼女に見せたいものや場所がたくさんあり，浅草を選んだ。私たちは浅草寺に行き，買い物を楽しんだ。ゾフィアとピョートルと２人の子どもたちは日本のものを見てとても興奮していた。彼らは日本の漢字のＴシャツを買った。日本の軽食も楽しんだ。午後２時だった。日が照っていたのであまりに暑く，私たちは歩き続けることができなかった。そこで，涼むためにカフェに行くことに決めた。私たちがかき氷を食べていると，突然ゾフィアが言った。「私の財布はどこ？　どこかでなくしてしまったんだわ」　彼女はとても心配していた。彼女は財布の中に，お金やクレジットカードやパスポートといった大切なものを全部入れていた。「そんなに心配しないで，ゾフィア。日本では，たとえ何かなくしても，誰かが警察に届けてくれるんだ」と私は彼女に言った。❿私たちは近くの交番へ行き，警察官に彼女の財布の外見がどんなであるかを伝えた。幸運にも，私たちがその交番にいる間に，男性が財布を持ってきてくれた。ゾフィアは，日本人がいかに正直かを知って驚いた。彼女は日本と日本人がますます好きになった。その日の終わりに，ゾフィアは私を再びポーランドに誘い，私は次の夏に訪れることを約束した。⓫2020年の夏，私はポーランドを再び訪れるつもりだったが，その考えを諦めざるをえなかった。コロナウィルスが世界中に広がり，人々は他の場所へ行くことができなくなった。もし他の場所へ行ったら，ウィルスはもっと広がってしまうだろう。だから，簡単には海外へ行けなかった。けれども，私はインターネットで興味深い記事を見つけた――オンラインツアーだ。オンラインで旅行することで，見て回る都市を選んだり，現地の旅行業者と連絡を取ったりすることができる。私はインターネットで検索を始め，ポーランドまでのオンラインツアーをいくつか見つけた。その中から，私はクラコフと，そこでのクリスマスマーケットを見る１時間のツアーを選んだ。私は12月まで待った。そのツアーはそれほど高価ではなかった――30分当たり900円だった。⓬ツアー当日，ビデオチャットのためにツアーガイドに連絡した。彼女はポーランドの大学生だった。彼女はクラコフの町とクリスマスマーケットを案内してくれた。私はあちこちのいくつかの場所に連れていってくれるよう彼女に頼んだ。私は食べ物の屋台を見つけた。地元の食べ物を売っていた。すごく食べてみたかった。ガイドはその町とクリスマスマーケットの歴史を教えてくれた。私はそのツアーと彼女とのおしゃべりをとても楽しんだが，ツアーに関して少し悲しいものを感じた。インターネットを通じて観光と会話を楽しむことはできたが，味わったり，においをかいだり，空気を感じることはできなかった。ビデオチャットを切って間もなく，私はゾフィアと彼女の家族，そしてポーランドのその小さな町にある全てを懐かしく思い始めた。

1．「2019年４月３日のＥメールでゾフィアがコウジに最も伝えたかったことは何か」―ウ．「その年に彼女が来日するとき，彼に会うことを望んでいた」　第４段落最後から２文目参照。ゾフィアはコウジに東京で会えるかどうかを尋ねるため，久しぶりにＥメールを送ったのである。

2．「2019年までどのくらいの間，ゾフィアとコウジは連絡を取っていなかったと思われるか」―イ．「９年間」　第７段落および第８段落第１文参照。コウジは2000年にゾフィアを訪ねてポーランドに行き，その後10年間は連絡を取り合ったのだから，連絡が途絶えたのは2010年と考えられる。

3．「コウジはなぜ『そんなに心配しないで，ゾフィア』と言ったのか」―ア．「彼女の財布は警察に届けられるだろうと彼は信じていたからだ」　直後の文でコウジは，日本では落とし物を拾った人が警察に届け出るとゾフィアに伝えている。

4．「コウジはなぜポーランドへのオンライン訪問を12月まで待たなければならなかったのか」―イ．「彼はクリスマスマーケットが見たかったからだ」　第11段落最後から３文目参照。コウジが選んだのはクラコフの町とクリスマスマーケットの観光ツアーだった。

5．「クラコフでのオンラインツアーの間，コウジは何をしたか」―エ．「彼はクラコフとクリスマスマーケットの歴史を学んだ」　最終段落最後から４文目参照。

6．「コウジのオンラインでのポーランド旅行について正しいのは次のどれか」―エ．「彼は市場の屋台で地元の食べ物を味わうことができなかった」　最終段落参照。クリスマスマーケットの屋台で地元の食べ物を食べてみたかったが，オンラインでは実際に味わうことができず残念だったと述べている。

Ⅶ〔適語補充〕

1．「窓を開けて，レイ。新鮮な空気を入れましょう」

2．「朝食を抜いてはいけません。１日３食とることは，あなたをより健康にします」　ここでの miss は「～を抜かす，欠く」という意味。

3．「スピーチコンテストの前，エミリーはとても緊張していた。彼女の心臓はとても高鳴っていた」

4．「今日の京都の天気はどうですか？」―「晴れです」　What's ～ like？で「～はどうですか」。

5．「14と16の間の数字は15です」　'between *A* and *B*' で「*A*と*B*の間」。

Ⅷ〔和文英訳―完全記述〕

1．Ａ：わあ，あなたの息子さんはとてもかわいいですね！　おいくつですか？／Ｂ：来月３歳になります。∥年齢は how old で尋ねられる。

2．Ａ：この単語はどんな意味ですか？／Ｂ：わかりません。動物を表す単語だと思います。∥「どんな」は what，「～を意味する」は mean で表せる。

2021年度／日本大学第二高等学校

数学解答

1 (1) $\dfrac{26}{9}ab^5$ (2) $x=\dfrac{2\pm\sqrt{10}}{4}$
(3) 117 (4) 15 (5) $18-9\sqrt{2}$
(6) $\dfrac{3}{10}$ (7) 48° (8) $228\pi\text{cm}^3$

2 (1) 3 (2) $\left(-\dfrac{4}{3},\ \dfrac{16}{3}\right)$ (3) $\dfrac{112}{3}$

3 (1) 120° (2) 2 (3) 3：1
(4) 9：1

1 〔独立小問集合題〕

(1)＜式の計算＞与式 $=-\dfrac{3}{5}a^7b^8\div\left(-\dfrac{27}{125}a^6b^3\right)-\dfrac{1}{9}a^2b^4\times\left(-\dfrac{b}{a}\right)=-\dfrac{3a^7b^8}{5}\times\left(-\dfrac{125}{27a^6b^3}\right)-\left(-\dfrac{a^2b^4\times b}{9\times a}\right)$ $=\dfrac{3a^7b^8\times125}{5\times27a^6b^3}-\left(-\dfrac{1}{9}ab^5\right)=\dfrac{25}{9}ab^5+\dfrac{1}{9}ab^5=\dfrac{26}{9}ab^5$

(2)＜二次方程式＞$4x^2-4x+1=-4(3x^2-6x+x-2)-8x-1$，$4x^2-4x+1=-12x^2+20x+8-8x-1$，$16x^2-16x-6=0$，$8x^2-8x-3=0$ となるので，解の公式より，$x=\dfrac{-(-8)\pm\sqrt{(-8)^2-4\times8\times(-3)}}{2\times8}$ $=\dfrac{8\pm\sqrt{160}}{16}=\dfrac{8\pm4\sqrt{10}}{16}=\dfrac{2\pm\sqrt{10}}{4}$ である。

(3)＜数の性質＞$\sqrt{13n}$ が自然数となるとき，k を自然数として，$n=13\times k^2$ と表せる。$k=2$ のとき $n=13\times2^2=52$，$k=3$ のとき $n=13\times3^2=117$ となるから，3けたの自然数 n のうち最も小さいものは，$n=117$ である。

(4)＜一次方程式の応用＞先月の商品の定価を a 円，売れた個数を n 個とすると，先月の売り上げは an 円と表せる。今月，定価を x ％値上げしたので，定価は $a\left(1+\dfrac{x}{100}\right)$ 円となり，売れた個数は1割減少したから，$n\times\left(1-\dfrac{1}{10}\right)=\dfrac{9}{10}n$(個)となる。これより，今月の売り上げは，$a\left(1+\dfrac{x}{100}\right)\times\dfrac{9}{10}n=\dfrac{9}{10}an\left(1+\dfrac{x}{100}\right)$ 円と表せる。今月の売り上げは先月の売り上げより3.5％増えたから，$\dfrac{9}{10}an\left(1+\dfrac{x}{100}\right)=an\times\left(1+\dfrac{35}{1000}\right)$ が成り立つ。両辺を an でわって，$\dfrac{9}{10}\left(1+\dfrac{x}{100}\right)=1+\dfrac{35}{1000}$，$\dfrac{9}{10}\left(1+\dfrac{x}{100}\right)=\dfrac{207}{200}$，$1+\dfrac{x}{100}=\dfrac{23}{20}$，$\dfrac{x}{100}=\dfrac{3}{20}$ より，$x=15$(％)となる。

(5)＜式の値＞$\dfrac{3}{\sqrt{2}}=\dfrac{\sqrt{9}}{\sqrt{2}}=\sqrt{\dfrac{9}{2}}$ だから，$\sqrt{4}<\sqrt{\dfrac{9}{2}}<\sqrt{9}$ より，$2<\dfrac{3}{\sqrt{2}}<3$ である。よって，$\dfrac{3}{\sqrt{2}}$ の整数部分 a は $a=2$ となり，小数部分 b は $b=\dfrac{3}{\sqrt{2}}-2$ となる。与式 $=(a+b)(a+4b)$ とする。$a+b=\dfrac{3}{\sqrt{2}}$ だから，与式 $=\dfrac{3}{\sqrt{2}}\times\left\{2+4\left(\dfrac{3}{\sqrt{2}}-2\right)\right\}=\dfrac{3}{\sqrt{2}}\times\left(2+\dfrac{12}{\sqrt{2}}-8\right)=\dfrac{3}{\sqrt{2}}\times\left(\dfrac{12}{\sqrt{2}}-6\right)=18-\dfrac{18}{\sqrt{2}}=18-\dfrac{18\times\sqrt{2}}{\sqrt{2}\times\sqrt{2}}=18-\dfrac{18\sqrt{2}}{2}=18-9\sqrt{2}$ となる。

(6)＜確率―カード＞5枚のカードから同時に2枚のカードを取り出すとき，取り出し方は(1, 2)，(1, 3)，(1, 4)，(1, 5)，(2, 3)，(2, 4)，(2, 5)，(3, 4)，(3, 5)，(4, 5)の10通りある。このうち，大きい方の数字が4以下，小さい方の数字が2以上となるのは，(2, 3)，(2, 4)，(3, 4)の3通りあるから，求める確率は $\dfrac{3}{10}$ である。

(7)＜**図形—角度**＞右図1で，点Oと点Aを結ぶ。$\overset{\frown}{AC}$ に対する円周角と中心角の関係より，∠AOC＝2∠ADC＝2×76°＝152°となるから，∠AOB＝∠AOC－∠BOC＝152°－68°＝84°である。△OABはOA＝OBの二等辺三角形だから，∠x＝(180°－∠AOB)÷2＝(180°－84°)÷2＝48°である。

図1

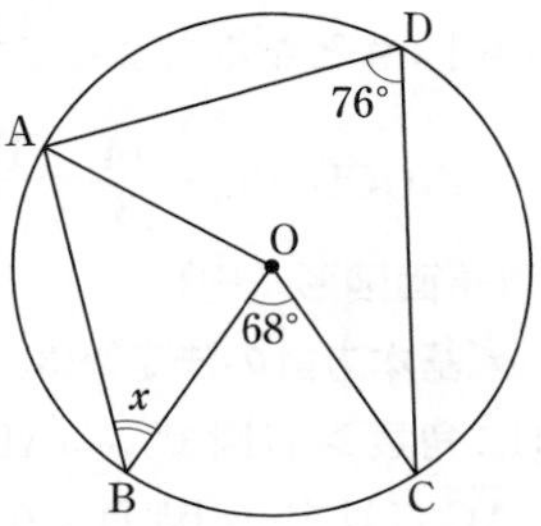

(8)＜**図形—体積**＞右下図2で，辺BAの延長と辺CDの延長の交点をPとする。台形ABCDを辺ABを軸として1回転させると，底面の半径がBC＝9，高さがPBの円錐から，底面の半径がAD＝6，高さがPAの円錐を取り除いた立体ができる。△PAD∽△PBCとなるから，PA：PB＝AD：BC＝6：9＝2：3である。これより，PA：AB＝2：(3－2)＝2：1となるから，PA＝2AB＝2×4＝8，PB＝PA＋AB＝8＋4＝12である。よって，求める立体の体積は，$\frac{1}{3}\times\pi\times9^2\times12-\frac{1}{3}\times\pi\times6^2\times8=324\pi-96\pi=228\pi$ (cm^3)となる。

図2

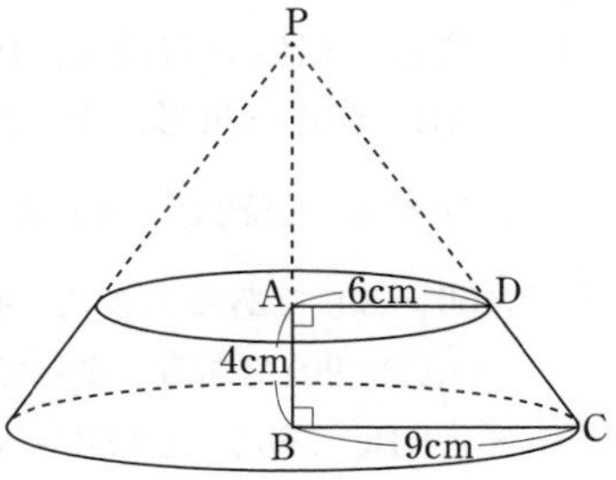

2 〔**関数—関数 $y=ax^2$ と直線**〕

≪基本方針の決定≫(3)　CD∥ABであることに気づきたい。

(1)＜**比例定数**＞右図で，2点A，Cから x 軸に垂線AA′，CC′を引くと，△OC′C∽△OA′Aとなる。相似比はOC：OA＝1：(1＋2)＝1：3だから，OC′：OA′＝CC′：AA′＝1：3となる。A(3，9)より，OA′＝3，AA′＝9だから，OC′＝$\frac{1}{3}$OA′＝$\frac{1}{3}\times3=1$，CC′＝$\frac{1}{3}$AA′＝$\frac{1}{3}\times9=3$となり，C(1，3)となる。点Cは放物線 $y=ax^2$ 上の点だから，$3=a\times1^2$ より，$a=3$ である。

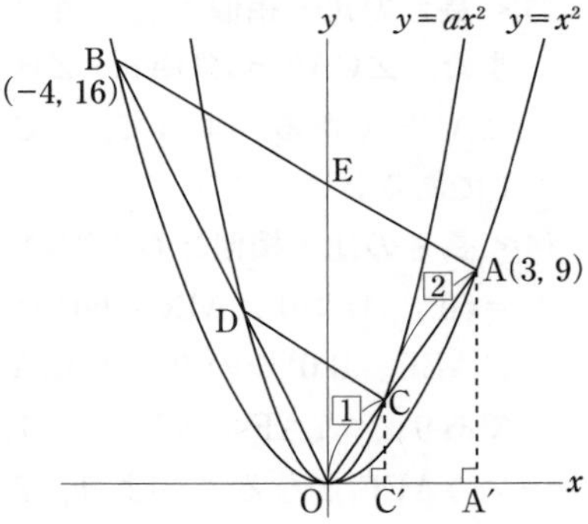

(2)＜**座標**＞右図で，B(－4，16)より，直線OBの傾きは $\frac{0-16}{0-(-4)}=-4$ だから，直線OBの式は $y=-4x$ である。点Dは放物線 $y=3x^2$ と直線 $y=-4x$ の交点だから，$3x^2=-4x$，$3x^2+4x=0$，$x(3x+4)=0$ より，$x=0$，$-\frac{4}{3}$ となり，点Dの x 座標は $-\frac{4}{3}$ である。y 座標は $y=3\times\left(-\frac{4}{3}\right)^2=\frac{16}{3}$ となるから，D$\left(-\frac{4}{3},\ \frac{16}{3}\right)$である。

(3)＜**面積**＞右上図で，直線ABと y 軸の交点をEとする。A(3，9)，B(－4，16)より，直線ABの傾きは $\frac{9-16}{3-(-4)}=-1$ だから，その式は $y=-x+b$ とおけ，点Aを通るから，$9=-3+b$，$b=12$ となる。切片が12なので，E(0，12)となり，OE＝12である。これを底辺と見ると，2点A，Bの x 座標より，△OAEの高さは3，△OBEの高さは4だから，△OAB＝△OAE＋△OBE＝$\frac{1}{2}\times12\times3+\frac{1}{2}\times12\times4=42$ となる。次に，C(1，3)，D$\left(-\frac{4}{3},\ \frac{16}{3}\right)$より，直線CDの傾きは，$\left(3-\frac{16}{3}\right)\div\left\{1-\left(-\frac{4}{3}\right)\right\}=-\frac{7}{3}\div\frac{7}{3}=-1$ となる。直線CDと直線ABの傾きが等しいので，CD∥ABである。これより，△OCD∽△OABであり，相似比はOC：OA＝1：3だから，△OCD：△OAB＝$1^2：3^2$

$=1:9$ となる。よって，$\triangle OCD=\frac{1}{9}\triangle OAB=\frac{1}{9}\times42=\frac{14}{3}$ となるから，〔四角形 ABDC〕$=\triangle OAB-\triangle OCD=42-\frac{14}{3}=\frac{112}{3}$ となる。

3 〔平面図形―円〕

≪基本方針の決定≫(3)　△CAF と△AEF に着目する。　(4)　△BEA と△AEF に着目する。

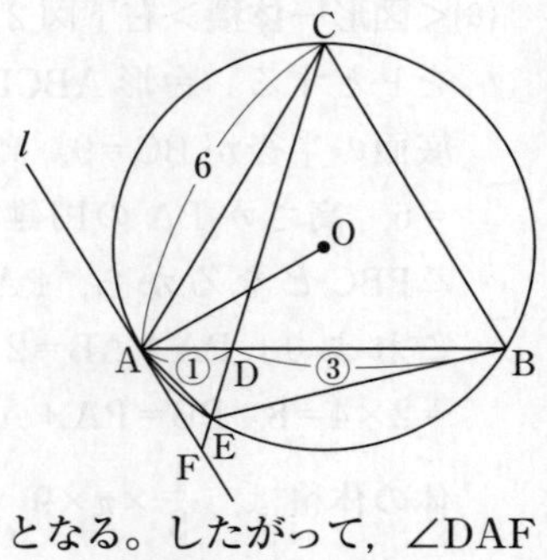

(1)**＜角度＞**右図で，△ABC が正三角形より，$\angle ABC=60^\circ$ である。$\overset{\frown}{AC}$ に対する円周角より，$\angle AEC=\angle ABC=60^\circ$ となるから，$\angle AEF=180^\circ-\angle AEC=180^\circ-60^\circ=120^\circ$ である。

(2)**＜長さ―相似＞**右図で，円の中心をOとし，点Oと点Aを結ぶ。△ABC が正三角形だから，図形の対称性より，OA は∠BAC を2等分する。$\angle BAC=60^\circ$ だから，$\angle OAB=\angle OAC=\frac{1}{2}\angle BAC=\frac{1}{2}\times60^\circ=30^\circ$ である。また，直線 l は点Aにおける円Oの接線だから，$\angle OAF=90^\circ$ である。よって，$\angle DAF=\angle OAF-\angle OAB=90^\circ-30^\circ=60^\circ$ となる。したがって，$\angle DAF=\angle DBC=60^\circ$，$\angle ADF=\angle BDC$ より，$\triangle DAF\backsim\triangle DBC$ となるから，$AF:BC=AD:BD=1:3$ となり，$AF=\frac{1}{3}BC=\frac{1}{3}\times6=2$ である。

(3)**＜長さの比―相似＞**右上図の△CAF と△AEF において，共通な角より，$\angle CFA=\angle AFE$ である。また，$\angle CAF=\angle DAF+\angle BAC=60^\circ+60^\circ=120^\circ$ であり，(1)より $\angle AEF=120^\circ$ だから，$\angle CAF=\angle AEF$ である。よって，$\triangle CAF\backsim\triangle AEF$ となる。$CA:AF=6:2=3:1$ だから，$AE:EF=3:1$ である。

(4)**＜長さの比―相似＞**右上図の△BEA と△AEF において，$\overset{\frown}{BC}$ に対する円周角より $\angle BEC=\angle BAC=60^\circ$，(1)より $\angle AEC=60^\circ$ だから，$\angle BEA=\angle BEC+\angle AEC=60^\circ+60^\circ=120^\circ$ である。(1)より，$\angle AEF=120^\circ$ なので，$\angle BEA=\angle AEF$ となる。また，$\overset{\frown}{AE}$ に対する円周角より，$\angle EBA=\angle ACF$ であり，$\triangle CAF\backsim\triangle AEF$ より，$\angle ACF=\angle EAF$ だから，$\angle EBA=\angle EAF$ となる。よって，$\triangle BEA\backsim\triangle AEF$ となる。(3)より，$AE:EF=3:1$ だから，$BE:AE=3:1$ となり，$BE=3AE$ である。$EF=\frac{1}{3}AE$ なので，$BE:EF=3AE:\frac{1}{3}AE=9:1$ となる。

2021年度／日本大学第二高等学校

国語解答

一　問一　①　きょうり　②　にゅうわ　③　つつし

問二　①　畜産　②　慌　③　貯蔵

問三　エ　問四　ア　問五　オ

問六　イ　問七　①…ア　②…オ

問八　ウ　問九　ウ

問十　①…エ　②…イ

二　問一　ウ　問二　オ　問三　ア

問四　エ　問五　ウ

問六　太陽の光を受けた川面のきらめきや揺らめき[の美しさを再現して刺繍したドレス。]

問七　[宮多から自分の刺繍を褒めるメッセージが届いたことをきっかけに,]自分のことを知ってもらうだけでなく，自分も宮多たちのことをもっと知りたいと思った(40字)[から。]

三　問一　世界と自分～識している[という点。]

問二　自然を学ぶことと，自然を学んだ人間がつくり出したものを学ぶこと。

問三　オ

問四　ものを考えるとき，全体のコンテクストを見ながら特異点をつかんで全体をもう一回つくり直し，自分自身を変えていく(54字)[こと。]

問五　イ

一〔国語の知識〕

問一＜漢字＞①「郷里」は，生まれ育った土地のこと。ふるさと。　②「柔和」は，性質や態度がおとなしく優しいこと。　③音読みは「慎重」などの「シン」。

問二＜漢字＞①「畜産」は，家畜を飼育して，乳製品や肉などをとる産業のこと。　②他の訓読みは「あわ(ただしい)」。　③「貯蔵」は，たくわえておくこと。

問三＜語句＞「総合」の対義語は，「分析」。「利益」の対義語は，「損失」。「主観」の対義語は，「客観」。「抽象」の対義語は，「具体」。「希薄」の対義語は，「濃厚」。「豊富」の対義語は，「貧弱」「欠乏」など。「複雑」の対義語は，「単純」。「質素」の対義語は，「華美」「豪華」など。

問四＜四字熟語＞命令や方針がたびたび改められてあてにならないことを，「朝令暮改」という。昔のままで，進歩や発展が見られないさまを，「旧態依然」という。あることを成し遂げようと思い立ち決心することを，「一念発起」という。物事の本質から外れたささいな部分のことを，「枝葉末節」という。

問五＜品詞＞「自分ばかりが」と「脇役ばかりが」の「ばかり」は，範囲を限定する意味を持ち，「だけ」と言い換えられる。「できあがったばかりの」と「今着いたばかりだ」の「ばかり」は，終わって間もないことを表す。「一時間ばかり」の「ばかり」は，だいたいその程度であることを表す。「今にも降り出さんばかりの」の「ばかり」は，そうしそうである・そうなりそうであることを表す。

問六＜慣用句＞驚いたり感心したりして言葉も出ないことを，「舌を巻く」という(イ…○)。「歯が浮く」は，すっぱいものを食べて歯が浮き上がるように感じる，または，きざな言動に接して不快感をいだく，という意味。「鼻を鳴らす」は，甘えた声を出す，という意味。「口車に乗る」は，巧みな言い回しにだまされる，という意味。「目くじらを立てる」は，ささいなことにむきになる，という意味。

問七＜語句＞①「あまつさえ」は，(直前の内容を受けて,)それだけでも並のことではないのに，そのうえさらに，という意味。悪いことを重ねていうときに用いる。　②「おしなべて」は，全てにわたって，という意味。

問八＜短歌の技法＞「金色のちひさき鳥のかたちして銀杏《いちょう》ちるなり夕日の岡に」は，与謝野晶子の歌で，四句切れ。「最上川の上空にして残れるはいまだうつくしき虹の断片」は，斎藤茂吉の歌で，区切れなし。「白鳥は哀《かな》しからずや空の青海のあをにも染まずただよふ」は，若山牧水の歌で，二句切れ。「草わかば色鉛筆の赤き粉のちるがいとしく寝て削るなり」は，北原白秋の歌で，初句切れ。「みづうみの氷は解けてなほ寒し三日月の影波にうつろふ」は，島木赤彦の歌で，三句切れ。

問九＜文学史＞「月日は百代の過客にして，行き交ふ年もまた旅人なり」は，江戸時代の松尾芭蕉の俳諧紀行文『おくのほそ道』の冒頭部分である。

問十①＜古語＞「をかし」は，趣がある，風情がある，という意味。　②＜文学史＞「春はあけぼの」で始まるのは，平安時代の清少納言の随筆『枕草子』である。

二〔小説の読解〕出典；寺地はるな『水を縫う』「みなも」。

問一＜文章内容＞くるみは，「虚勢を張るわけでもなく，おどおどするでもなく」，周囲との関係を気にせずに「孤島」で食事をしている。「僕」は，その姿を見て，「友だちがいないのは，よくないこと」だからといって，興味のないゲームの話についていこうとする必要はないことに気づき，宮多たちといる場を離れて自分の読みたい本を見ることにした。

問二＜表現＞刺繍の本を見て指を動かしている「僕」を数名が見て，そのうちの一人が「僕の手つきを真似て，くすくす笑って」いた。それに対して「僕」は「なに？」と言ったが，結局「彼らはもごもご言い合い，視線を逸らす」ことになり，「僕」は，それ以上彼らと会話を続けることはなかった。「遠くで交わされるひそやかなささやきや笑い声」の中に，一瞬痛みを感じるような悪口は聞き取れたが，それは「耳たぶをちりっと掠めた」だけで，「僕」は取り合わなかった。

問三＜心情＞「僕」は，「犬の集団にアヒルが入って」くる程度の珍しさでも，「学校ではもてあまされる」し，「浮く」と思っている。「僕」は，学校はどこよりも「個性」を抑え込もうとする場所だと考えているのである。

問四＜文章内容＞くるみによれば，「この石」は，「つるつるのぴかぴかになりたくない」といっている。くるみは，「この石」は「磨かれたくない石」で，磨かれずに「ごつごつのざらざらの石のきれいさ」も「尊重してやらんと」いけないと，考えているのである。

問五＜心情＞「僕」は，「好きなものを追い求めることは，楽しいと同時にとても苦しい」ことだと思っているが，「その苦しさに耐える覚悟」が自分にあるという自信はない。昼休みに自分の席に戻ったのは，自分の好きな本を読みたかったからだと返信しても，宮多はわかってくれないだろうから，これからは好きなものを追い求める「苦しさ」に耐えなければならなくなるだろうと，「僕」は思って，緊張したのである。

問六＜文章内容＞「僕」は，しゃがんだ瞬間，川の水面に波紋が広がって「太陽の光を受けた川の水面が風で波打つ」のを見た。そして，「僕」は，その波打つ水面のように，「太陽の光」を受けて「きらめくもの」「揺らめくもの」の美しさを「布の上」で再現したドレスをつくりたいと思った。

問七＜文章内容＞「僕」は，自分が刺繍に興味を持っていることを宮多に伝えた。わかってもらえないと思い込んでいたのに，宮多は，そういう自分を認めるような返信をくれた。その返信を見て，

「僕」は，自分のことを宮多たちにわかってもらいたいと思うだけではなく，自分も「宮多たちのことをよく知らない」し，「知ろうともしていなかった」ことに気づいて，これを機に宮多たちのことをもっとよく知ろうと思った。そこで，宮多たちが好きなゲームのことを教えてもらえば，宮多たちのことをもっとよく知ることができるだろうと思ったのである。

三　**〔論説文の読解—教育・心理学的分野—教育〕** 出典；小林康夫「学ぶことの根拠」（『何のために「学ぶ」のか　中学生からの大学講義１』所収）。

≪本文の概要≫人間は，言葉を用いて世界と自分を分けて認識しているために，世界と自分とのズレを感じる。だからこそ，人間は，自分が生きる世界をつくりかえていく。現代において，人間が行っている世界のつくりかえは，あまりにも高度で複雑であるため，何をするにせよ知識は増やさなければならない。しかし，世界を変える力は，知識ではなく，「若い力」である。「若い力」とは「知らない力」であり，「知っている」ということより「知らない」ということの方が，重要である。若者は，知識の体系を骨肉化しようとするとき，エラーをすることもしばしばあるが，人間が何かを成し遂げる力は，エラーにこそある。若さとは，弱点であると同時に世界を変えていく力でもあるのである。皆さんに課せられているのは，正解を知ることではなく，頭のはたらかせ方を学ぶことであり，この学びは，全体のコンテクストの中の特異点をつかんで全体をもう一回つくり直すことである。これは，自分の世界を自分でつくり直していく力でもある。

問一＜文章内容＞鳥や魚と人間との違いは，「鳥は空を『空』とは呼ばず，魚も水を『水』と名づけることはない」が，「人間は言葉を用い，空を『空』と呼び，海を『海』と名づけた」ということである。鳥や魚は，「人間がするようには自分の住む世界を対象として捉えることがない」が，人間は，「世界と自分をはっきりと分けて認識している」のである。

問二＜文章内容＞「学ぶこと」の「第一段階」は，「星の運行から暦をつくり，めぐる季節の知識を生かした耕作や狩猟を行う」など，「自然を学ぶこと」である。「第二段階」は，「数学や物理学，工学」などの，自然を学んだ「人間がつくり出したものを学ぶこと」である。

問三＜接続語＞「何をするにせよ勉強して覚えるべきこと」は多く，「何か新発見をするほどの研究者になりたいのであればなおさら」であるけれども，「知識量で勝る者が強者かというと，現実はそうなっていない」のである。

問四＜文章内容＞「頭の働かせ方を学ぶ」というのは，「たんに知識を蓄えることではなく，自分自身を変えていくこと」である。「ものを考えるとき」に「全体のコンテクスト」の中にある「特異点」をつかんで，「全体をもう一回つくり直す」ことで，「自分の世界を自分でつくり直していく」，つまり「自分自身を変えていく」ことができるのである。

問五＜要旨＞「何をするにせよ勉強して覚えるべきことは多い」のは確かである（ウ…×）。しかし，「知識量で勝る者」が強者であるわけではなく，世界を変える力は，「若い力」であり，「若い力」とは「知らない力」であるため，学校で形成されがちな「間違えてはならない」という雰囲気は，「世界を変える力を逆に失わせてしまうことになる」かもしれない（ア…×，イ…○）。「歳をとると失敗を恥じるようになり，エラーを起こせなくなっていく」が，知識がなかったり誤った理解をしていたりする「若さ」が起こす「エラー」にこそ，「何かを成し遂げる力」があるので，エラーを恐れてはならない（エ・オ…×）。

2020年度　日本大学第二高等学校

【英　語】（50分…Ⅰは９分程度）〈満点：100点〉

Ⅰ　〔リスニング問題〕 問題は，PartⅠ～PartⅢの３種類です。〈編集部注：放送文は未公表につき掲載してありません。〉

PartⅠ　これから４つの対話が放送されます。それぞれの対話の最後の発言に対する応答として最も適切なものを，対話の後に読まれる選択肢の中から１つずつ選び，記号で答えなさい。対話と選択肢は２回読まれます。

１．ア．
　　イ．
　　ウ．
２．ア．
　　イ．
　　ウ．
３．ア．
　　イ．
　　ウ．
４．ア．
　　イ．
　　ウ．

PartⅡ　これからある地域の週間天気予報が放送されます。その後にその内容について英語で質問を３つします。質問の答えとして最も適切なものを次に印刷されている選択肢の中から１つずつ選び，記号で答えなさい。英語と質問は２回読まれます。途中でメモをとってもかまいません。

１．ア．At the end of winter.　　イ．At the end of spring.
　　ウ．In the middle of winter.　　エ．In the middle of spring.
２．ア．Sunny.　　イ．Cloudy.　　ウ．Snowy.　　エ．Windy.
３．ア．Prepare a winter coat.
　　イ．Carry a raincoat with them.
　　ウ．Check the weather report.
　　エ．Be careful of the traffic report.

PartⅢ　これから２つの英語の質問が放送されます。それぞれの質問に対して，**あなた自身の答え**を英語で書きなさい。質問は２回読まれます。**質問を書く必要はありません。**

【例】《放送される質問》	**《あなたの答え》**	
“How old are you ?”	I am fifteen years old.	(◯)
	Fifteen years old.	(△)
	15 years old.	(×)

１．
２．

以上でリスニング問題は終了です。引き続き，筆記問題を解答してください。

II 次の各文において，空所に当てはまる英語として最も適切なものを１つ選び，記号で答えなさい。

1．A： I didn't go out last Sunday.
B： Oh, I didn't, ______.
ア．either　イ．too　ウ．also　エ．neither

2．A： Nancy, ______ your music class start at ten？
B： No, at eleven.
ア．do　イ．does　ウ．is　エ．are

3．I go shopping with Kate most weekends. We ______ good friends for five years.
ア．are　イ．were　ウ．will be　エ．have been

4．My brother got a lot of free movie tickets from his friend. He gave one ______ me.
ア．to　イ．for　ウ．from　エ．with

5．The newspaper ______ you what's going on in the world.
ア．says　イ．puts　ウ．tells　エ．makes

6．The mountain ______ from here is Mt. Asama.
ア．see　イ．sees　ウ．seeing　エ．seen

III 次の各文が意味の通る英文になるように，下のア～オの英語を並べかえて空所を補いなさい。その際，ａとｂに入るものをそれぞれ選び，記号で答えなさい。ただし，先頭にくる語も小文字になっています。

1．Hey, [______ __a__ ______ __b__ ______]. It's so cold here.
ア．open　イ．the　ウ．don't　エ．window　オ．please

2．A： How do you like this sushi？
B： It is delicious！ What [______ __a__ ______ __b__ ______] Japanese？
ア．called　イ．is　ウ．in　エ．this　オ．fish

3．I'd like to meet Mr. Wilson. Do you know [______ __a__ ______ __b__ ______] back to the office？
ア．will　イ．he　ウ．what　エ．come　オ．time

4．Kevin [______ __a__ ______ __b__ ______].
ア．math and science　イ．a doctor　ウ．to be
エ．to study　オ．tried hard

5．I lived in Singapore before coming to this school. The language [______ __a__ ______ __b__ ______] English.
ア．spoke　イ．was　ウ．at　エ．I　オ．school

IV 次の各組の文がほぼ同じ内容になるように，（　）に最も適切な単語１語を答えなさい。

1．I often watch baseball games in my free time. I like the Giants very much.
I often watch baseball games in my free time. I am a big (　　) of the Giants.

2．I need to buy some clothes for the party this weekend.
I need to buy something to (　　) to the party this weekend.

3．I'm looking forward to going to Oregon on the homestay program.
I can't (　　) to go to Oregon on the homestay program.

4．Today's dinner was too big.　I can't eat anymore.　I've had enough.
Today's dinner was too big.　I am already (　　　).　I've had enough.

5．Please tell Robin that I'm on my way.
Please tell Robin that I'm (　　　).

V　次の Kaori と老紳士 Mr. Burns との会話を読み，空所に当てはまる英語をそれぞれ下から選び，記号で答えなさい。ただし同じ記号を使ってはいけません。(★は注があることを示す。)

One evening, an old man was walking just in front of Kaori, and he fell on the ★icy pavement.

Kaori　　　：Are you all right？
Mr. Burns：Could you give me a hand, please？
Kaori　　　：My pleasure, sir.
Mr. Burns：Thank you for your help.
Kaori　　　：Is there anything I can do for you？
Mr. Burns：(　　1　　)
Kaori　　　：Certainly, no problem at all.
Mr. Burns：Thank you.　By the way, my name is Burns, Charles Burns.　Glad to meet you.
Kaori　　　：Happy to meet you, too, Mr. Burns.　I'm Kaori Oka.
Mr. Burns：(　　2　　)
Kaori　　　：I'm Kaori, Kaori Oka.
Mr. Burns：I see.　So, tell me Kaori, where are you from？
Kaori　　　：I'm from Tokyo, Japan.
Mr. Burns：Are you here to study？
Kaori　　　：Yes, I am.　(　　3　　)
Mr. Burns：Oh, ★what a coincidence！ My daughter left home just two weeks ago！ Now she's in Paris.
Kaori　　　：Paris！ In fact, I'm going there before I return to Japan.
Mr. Burns：(　　4　　)　Why don't you visit my daughter？　She can show you around.　It'll be a good chance for you to enjoy sightseeing in Paris.
Kaori　　　：That's so nice of you.
Mr. Burns：I'm happy to help you.　You saved me from a bad accident.　(　　5　　)　I'll tell her about you, so you can email her at any time.
Kaori　　　：Thank you so much.　I'll send her an email, and I hope we'll be good friends！

(注)　★icy pavement：凍った歩道　　★what a coincidence！：偶然だね！

＝選択肢＝

ア．Well, I have an idea.
イ．Here's her email address.
ウ．Could you take me to the bus stop？
エ．Excuse me？
オ．I've been here for fourteen days.
カ．How do you do？

VI　次の英文を読んで，あとの問題に答えなさい。([　]内の数字は paragraph(段落)の番号を示します。★は注があることを示します。)

[1]　Chocolate is one of the most popular foods in the world.　Many of you may have it in your daily lives.　However, chocolate in the old days was different from the chocolate you eat today.

[2]　About 3,000 years ago, people in Mexico and Central America grew cacao.　★Mayan people dried cacao beans, crushed them into a ★powder, put it into water with corn powder, and drank it.　That was the first chocolate.　Some Mayan people drank it as medicine.　The origin of chocolate, cacao, was so important that the people at that time fought wars to get good lands to grow cacao.

[3]　Around 900 years ago, when ★the Aztecs moved to Mexico, they used cacao beans as money.　For example, they could buy a small rabbit for 30 cacao beans.　They also drank chocolate.　They mixed spices into this drink and made it a little ★hot and spicy.　In those days, only kings and people who were close to them drank chocolate.　They drank it after dinner.

[4]　In 1502, Christopher Columbus ★came across cacao when he traveled in Central America.　He was the first European to see cacao.　After that, the Spanish brought cacao back to their own country.　In the sixteenth century, Spain ★colonized a lot of areas.　In 1519, Spain attacked Mexico.　Though the Spanish understood how important cacao was, they didn't like the ★bitter taste of chocolate and never enjoyed it.　However, after a lot of Spanish people moved to Mexico, they introduced chocolate into their drinking habits.　The chocolate drink became popular among the Spanish people, especially among women.

[5]　In this period, chocolate changed greatly.　Firstly, the Spanish added sugar to the drink and made it sweet.　That was because they could not think of a meal without sugar.　Secondly, they kept crushed cacao beans in ★bar form.　When they put the bars into hot water and added some sugar, they could easily make a chocolate drink.　In addition, they could carry the bars on long sea trips without any difficulties.

[6]　Spanish people enjoyed the special drink without telling people in other countries how to make it for about 100 years.　In fact, people in other European countries knew the chocolate drink for the first time after the 17th century.　One Spanish woman married the king of France in 1660.　That time she introduced chocolate drink to France and kept drinking it as she had in Spain.　Then it spread quickly among the women close to her.　They had parties to enjoy the chocolate drink.　They used special cups and plates there.　At the parties the women not only enjoyed its taste but also enjoyed feeling that they had enough power to hold these kinds of parties.　In this way, chocolate spread in Spain first, then in other countries in Europe.　For example, people in Britain started to drink chocolate around 1650.　During the same period, they started to drink coffee and tea.　In Britain, coffee shops became popular among rich people, and they enjoyed chocolate drinks there.　In Italy, they even tried to use chocolate for pasta and meat dishes.

[7]　In 1828, a Dutch scientist, Coenraad Johannes Van Houten, found how to make chocolate powder.　We call it "cocoa" now.　In 1847, an English businessman found a way to mix cocoa powder and sugar with the oil you can get from cacao beans.　He put this mixed liquid into bar form and made chocolates which were hard and thin.　This bar form was the very first chocolate that we eat, not drink.　This was the turning point in chocolate history.　In Switzerland, a chocolate company produced milk chocolate by adding milk to chocolate.　In 1879, a new machine was invented in Switzerland.　The machine could make chocolate which tasted nice and soft.　Then,

Milton Snavely Hershey built a huge chocolate factory in Pennsylvania in the U.S. It could produce a lot of chocolate in a short time. Chocolate became sweet food, not only for rich people, but for the common people, too.

（注） ★Mayan：マヤ族の ★powder：粉 ★the Aztecs：アステカ族
★hot and spicy：辛くて香辛料のきいた ★came across：出会った ★colonize：植民地化する
★bitter：にがみのある ★bar：板状の

1．以下の表のA～Fはそれぞれ次のどのことについて述べているか適切なものを選び，記号で答えなさい。なお，［1］～［7］は各段落の番号を表すものとします。

［1］	導入
［2］	A
［3］	B
［4］	C
［5］	D
［6］	E
［7］	F

ア．スペイン人がチョコレートにもたらした変化
イ．チョコレートのヨーロッパでの普及
ウ．アステカ人とチョコレートとの関わり
エ．チョコレートの起源
オ．スペイン人とチョコレートの出会い
カ．チョコレートの味の近代化

2．Which sentence is NOT true about the Mayan people？
ア．They did not eat chocolate but drank it.
イ．They thought chocolate was bad for their health.
ウ．They went to war to get good lands for planting cacao.
エ．They mixed cacao and corn powder to make chocolate.

3．What was the difference between the Mayan chocolate and the Aztecs'？
ア．The Aztecs chocolate needed more hot water than the Mayan's.
イ．The Aztecs chocolate was used as money in the Aztec culture.
ウ．The Aztecs chocolate was much cheaper than the Mayan's.
エ．The Aztecs chocolate was hot and spicy, but the Mayan's was not.

4．What did the Spanish think of chocolate before many of them moved to Mexico？
ア．They loved chocolate so much that they drank it after every meal.
イ．They believed they should have chocolate when they did not feel well.
ウ．They thought the chocolate was too bitter and not to their taste.
エ．They were not interested in chocolate because cacao was too expensive for them.

5．How did the Spanish change the chocolate which the Aztecs originally had？
ア．They added hot water to the chocolate to make it sweet.
イ．They started to use it for cooking instead of sugar.
ウ．They made it into bar form in order to carry it easily.
エ．They crushed it and ate it on long sea trips.

6．Why didn't the chocolate drink spread from Spain to other European countries in the 16th century？
ア．Because chocolate drink was not popular among women in European countries.
イ．Because many Europeans had customs to drink not chocolate but coffee at parties.
ウ．Because Spanish people did not tell foreign people how to make it for about a century.

エ．Because the Spanish woman married to a king of France did not spread chocolate drink.

7．Why is the discovery of cocoa important in the history of chocolate ?

ア．Because we need cocoa to make chocolate which we eat.

イ．Because cocoa is helpful to make a better-tasting chocolate drink.

ウ．Because cocoa is necessary to produce a lot of chocolate in a short time.

エ．Because some Europeans used cocoa to make their meals in 18th century.

8．本文の内容と合致するものを１つ選びなさい。

ア．About 3000 years ago, people in Mexico thought they could grow cacao anywhere.

イ．The Aztecs had a custom to exchange cacao beans for something they wanted.

ウ．Columbus was the first person who brought cacao to Europe and spread it there.

エ．In the 17th century, chocolate became so popular that almost all British people enjoyed it.

オ．A chocolate company in America found how to make milk chocolate with a special machine.

Ⅶ　次の各文が意味の通る英文になるように（　）に最も適切な英語を書きなさい。ただし，答えはそれぞれ示された文字で始まる**単語１語**とします。なお，解答欄には最初の文字を含めて書きなさい。

1．I haven't had time to eat lunch, so I'm (h　　).

2．This English book is written in (s　　) words, so even children can read it easily without a dictionary.

3．Every year in Japan, about half a million students (g　　) from universities and start to work.

4．My father always works really hard, so he sleeps until around noon when he is on (h　　).

5．If you (b　　) a book from this library, you have to return it in a week.

6．The restaurant is on the top (f　　) of the building.　We can enjoy a great view.

Ⅷ　次のそれぞれの下線部を，文脈に合うように**英語１文**で表現しなさい。

1．A：Excuse me, Ms. Brown.　１つ質問をしてもよろしいですか。

　　B：Sure.　What is it ?

2．A：Michael, have you bought a birthday present for your girlfriend ?

　　B：No, not yet.　私は何を買えばいいかわかりません。

【数　学】 (50分)〈満点：100点〉

(注意)　1．分度器，コンパスは使用できません。
2．分数はできるところまで約分して答えなさい。
3．比は最も簡単な整数比で答えなさい。
4．$\sqrt{}$ の中の数はできるだけ小さな自然数で答えなさい。
5．解答の分母に根号を含む場合は，有理化して答えなさい。
6．円周率はπを用いなさい。

1　次の各問いに答えよ。

(1)　$1.5^3\times\left\{0.25-\left(\frac{1}{3}-0.5\right)^2\right\}$ を計算せよ。

(2)　$(-2a^3b^2)^2\times\left(-\frac{1}{a^2b}\right)+(ab)^2\div\frac{1}{a^2b}$ を計算せよ。

(3)　$(x^2+3)^2-16x^2$ を因数分解せよ。

(4)　自然数aに対して，$\sqrt{162-3a}$ が最も大きな整数となるようなaの値を求めよ。

(5)　放物線 $y=-\frac{2}{3}x^2$ と直線 l が2点A，Bで交わっており，A，Bのx座標はそれぞれ-3と1である。直線lの方程式を求めよ。

(6)　右の図において，Aを通る2つの半直線がB，Dで円Oと接している。BCが円Oの直径であるとき，∠BADの大きさを求めよ。

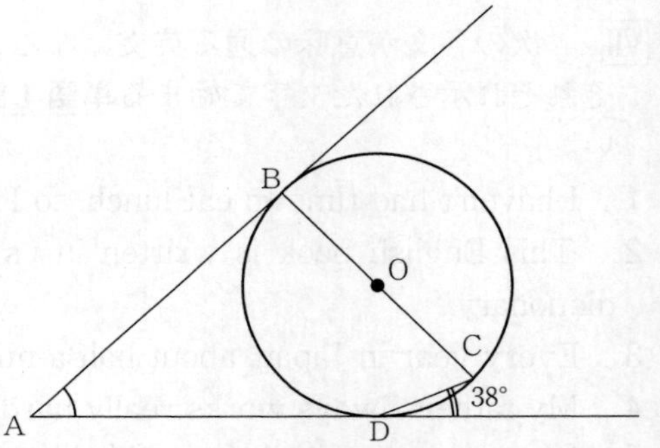

(7)　下の表はあるクラスで実施した数学のテストの得点を度数分布表にまとめたものである。中央値が含まれる階級の階級値を求めよ。

階級(点) 以上　未満	度数
40 ～ 50	4
50 ～ 60	13
60 ～ 70	11
70 ～ 80	4
80 ～ 90	3
90 ～100	5
計	40

2　袋の中に1から9までの数字が1つずつ書かれた9個の球が入っている。この袋の中から1個ずつ3個の球を取り出し，1個目の球の数字をa，2個目の球の数字をb，3個目の球の数字をcとする。ただし，一度取り出した球は袋に戻さない。このとき，次の問いに答えよ。

(1)　3つの数字a，b，cの積abcが奇数になる確率を求めよ。

(2)　$a+b+c=9$ となる確率を求めよ。

3　一辺の長さが 12cm の立方体 ABCD−EFGH について，次の問いに答えよ。

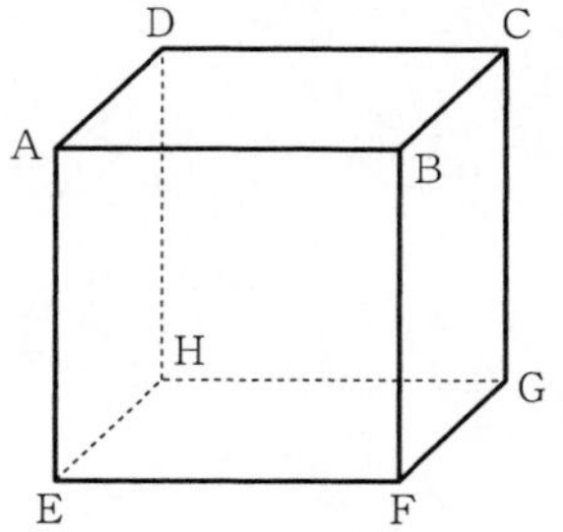

(1)　立方体 ABCD−EFGH を３点A，C，Fを通る平面で切断したとき，点Bを含む立体の体積を求めよ。

(2)　(1)で切断してできた２つの立体のうち，点Hを含む立体を３点A，D，Gを通る平面で切断したとき，点Cを含む立体の体積を求めよ。

(3)　(2)で体積を求めた立体の表面積を求めよ。

4　右の図で①は関数 $y=ax^2(a>0)$ のグラフ，②は関数 $y=bx^2(b<0)$ のグラフである。面積が32の四角形 ABCD において，２点A，Dの x 座標をともに $t(t>0)$ とするとき，次の問いに答えよ。

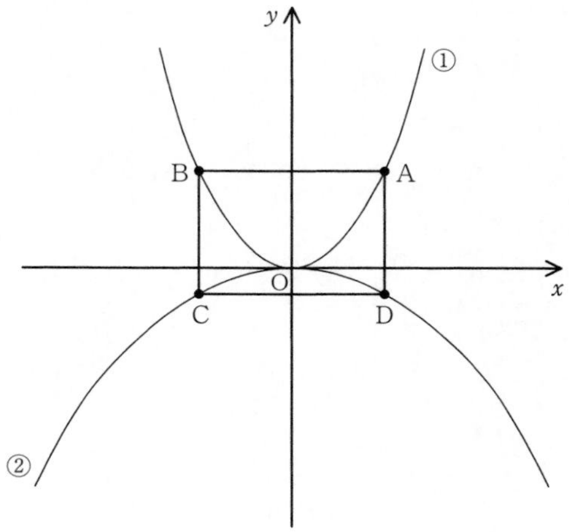

(1)　四角形 ABCD が AD＝2AB の長方形になるとき，t の値を求めよ。

(2)　四角形 ABCD が正方形になるとき，$a-b$ の値を求めよ。

ウ．Cさん―最近、SNSを通して「食」の写真を見る機会が増えたよ。SNSを利用している人は「食」を通して仲間意識を結束させるけれども、そうでない人は排除されてしまっているね。「食」の情報によって仲間かどうかが決まってしまう。確かに筆者の言う通りだよね。

エ．Dさん―この前旅先で見なれないお雑煮を食べたよ。地域によってお餅の種類や味付けが違うことを知ってびっくりした。おいしかったけれど、私はやっぱり自分の家のものを食べるとほっとするな。私にとってお雑煮は筆者の言う「ソウルフード」なんだと思ったな。

オ．Eさん―現代人のライフスタイルの変化に伴ってファストフードのハンバーガーや牛丼が普及して食べる人が増えたよね。筆者の言うように、食の選択の幅が広がってきているね。僕も何を食べようかいつも悩んでしまってなかなか決められないことが多いよ。

ウ．宗教の禁忌による食の制限や、小さい頃からの好き嫌いなど筆者の体験に基づいて述べた食に関する内容を、実在する学者の言葉を用いることで抽象化して説明している。
エ．人は食べるという行為において「思想的な食の選択」を行っているという筆者の主張と同じ趣旨を述べた学者の言説を引用することで、前段までの自説を論拠づけている。
オ．専門的に研究している学者の言説を取り入れて筆者の考えの欠点を明確にすることで、後段の日常では自覚できない食に対する精神、価値体系といった議論に進めている。

3．【3】・【6】に当てはまる語句をそれぞれ選びなさい。
ア．なぜなら　イ．しかし　ウ．さらに
エ．つまり　オ．たとえば　カ．ようやく

4．「〝事件〟」に「〝〟」をつけて表記しているのはなぜですか。
ア．日本食の「寿司」が海外で受容されたことで「食のイデオロギー対立」が起き、海外メディアが主張している〝自由主義〟が勝利したことは歴史的な出来事だったから。
イ．間違った日本食が海外で蔓延することを危惧した農水省の施策は海外からの批判を想定してはいたが、日本の「寿司」を保護したいと考える日本人にも受け入れられることがなかったから。
ウ．スシに対する〝自由主義〟を後押ししようと考えた農水省の創設した制度が「スシポリス」と認識されて、想像を大きくこえた海外メディアからの批判を集めることになってしまったから。
エ．海外の日本食レストランの質を国が保証する仕組みが必要であると考えている筆者にとって、農水省が発表した制度に対する海外メディアからのバッシングは衝撃を伴うものであったから。
オ．海外での間違った日本食の蔓延に対する農水省の危惧と裏腹に、海外メディアから思いがけず多くの批難を受けた出来事であり、「食のイデオロギー対立」を象徴的に示すものだったから。

5．「食べものは、政治的なイデオロギーなどにわかりやすく使われる」のはなぜですか。三十五字以内で答えなさい。

7．『国民食』とはどのようなものですか。
ア．食べる行為を通して、自分がその国に属する人間であるということを強く意識させるもの。
イ．食べる行為を通して、自分が属する国の社会的地位や人気を暗示することができるもの。
ウ．食べる行為を通して、自国が持つ歴史や文化についての知識を増やすことができるもの。
エ．食べる行為を通して、自分が属する国に対して抱いている忠誠心を養うことができるもの。
オ．食べる行為を通して、自国以外の人とその食への思い入れを共有することができるもの。

8．「梅干し」の例を踏まえると、食によるアイデンティティ形成にはどのような性質があると言えますか。本文中より十一字で抜き出しなさい。

問二　次の選択肢は、本文を読んだ人の感想です。この中で最も本文を理解しているものはどれですか。
ア．Aさん―インドに旅行したときにカレーを食べたよ。日本のものと少し違ったけれど、すごくおいしかったな。筆者が述べていた通り、おいしいものは現地で食べるからこそ価値があるんだね。これからは旅行する際にはその土地ならではの食べものを食べようと思うよ。
イ．Bさん―僕は梅干しが大好きでいつも食べているんだけど、友だちは梅干しが嫌いで全く食べないそうなんだ。筆者が言う通り、帰属意識を育むために日本食は食べられるようになるべきだね。食べてみると自分の暮らす国に対する理解が深まるかもしれないよ。

シと異なるスシを目にすると、感情を揺さぶられる人が多いのでしょう。他の国、韓国であればキムチ、米国であれば感謝祭の七面鳥、英国であればフィッシュ・アンド・チップス、オーストラリアであればベジマイト（パンなどに塗る塩辛いジャムのようなもの）などが国民食にあたるといわれ、それぞれの食べものが、その国のアイデンティティ形成に深く関与しています。さらに、地域、人種・民族、家庭などには、それぞれの「ソウルフード」があり、それらが精神的な支えになっている場合もあります。

日本の国民食のひとつといえるものに、8梅干しがあります。日本に来た外国人が、初めて梅干しを食べる動画が＊ＳＮＳなどに多数投稿されており、その多くは、見た目やにおいからは予想できない塩《しょ》っぱさに、顔をしかめたり、悶絶《もんぜつ》したりしています。この反応は、その人が日本の食文化に馴染《なじ》んでいないことを示しています。つまり、梅干しのような日本っぽいものを普通に食べることは、そうした人が日本人である可能性が高いことを示す一方、驚くような反応を示す人はそうではないことを暗示しています。

スシや梅干しの例が示すのは、食が、集団や個人のアイデンティティにとって大事な要素であり、とりわけ、その人がどの国家や地域、人種・民族に属しているかを明らかにするものだということです。人々の間で維持されてきた食文化は、個々の帰属意識を育む際に重要な役割を果たしています。たとえば、お正月に食べるおせち料理や雑煮《ぞうに》などは、家族のアイデンティティ、自己のアイデンティティの形成に関与してきたことでしょう。

梅干しを食べる、食べないといった食行動は、その人が〝うちわの仲間〟なのか、〝部外者〟なのかの違いを明確にします。そうした食による〝境界線〟が、アイデンティティを維持し、私たちに自分と他人を区別する認識をもたらしています。つまり、特定の食べものの選択や、特定の食べ方が、所属する集団を結束させる一方、その枠から外れる人は、集団から排除される場合があるということです。食のアイデンティティは、集団における受容と排除というコインの裏表のような二面性をもつ、とてもシンボリックなものとして私たちのごく身近に存在しています。

（石川伸一『「食べること」の進化史』による）

〈注〉 ＊揶揄＝からかうこと。

＊ヒエラルキー＝上下関係がピラミッド型になっている組織や秩序。

＊ＳＮＳ＝ソーシャル・ネットワーキング・サービスの略称。インターネットを使って人々と交流できるサービス。

問一 ――線部および【 】1～8について、それぞれの問いに答えなさい。

1．「人がものを食べる際に、何を思ってきたのかという歴史を振り返ってみましょう」とありますが、振り返った結果言えることはどれですか。

ア．仲間と楽しく食卓を囲むのにふさわしい食べものを選択している。

イ．料理の見た目と好みの味を重視して食べるものを選択している。

ウ．その人特有の意思や意識に基づいて食べるものを選択している。

エ．自国の食文化から逸脱しないように食べるものを選択している。

オ．健康を意識してできるだけ多様な種類の食べものを選択している。

2．この段落は論の展開上でどのような働きをしていますか。

ア．個人や集団、時代や文化の考え方が食べる行為を左右するという前段までの主張とは異なる外国の学者の言説を提示することで、話題の変わる後段へと展開させている。

イ．食べることには〝マイルール〟が存在すると筆者が考えるきっかけになった文化人類学者の言説を紹介することで、前段までに示した自説が正しいことを強調している。

などの考え方が入っています。ちょっと大げさにいえば、「思想的な食の選択」を私たちは日々行っています。

2米国の文化人類学者マーヴィン・ハリス氏は、「食べものというのは、胃袋に入る前に、集合精神の飢えを満たさなければならない」、つまり「食べるものを選択できるのであれば、個々の食べものの特性ではなく、人々の思考パターンによって決まる」と話しています。

ふだん私たちがものを食べるときは、食に対する精神、観念、価値体系などといったことをいちいち気にかけません。食が習慣化されているため、立ち止まって考える必要性がないからです。食の思想といったものを自覚するのは、親しんできた食習慣や食行動に変化が生じたり、異質な食文化や食環境に出会ったときです。【 3 】、旅行、転居、結婚、入院などをした際には、食についてふだんよりも強く何かを思うことがあるでしょう。

日本人が思う「寿司」と海外の人が思う「sushi」は、必ずしも一致しません。それがはっきりあらわれたのが、2006年、海外での間違った日本食の蔓延《まんえん》を危惧《きぐ》した日本の農林水産省が、正しい日本食店を認証する「海外日本食レストラン認証制度」の創設を発表したところ、海外メディアから一斉にバッシングを受けるという4〝事件〟でした。「スシポリスが日本からやってくる」と＊揶揄《やゆ》され、多くの批難を集めたことなどで、最終的に農水省は実施を見送りました。スシに対する〝保護主義〟と〝自由主義〟というある種の「食のイデオロギー対立」が起こったといえます。

日本人からみるとちょっと怪しげなものであっても、現地の人にすればれっきとしたスシであることは間違いありません。同じように日本やアメリカのピザも、イタリア人は憤《いきどお》りを覚えるかもしれないでしょうし、インド人からすれば日本のカレーも奇妙に感じることでしょう。おいしい料理は、国境を越え、その土地で変容し、多様化する宿命をもっています。

また5食べものは、政治的なイデオロギーなどにわかりやすく使われることもあります。日本国内では、「日本米」がイデオロギーに利用されていた時代がありました。1930年代の満州事変の頃、「日本米が、日本の国体を守る国民心性を育み、天皇制を支えるひとつの土台になる」と賛美されました。また、第二次世界大戦時のドイツでは、ヒトラーが自らのベジタリアン思想を用いて、意志力の強さは菜食主義にあると述べ、戦争に勝つための「正しい食」のあり方を主張していました。それは「ベジタリアン・イデオロギー」と呼べるものでした。

人々の考えを誘導し、その行動を左右するために使われてきた歴史が示すように、食は集団の心をつかんだり、動かしたりする支配的な力をもっています。

私たちは、ふだん、個人的な特徴とまわりにある社会集団との関わりの中で、自分が何者なのかを定義して、社会的なアイデンティティを作り上げています。「何を食べるか」「どのように食べるか」といったことは、すべてアイデンティティの形成作業につながっています。

中世ヨーロッパの貴族の食事などでは、食べる行為が、自己イメージや他人に対してのイメージを作り出し、社会的地位、身分、人気について暗示することで、ステータスシンボルの役目も果たしてきました。また現代でも、オーガニックの野菜を食べる人やファストフードの牛丼を食べる人に、固定観念的な見方を抱く人もいるでしょう。食べるという個人の行為は、社会的な意味をもち、人々のアイデンティティの構築に重要な役割を果たしています。

【 6 】、食によるアイデンティティは、個人だけではなく、国家や地域、人種や階層、ジェンダーなどの＊ヒエラルキー形成にも反映され、強化されています。前述したスシは、日本人にとって7「国民食」の代表であり、だからこそ「ナショナル・アイデンティティ」を感じやすい対象です。そのため、自分たちが思い描くス

句の解釈はそれを読んだ人の自由だと思っているから。

オ．今の自分と関連の強い句だと思っていたのに、宗教的な決まりごとを詠んだ句へと意味が限定されてしまったから。

8．「だって、君に悪いことしちゃったみたいな気がするから」とありますが、女の子が僕にしたと思っている「悪いこと」とはどのようなことですか。

ア．自分の気持ちや素性について明らかにしないまま、僕に突然別れを告げようとしていること。

イ．必要以上に僕に干渉したり忠告したりすることで、浪人中の僕の心を惑わせてしまったこと。

ウ．自分も無賃乗車をしていたにもかかわらず、駅員には見咎められずにすんでしまったこと。

エ．駅員に咎められて落ち込んでいる僕に、子供扱いしたり失礼なことを言ってしまったこと。

オ．無賃乗車をした僕を駅員が捕まえる様子を間近で見ていながら、知らないふりをしたこと。

10．「その僕を見て、女の子の顔は一気に晴れていった」とありますが、それはなぜですか。

ア．周りを気にせず大笑いする開放的な僕を見て、楽しくなったから。

イ．無賃乗車したことを大笑いされ、罪が消えたように思ったから。

ウ．ずっと不機嫌な顔をしていた僕の笑顔がようやく見られたから。

エ．自分のしたことを許してくれる僕の温もりに触れて安心したから。

オ．青春18きっぷという共通点があることを示せて嬉しかったから。

11．「せつなさとともにどこか力強い明るさを感じられる」とありますが、「蛤のふたみに別れ行く秋ぞ」という別れの句に僕が力強い明るさを感じられるのはなぜですか。この句の内容を踏まえて四十字以内で説明しなさい。

問二　この文章の特徴や構成の説明として正しいものはどれですか。

ア．女の子との会話を重ねるにつれて僕の心が和らいでいく過程を、僕の視点から丁寧に描いている。

イ．殺伐とした僕の心と、何事にも負けない女の子の心の強さを重なることのないものとして描いている。

ウ．女の子の素性を特定しうる記述が散りばめられ、最後には女の子についての謎が解ける構造になっている。

エ．僕の「現在」の視点と回想的な視点が交互に描かれることによって、作品の臨場感を高めている。

三　次の文章を読んで、後の問いに答えなさい。

スーパーマーケットで食材やお惣菜《そうざい》を買うとき、また、外食の際に数あるメニューの中から料理を選ぶときなど、何を選ぶべきか悩んで、なかなか決められないことはないでしょうか。私たちが、お店で食べものや料理を選ぶときや食べるときの「心」に目を向ける出発点として、1人がものを食べる際に、何を思ってきたのかという歴史を振り返ってみましょう。

この本の中でも何気なく「食」という言葉を使っていますが、食には、食べる「モノ（food）」と、食べる「コト（eat）」、両方の意味があります。おいしい食を考えるとき、おいしさの要因が、目の前にある料理というモノにあるのか、仲間と楽しく食卓を囲んでいるというコトにあるのかは、人それぞれでしょう。

食べることには、その人特有の意思や意識が潜んでいます。何を食べるか、どのように食べるか、なぜ食べるかには、必ずといっていいほどその人の〝マイルール〟が存在します。宗教の禁忌《きんき》によって食べないこともあれば、ベジタリアン食や話題の食を好んで食べるということや、小さい頃からの好き嫌いで食べないということもあります。食べるという行為には、個人や集団、時代や文化

という『おくのほそ道』末尾の句に、11せつなさとともにどこか力強い明るさを感じられるようになって、なぜかその気持ちは、いよいよ確かなものに感じられる。

そして彼女がたくましく、幸せに生きているであろうことは、この旅のあとに続いた僕の今の人生を、ちょっとばかり支えてもいるのだ。

〈藤谷　治『ささくれ紀行』による〉

〈注〉　＊袂＝和服の袖《そで》の下の袋状になっているところ。
＊緘口令＝ある事柄に関する発言を禁じること。
＊広島のお姐さん＝「僕」がこの旅の途中に広島で出会い、心惹かれたが関係が進展せず別れた女性のこと。
＊ふたみ＝ここでは蛤のふた（殻）と身のこと。

問一　――線部および空欄1～11について、それぞれ問いに答えなさい。

1．「ふざけんなと思ってまた睨む」とありますが、僕がこうしたのはなぜですか。

ア．注意を受けて落ち込んでいる自分に対して、必要以上につきまとってきたり話しかけてきたりする女の子に嫌気がさし、睨みつけることで遠ざけようと思ったから。

イ．お金がないことを女の子に見透かされて焦ったことに加え、見栄を張ってなけなしのお金で買ったアイスに文句を言われたことを不本意に思ったから。

ウ．熱海でも次の電車を長時間待たされ、腹が減っていて不機嫌だったことに加え、女の子を一度睨みつけても全く効果がなかったことを不愉快に思ったから。

エ．残りわずかな所持金をはたいて女の子の分のアイスも買う羽目になったことに加え、女の子がそのアイスに対して文句を言ってきたことに腹が立ったから。

オ．本当は自分にかまってくる女の子のことに関心を持ち始めていたが、恥ずかしさから上手く言葉にすることもできず、気になる気持ちを隠しているから。

2．【2】に当てはまる言葉はどれですか。

ア．好奇心　イ．向上心　ウ．自尊心
エ．功名心　オ．虚栄心

3．「僕の軽い答えは、女の子の気に入らなかったようだった」とありますが、これは女の子にとって渋谷がどのような場所であるためですか。二十五字以内で答えなさい。

4．「鼻を鳴らして」9．「神妙な」のここでの意味はそれぞれどれですか。

4．「鼻を鳴らして」
ア．甘えた声で　イ．不満を表して
ウ．得意になって　エ．要領を掴んで
オ．馬鹿にして

9．「神妙な」
ア．素直で大人しい　イ．素晴らしく立派だ
ウ．ひどく気まずい　エ．緊張で強張っている
オ．取り繕っている

5．「語られぬ、湯殿にぬらす、袂かな」とありますが、「袂」を「ぬらす」とはどういう意味ですか。簡潔に答えなさい。

6．「憶えとこ。これいい」とありますが、女の子がこう思ったのはなぜですか。三十字以内で説明しなさい。

7．「つまんないね、知識って」とありますが、女の子がこのように言ったのはなぜですか。

ア．解釈が限定されるただの知識だけでは、その句の本当の意味や内容を理解することはできないと考えているから。

イ．山のことを喋るなという決まり事を示した句であることを聞き、自分の解釈が否定されたことを不愉快に思ったから。

ウ．感性を大切にしたいのにもかかわらず、決まりきった文庫の注釈を提示してきた僕に対して腹立たしさを覚えたから。

エ．くだらない知識に対して日ごろから信用しておらず、その

「君、大丈夫ね」
女の子がいった。
「大丈夫かどうか判《わか》ってる人間なんていないだろ」
僕はいった。
それからは、あんまり喋らなかった。人が乗ってきて、僕たちの座席にも中年のサラリーマンが来たりしたせいもあった。
アナウンスが僕の駅を告げた。僕は網棚からバッグと寝袋をおろした。
「大丈夫ね」
女の子はまた同じことを訊いてきた。
「なんだよそれ」子供扱いされてるみたいで、面白くなかった。
「なんでそんなこと訊くの」
「8だって、君に悪いことしちゃったみたいな気がするから」
「どうして」
「どうしてでも」
街が見えてきた。
「ねえ、君いい人ね」女の子は前かがみになって、僕の膝《ひざ》に手をおいた。「いい人ほど苦労するって、おじいちゃんいつもいってたん。苦労しなきゃ、人は絶対に幸せになれない、幸せになるには、絶対苦労しなきゃいけない、苦労しないで幸せになったって、たかが知れてる、年取れば判る、って。だからあたし渋谷に行くんだよ。知ってる人なんか誰もいないけど」
この女の子のことを知ろうとしないと、僕は決めていた。知ろうとしたら果てしがない。僕にはその果てしなさを引き受ける力がなかった。
駅に着いた。
女の子のピンク色のノートに、僕の名前や電話番号を書いたらどうだろうとは、そのずっと前から考えていた。それくらいなら、女の子は拒まないだろう。でも駄目だった。浪人中なんだ。やらなきゃいけないことが山のようにある。＊広島のお姐《ねえ》さんとは、わけが違った。
「じゃあ元気で」僕はいった。
「ありがとう」女の子はいった。
一応の礼儀のつもりで、僕は駅に降りてからも、プラットホームで彼女のいる窓の前に立って、発車を待った。すると女の子は、ジーパンのポケットから自分の切符を取り出して、9神妙な顔をしながら僕に見せた。それで僕にはすっかり理解できた。
女の子の持っていたのは僕と同じ、青春18きっぷだったのだ。彼女は、僕とまったく同じ手口で新幹線をただ乗りして、けれど駅員には見咎《みとが》められずに三島で降りられたのだ。
それはきっと、駅員が僕を捕まえるのに集中していたからだったのだろう。豊橋駅で僕は自分の切符を手に持ったままだったから、それを彼女は見たのかもしれない。そもそも渋谷を目指しているのに新幹線を三島で下車したのだって、車内での僕の挙動から、車掌が近づいてくるのを察したからだったんじゃなかろうか。
発車ベルが鳴った。僕は彼女の切符を指さして、あたりはばからず大笑いしてしまった。やられた！　うまくやったな！　そんな痛快な気分が湧きあがって、笑いを止められなかった。僕は女の子に向かって親指をぐっと上げた。
10その僕を見て、女の子の顔は一気に晴れていった。温かさに触れて花が開いたときの笑顔だった。女の子は手を振った。僕も振った。列車は女の子を乗せて走り去った。
それきりもちろん会わない。しかし、まったくなんの根拠もないけれど、僕はあの女の子が今、たくましく幸せに生きていることを信じている。

蛤《はまぐり》の
＊ふたみに
別れ行く秋ぞ

この列車が熱海を発車すれば、一時間で僕の駅に着く。僕は経験をまとめたかった。この六日間は一体なんだったんだろうと考えたかった。こんな意味不明の女の子がいたんじゃ、集中して思考することなんかできっこなかった。さっさと別の席に移るとか、邪魔だからあっちいってくれないかといって、女の子をあっさり目の前から追い出せない自分の【 2 】に嫌気がさした。といってこっちから、君は誰なんだとか、なんで三島で僕をずっと待ってたのとか、尋ねる気にもならなかった。

「渋谷、よく行く?」

女の子はどうやら、さりげない風を装っているつもりみたいだった。

「あんまり行かない」

「でも行ったことあるでしょう?」

「そりゃ、あるよ」

3僕の軽い答えは、女の子の気に入らなかったようだった。

列車が走り出した。女の子が窓の外を見て物思いにふけり始めたので、僕はなんとなく『おくのほそ道』をバッグから出して開いた。もちろん文字なんか目に入ってこない。本で女の子を遮断し、少しでも考えの整理ができればと思った。考えることまでできなくても、せめてちょっと一人になりたかった。

すると五分もしないうちに女の子は、ぱっと僕から文庫本を取りあげ、開いていた頁《ページ》を読み始めた。

「涼しさ、やほの三日、月の羽黒山《はぐろやま》……」女の子は小首をかしげて、

「なんだこれ」

「涼しさや、ほの三日月の、羽黒山、だよ」僕は笑いたくなかったのに、またしても笑顔になってしまった。

「ふん」女の子は4鼻を鳴らして、次を読んだ。「雲の峰、いくつ崩れて、月の山……で、いいの?」

「いいんじゃない」

「こんなのつまんないね」

女の子は芭蕉の句をあっさり捨てて、また次を読んだ。

「5語られぬ、湯殿《ゆどの》にぬらす、*袂《たもと》かな」

女の子はその句をじっと見つめた。それからそれをもう一回読んだ。そして僕を見た。

「どういう意味だろ」

「知らないよ。今読んでるところなんだから」

「俳句は読んで字の如《ごと》し」女の子はいった。「おじいちゃんがそうやって教えてくれたん」

「へえ」

「こんなところで役に立った」

女の子はなおしばらく湯殿の句を見つめて、

「6憶《おぼ》えとこ。これいい」

といって、僕に本を返した。

それから少しのあいだ口の中で小さく「かたられぬ……」と呟《つぶや》いていたが、やがてかたわらに置いていたカバンを開いた。見るつもりはなかったけれど、ピンク色の服や何かが詰《つま》っているらしかった。女の子はカバンから、ピンク色のポシェットを出し、ポシェットの中からピンク色の小さなノートと、ピンクのボールペンを取り出した。女の子は湯殿の句を忘れないように書きとめていた。

「そんなにいいかな、これ」僕はいった。

「語られぬ、ってとこがいい」女の子はいった。「いえないことって、あったほうがいいもん」

「山形の湯殿山のことだってさ」僕は文庫の注釈を読んで教えてやった。「その山のことは喋っちゃいけないことになってんだって。行者《ぎょうじゃ》の掟《おきて》で。つまり宗教的な*緘口令《かんこうれい》のことだな、この俳句は」

「7つまんないね、知識って」女の子はいった。「掟なんかどうだっていい。いえなくて、ちょっと泣いちゃうみたいなことは、あったほうがいいんじゃん。それだけよ」

女の子のその言葉は、心の硬くなったところにしみていくようだった。思いがけなかった。

五十ニシテ而知ル二天命ヲ一。六十ニシテ而耳順《したが》フ。③七十而従心所欲、不レ踰《こ》エレ矩《のり》ヲ。」

①「子」とは孔子のことですが、この文章が載っている書名を漢字で答えなさい。

②この部分を踏まえて十五歳のことを漢字二字で何といいますか。

③「七十にして心の欲する所に従ひて」と読むために正しく返り点が付けられているものはどれですか。

ア．七十而従レ心所レ欲

イ．七十而従二心所一欲

ウ．七十而従二心所一レ欲

エ．七十而二従レ心所一レ欲

オ．七十而従レ心レ所レ欲

二

次の文章を読んで、後の問いに答えなさい。

「僕」は浪人二年目で予備校に通っている。青春18きっぷ（日本全国のJR線の普通・快速列車の普通車自由席に乗車できる切符）で旅をしていた。しかし、青春18きっぷでは乗車できない新幹線に無賃乗車をしてしまい、途中で駅員に見つかって厳しく注意を受けた。

その後、僕の無賃乗車を見ていた女の子がなぜか待っていて、今から渋谷に向かうというその子と一緒に行動することになった。

僕にはもう自由に使えるお金はほとんど残っていない。

熱海でも二十分以上待たされた。それでも、あの駅員たちがいる三島を離れたことにだけは、心が少しばかり安らいだ。腹が減ってきた。熱海はなじみのある土地だ。家が近いという安堵感《あんどかん》もあった。座っているだけで汗ばんでくるので、アイスクリームを食べようと思った。売店の冷凍庫を開けようとすると、女の子がついてきて、横から小声でこういった。

「奢《おご》ったげようか。お金ないんでしょ」

思わず僕は女の子を睨《にら》みつけた。

「いいよ。これぐらいは持ってる」

小銭がなくて千円札を出し、ふと思い立ってバニラアイスをふたつ買った。お金がないといわれた反動だったかもしれない。ベンチに並んで二人でアイスを食べた。うっすらと潮の気配のする暑さだった。

「あたしいちごアイスがよかったな」

1ふざけんなと思ってまた睨むと、女の子は気弱そうに僕を見て、

「ピンク色が好きなだけ。味はバニラが好きなん」

といった。さっきから薄々気になっていたのだが、どこの訛《なま》りを隠して標準語を喋《しゃべ》る努力をしているのかは判らなかった。

「どっから来たの」女の子が訊《き》いてきた。

「さっきいっただろ」僕は答えた。

「どこ行ってきたの」

「広島、小倉、奈良」

「どこがよかった？」

「奈良」

「渋谷とどっちがいい？」

僕はぷっと噴いてしまった。ずっと不機嫌な顔をしていたかったのに。噴いたせいで余計に機嫌は悪くなった。

「あたしこれから渋谷に行くの」

僕の返事がないのも構わず、女の子はいった。

「それでもう帰らない」

その言葉にこっちが何かいったら、話が弾んでしまいそうだったので、黙ってアイスに専念した。

列車がホームに来たが、なかなか発車しなかった。女の子は当たり前のようにさっきと同様、四人がけの席に、僕と向かい合って座った。

二〇二〇年度 日本大学第二高等学校

【国語】（五〇分）〈満点：一〇〇点〉

選択問題は、特別な指示のない場合、選択肢《し》から最も適当なものを一つ選んで記号で答えなさい。
記述問題は、特別な指示のない場合、句読点、「　」、・も一字に含まれます。

一　次の問いにそれぞれ答えなさい。

問一　次の――線部の漢字の読みをひらがなで答えなさい。
① 岩から水が滴る。
② 寺の境内に入る。
③ 資料を閲覧する。

問二　次の――線部を漢字に直しなさい。
① 福祉の仕事にツく。
② テンケイ的な症状。
③ 本領をハッキし始める。

問三　次の――線部を漢字に直したときの組み合わせとして正しいものはどれですか。
国際的な音楽祭での①コウエンを成功させた音楽家が、大学の②コウエンに招かれて③コウエンな考えについて語った。
ア．①好演　②講演　③口演
イ．①講演　②後援　③公演
ウ．①公演　②講演　③高遠
エ．①好演　②後援　③講演
オ．①公演　②好演　③高遠

問四　次の文から誤っている漢字一字を抜き出し、正しい漢字に直しなさい。
① 不祥事の責任を追って辞任した。
② 彼の実積を評価して、委員長に推した。

問五　次の――線部の言葉の使い方が正しいものはどれですか。
ア．彼は自分の成果を棚に上げ周囲を称えた。
イ．委員長候補として彼女に白羽の矢が立つ。
ウ．今の彼女には何を言っても立て板に水だ。
エ．議論をより円滑に進めるために油を売る。
オ．これは簡単すぎて私の手に余る仕事だ。

問六　次のカタカナ語の正しい意味をそれぞれあてはめたとき、余るものはどれですか。
ア．イノベーション
イ．リテラシー
ウ．ソリューション
エ．コンテンツ
オ．オピニオン
・読み書きの能力
・内容や中身
・問題を解決すること
・技術革新

問七　次の文における品詞名の組み合わせとして正しいものはどれですか。
「雨が静かに降っている。」
ア．名詞／助詞／形容動詞／動詞／助詞／動詞
イ．名詞／助詞／名詞／助詞／動詞／助詞／動詞
ウ．名詞／助詞／形容動詞／動詞／動詞
エ．名詞／助詞／形容動詞／動詞／助動詞／動詞
オ．名詞／助詞／名詞／助詞／動詞／助動詞／動詞

問八　次の文章を読んで、――線部①～③についての問いに答えなさい。
①子曰《ハク》、「吾②十有五《ニシテ》而志《ス》二于学《ニ》一。三十《ニシテ》而立《ツ》。四十《ニシテ》而不レ惑《ハ》。

2020年度／日本大学第二高等学校

英語解答

Ⅰ 放送文未公表

Ⅱ 1 ア　2 イ　3 エ　4 ア
5 ウ　6 エ

Ⅲ 1 a…ウ　b…イ
2 a…エ　b…ア
3 a…オ　b…ア
4 a…エ　b…ウ
5 a…ア　b…オ

Ⅳ 1 fan　2 wear　3 wait
4 full　5 coming

Ⅴ 1 ウ　2 エ　3 オ　4 ア
5 イ

Ⅵ 1 ［2］…エ　［3］…ウ　［4］…オ
［5］…ア　［6］…イ　［7］…カ
2 イ　3 エ　4 ウ　5 ウ
6 ウ　7 ア　8 イ

Ⅶ 1 hungry　2 simple
3 graduate　4 holiday
5 borrow　6 floor

Ⅷ 1 (例)May〔Can〕I ask a question？
2 (例)I don't know what to buy.

Ⅰ〔放送問題〕放送文未公表

Ⅱ〔適語(句)選択・語形変化〕

1．A：この前の日曜日は外出しなかったんだ。／B：あら，私もよ。∥'not ～ either' で「…もまた～ない」。neither はすでに否定の意を含んでいるので，not があるこの文では適さない。

2．A：ナンシー，音楽の授業は10時に始まるの？／B：いいえ，11時よ。∥主語が３人称・単数の一般動詞の疑問文なので does を用いる。

3．for five years より，'have/has＋過去分詞' の現在完了('継続' 用法)と判断できる。　「ほとんどの週末はケイトとショッピングに行っているわ。私たちはこの５年間とても仲良しなの」

4．'give＋物＋to＋人' で「〈物〉を〈人〉にあげる」。one は前出の名詞の代用で，ここでは a ticket を指す。　「兄〔弟〕は友達から映画の無料券をたくさんもらった。彼は僕に１枚くれた」

5．'tell＋人＋物事' で「〈人〉に〈物事〉を伝える」。say はこのように目的語を２つ取ることはできない。　「新聞はあなたたちに世界で何が起きているかを伝える」

6．山はここから「見られる」ものなので，過去分詞 seen が適切。過去分詞 seen が from here という語句を伴って前にある名詞を修飾する '名詞＋過去分詞＋語句' の形(過去分詞の形容詞的用法)。　「ここから見える山は浅間山だ」

Ⅲ〔整序結合〕

1．'please don't＋動詞の原形' の形の否定命令文にすればよい。　Hey, please don't open the window.　It's so cold here.「ちょっと，窓を開けないで。ここはとても寒いの」

2．'be動詞＋主語＋過去分詞' という形の受け身の疑問文をつくる。'in＋言語' で「～語で」。What is this fish called in Japanese？　A：このおすしはどう？　B：すごくおいしいよ！　この魚は日本語で何というの？

3．Do you know ～？という文中の疑問文なので，'疑問詞＋主語＋動詞' の語順の間接疑問にする。what time「何時」でひとまとまりなので，これで１つの疑問詞と考える。　I'd like to meet Mr. Wilson.　Do you know what time he will come back to the office？「ウィルソンさんにお会いしたいのですが。何時にオフィスに戻られるかご存じですか」

4．まずto study math and scienceとto be a doctorという2つのまとまりができ，この2つはこのままの順番でつながる。残ったtry hardはto studyの前に置く(try to ～「～しようと努力する」のtryとtoの間に副詞hard「懸命に」が挟まれた形)。 Kevin tried hard to study math and science to be a doctor.「ケビンは医者になるために，数学と科学を勉強しようと一生懸命努力した」

5．語群の中からThe languageとEnglishをつなぐ動詞を探す。spokeでは意味が通らないので，The language was Englishを文の骨組みとし，残りの語句はI spoke at schoolとまとめ，The languageを後ろから修飾する形にする(目的格の関係代名詞が省略された‘名詞＋主語＋動詞...’の形)。 I lived in Singapore before coming to this school. The language I spoke at school was English.「この学校に来る前はシンガポールに住んでいた。学校で話していた言語は英語だった」

Ⅳ〔書き換え―適語補充〕

1．「暇なときはよく野球の試合を見る。私はジャイアンツが大好きだ」→「暇なときはよく野球の試合を見る。私はジャイアンツの大ファンだ」 a big fan of ～で「～の大ファン」。

2．「今週末のパーティーのために服を買う必要があります」→「今週末のパーティーに着ていく物を買う必要があります」 clothes「服」はsomething to wear「何か着る物」と書き換えられる。

3．「ホームステイプログラムでオレゴンに行くのを楽しみにしています」→「ホームステイプログラムでオレゴンに行くのが待ちきれません」 look forward to ～ing「～するのを楽しみにする」は，can't wait to ～「～するのが待ちきれない，待ち遠しい」でほぼ同じ内容を表せる。

4．「今日の夕飯は多すぎたね。これ以上食べられないな。もう十分食べたよ」→「今日の夕飯は多すぎたね。もうおなかいっぱいだ。もう十分食べたよ」 「満腹で」を表す形容詞はfull。

5．「向かっている途中だとロビンに伝えて」→「向かっているとロビンに伝えて」 on ～'s wayは「途中で」という意味。現在進行形で「向かっている」とすると，ほぼ同じ意味になる。英語では，相手のいる場所へ向かうときはgoではなく，comeを使うことに注意。

Ⅴ〔対話文完成―適文選択〕

≪全訳≫❶ある晩，1人の老紳士がカオリのちょうど前を歩いていて，凍った歩道で転んだ。❷カオリ(K)：大丈夫ですか？❸バーンズさん(Mr)：どうか手を貸してくださいませんか？❹K：ええ，喜んで。❺Mr：手伝ってくれてありがとう。❻K：何か私にできることはありますか？❼Mr：1私をバス停まで連れていってくださいませんか？❽K：もちろん，いいですよ。❾Mr：ありがとう。ところで，私の名前はバーンズ，チャールズ・バーンズです。お目にかかれてうれしいです。❿K：お目にかかれて私もうれしいです，バーンズさん。私はオカ・カオリといいます。⓫Mr：2すみません，もう一度言ってくれませんか？⓬K：私はカオリ，オカ・カオリです。⓭Mr：ああ，そうですか。では，教えてください，カオリさん，あなたはどこのご出身ですか？⓮K：私は日本の東京から来ました。⓯Mr：勉強のためにここにいるのですか？⓰K：はい，そうです。3ここに来て14日になります。⓱Mr：おや，偶然ですね！ 私の娘はちょうど2週間前に家を出たんですよ！ 彼女は今パリにいます。⓲K：パリですって！ 実は，私も日本に戻る前にそこに行くんです。⓳Mr：4ああ，いいことを思いつきました。私の娘を訪ねてみてはどうですか？ 彼女はあなたをあちこち案内できますよ。そうすればパリの観光を楽しむよい機会になるでしょう。⑳K：ご親切にどうもありがとうございます。㉑Mr：お力になれてうれしいですよ。あなたは私をひどい出来事から救ってくれました。5はい，これが彼女のEメールアドレスです。彼女にあなたのことを話しておきますから，いつでもメールしていいですよ。㉒K：どうもありがとうございます。彼女にメールしますね。いいお友達になれるといいな！

1．直前でカオリが「何か私にできることはありますか？」と尋ね，直後で「もちろん」と答えているので，バーンズさんは何かを頼んだと判断できる。Could you ～？は，ていねいな‘依頼’の表現。

2．直前で述べた自分の名前を，直後でもう一度言っているので，バーンズさんが聞き取れなかったと判断できる。Excuse me？は，聞き取れなかったことを聞き返すときの定型表現。　3．直後の返答に，バーンズさんの娘も2週間前に家をたったとある。オを入れると，海外に来て14日になるカオリと状況が重なることから，バーンズさんが偶然だと思った理由となる。　4．直後のWhy don't you ～？は「～してはどうですか」という‘提案’の表現なので，何かを思いついたと判断できる。　5．直後に，いつでもメールしていいとあるので，Eメールアドレスを渡したと判断できる。Here is/are ～. は，相手に「はい，これが～です」と物を手渡すときの定型表現。

Ⅵ〔長文読解総合―説明文〕

≪全訳≫❶チョコレートは世界中で最も人気のある食べ物の1つだ。あなた方の多くがそれを日々の生活で食べているかもしれない。しかし，昔のチョコレートは今日食べられているものとは違っていた。❷約3000年前，メキシコと中央アメリカの人々はカカオを栽培していた。マヤ族の人々はカカオ豆を乾燥させて砕いて粉にし，それをトウモロコシの粉と一緒に水に入れて飲んだ。これが最初のチョコレートだった。それを薬として飲むマヤ族の人もいた。チョコレートのもとになるカカオはとても貴重だったので，当時の人々はカカオの栽培に適した土地を手に入れるために戦争をした。❸900年ほど前，アステカ族がメキシコに移住したとき，彼らはカカオ豆をお金として使った。例えば，30粒のカカオ豆で小さなウサギが1匹買えた。彼らもまたチョコレートを飲んだ。香辛料を混ぜて，少し辛くて香辛料のきいた飲み物にした。当時は，王と王に近い人々のみがチョコレートを飲んだ。彼らはそれを食事の後に飲んだ。❹1502年，クリストファー・コロンブスが中央アメリカを旅しているとき，カカオに出会った。彼はカカオを見た最初のヨーロッパ人だった。その後，スペイン人が自国にカカオを持ち帰った。16世紀，スペインは多くの地域を植民地化した。1519年，スペインはメキシコを攻撃した。スペイン人はカカオがどれほど重要かわかっていたが，彼らはチョコレートの苦みのある味が好きではなく，それを味わうことは決してなかった。しかし，多くのスペイン人がメキシコに移住した後，彼らの飲み物の習慣にチョコレートが取り入れられた。チョコレート飲料はスペイン人，特に女性の間で人気になった。❺この時期，チョコレートは大きく変化した。まず，スペイン人はその飲み物に砂糖を加えて甘くした。というのも彼らは砂糖なしの食事は考えられなかったからだ。第二に，彼らは砕いたカカオ豆を板状にして保存した。その板状のものをお湯に入れて砂糖を加えると，簡単にチョコレート飲料ができた。また，板状のものは長い航海でも難なく持っていくことができた。❻スペイン人はその特別な飲み物を楽しみ，約100年間そのつくり方を他国の人々に教えることはなかった。実際，他のヨーロッパ諸国の人々が初めてチョコレート飲料を知ったのは17世紀以降であった。1660年にあるスペイン人女性がフランスの王と結婚した。そのとき彼女がチョコレート飲料をフランスに持ち込み，スペインで飲んでいたように飲み続けた。そしてそれはすぐに彼女の周りの女性たちの間で広まった。彼女らはチョコレート飲料を楽しむためにパーティーを開いた。そこでは特別なカップと皿を使った。パーティーで女性たちは味を楽しむだけでなく，こうしたパーティーを開くのに十分な権力を持っているという気分をも楽しんだ。このようにして，チョコレートはまずスペインで，次に他のヨーロッパ諸国に広まった。例えば，イギリスの人々は1650年頃にチョコレートを飲み始めた。同じ時期，彼らはコーヒーや紅茶を飲み始めた。イギリスではコーヒーショップがお金持ちの間で人気になり，彼らはそこでチョコレート飲料を楽しんだ。イタリアではチョコレートをパスタや肉料理で使ってみようとさえした。**7**1828年，オランダの科学者，クーンラート・ヨハネス・ファン・ハウテンがチョコレートパウダーのつくり方を発見した。私たちは現在それを「ココア」と呼んでいる。1847年，イギリスのビジネスマンがココアパウダーと砂糖をカカオ豆からとれるオイルと混ぜる方法を見出した。彼はこの混合液を板状にして，固くて薄いチョコレートをつくった。この板状のものがまさに，飲み物ではなく私たちが食べている最初のチョコレートであった。これがチョコレートの歴史の分岐点となった。スイスでは，チョコレート会社がミルクをチョコレートに加えてミルクチョコレートをつくった。1879年，新しい機械がスイスで発明された。その機械はおいしくてやわらかいチョコレートをつくることができた。それから，ミルトン・スネイバリー・ハーシーがアメリカのペンシルベニア(州)に巨大なチョコレート工場を建設した。そこでは短期間に大量のチョコレートが生産できた。チョコレートは甘い食べ物となり，お金持ちだけでなく，庶民の食べ物にもなった。

1＜要旨把握＞［2］約3000年前，マヤ族がカカオ豆を粉にして飲んだことがチョコレートの始まりであると書かれている。　［3］アステカ族がカカオ豆をお金として使用したり，香辛料をきかせて飲んでいたりといった，アステカ族とチョコレートの関わりについて述べている。　［4］植民地化によってメキシコに渡ったスペイン人が，チョコレートを習慣的に飲むようになったという，スペイン人とチョコレートの出会いについて書かれている。　［5］チョコレートに砂糖を加えたり，カカオ豆を板状にして携帯できるようにしたりといった，スペイン人がチョコレートにもたらした変化について述べている。　［6］フランスの王と結婚したスペイン人がチョコレートをフランスに持ち込んだ後，ヨーロッパ諸国にどう広まったかを説明している。　［7］ココアが発明された後，ミルクチョコレートがつくられるなど，チョコレートの近代化について書かれている。

2＜英問英答＞「マヤ族の人々について正しくない文はどれか」―イ．「チョコレートは健康に悪いと彼らは思っていた」　第2段落第4文参照。薬として飲む人もいたのだから，健康によいと思われていたのである。ア．「彼らはチョコレートを食べるのではなく飲んだ」，エ．「彼らはチョコレートをつくるためにカカオとトウモロコシの粉を混ぜた」は同段落第2文に，ウ．「彼らはカカオの栽培に適した土地を手に入れるために戦争をした」は同段落最終文に，それぞれ記述がある。

3＜英問英答＞「マヤ族のチョコレートとアステカ族のチョコレートとの違いは何か」―エ．「アステカ族のチョコレートは辛くて香辛料がきいていたが，マヤ族のはそうではなかった」　マヤ族のチョコレートについては第2段落第2文，アステカ族のものについては第3段落第4文参照。

4＜英問英答＞「大勢のスペイン人がメキシコに移住する前，彼らはチョコレートをどう思っていたか」―ウ．「チョコレートは苦すぎて自分たちの口に合わないと思っていた」　第4段落第6，7文参照。

5＜英問英答＞「アステカ族がもともと飲んでいたチョコレートをスペイン人はどう変えたか」―ウ．「彼らはそれを運びやすくするために板状にした」　第5段落第4，最終文参照。

6＜英問英答＞「チョコレート飲料は16世紀になぜスペインから他のヨーロッパ諸国に広がらなかっ

たのか」―ウ．「約１世紀の間スペイン人は外国人にそのつくり方を教えなかったから」　第６段落第１，２文参照。

７＜英問英答＞「ココアの発見がチョコレートの歴史においてなぜ重要なのか」―ア．「私たちが食べているチョコレートをつくるのに必要だから」　第７段落第１～６文参照。ココアの登場により，チョコレートが飲料ではなく食べ物として製造できるようになったことが，分岐点だったと述べられている。

８＜内容真偽＞ア．「約3000年前，メキシコの人々はカカオをどこでも栽培できると考えていた」…×　第２段落最終文参照。カカオの栽培に適した土地を巡って戦争になったとあるので，どこでも栽培できるわけではない。　イ．「アステカ族にはカカオ豆を欲しい物と交換する慣習があった」…○　第３段落第１，２文参照。　ウ．「コロンブスはカカオをヨーロッパに持ち込んで広めた最初の人物だった」…×　第４段落第１～３文参照。コロンブスはカカオを目にした最初のヨーロッパ人ではあったが，ヨーロッパに持ち込んだのはスペイン人である。　エ．「17世紀，チョコレートはとても流行したので，ほとんど全てのイギリス人がそれを楽しんだ」…×　第６段落後ろから４，２文目参照。イギリス人がチョコレートを飲み始めたのは17世紀で正しいが，それを楽しめたのは裕福な人々だった。　オ．「あるアメリカのチョコレート会社が特別な機械でミルクチョコレートをつくる方法を発見した」…×　第７段落第７～９文参照。ミルクチョコレートを製造したのはスイスの会社である。

Ⅶ〔適語補充〕

１．「お昼を食べる時間がなかったので，おなかがすいている」

２．「この英語の本はわかりやすい言葉で書かれているので，子どもでさえ辞書なしで楽に読むことができる」　simple「わかりやすい，簡単な」

３．「日本では毎年，約50万人の学生が大学を卒業して働き始める」　graduate from ～「(大学など)を卒業する」

４．「父はいつも本当に一生懸命働いているので，休みの日は正午頃まで寝ている」　on holiday「休日に」

５．「この図書館から本を借りたら，１週間後に返さなくてはいけない」

６．「そのレストランはビルの最上階にある。すばらしい眺めが楽しめるよ」　the top floor「最上階」

Ⅷ〔和文英訳―完全記述〕

１．Ａ：すみません，ブラウンさん〔先生〕。１つ質問をしてもよろしいですか。／Ｂ：もちろんですとも。何ですか？∥「～してもいいですか」と相手に許可を求めるときは，May I ～? または Can I ～? で表す。may を用いる方がていねいな表現になる。

２．Ａ：マイケル，ガールフレンドへの誕生日プレゼントは買いましたか？／Ｂ：ううん，まだです。私は何を買えばいいかわかりません。∥「私は～わかりません」は I don't know ～ または I have no idea ～ で表せる。「何を買えばいいか」は '疑問詞＋to不定詞' の形で what to buy とするか，または should を用いて what I should buy としてもよい。　(別解例)I have no idea what I should buy.

2020年度／日本大学第二高等学校

数学解答

1 (1) $\frac{3}{4}$　(2) $-3a^4b^3$
(3) $(x+1)(x+3)(x-1)(x-3)$
(4) 6　(5) $y=\frac{4}{3}x-2$　(6) 76°
(7) 65点

2 (1) $\frac{5}{42}$　(2) $\frac{1}{28}$

3 (1) $288\,\mathrm{cm}^3$　(2) $576\,\mathrm{cm}^3$
(3) $144\sqrt{2}+72\sqrt{3}+216\,\mathrm{cm}^2$

4 (1) 2　(2) $\frac{\sqrt{2}}{2}$

1〔独立小問集合題〕

(1)＜数の計算＞$1.5=\frac{15}{10}=\frac{3}{2}$，$0.25=\frac{25}{100}=\frac{1}{4}$，$0.5=\frac{5}{10}=\frac{1}{2}$より，与式$=\left(\frac{3}{2}\right)^3\times\left\{\frac{1}{4}-\left(\frac{1}{3}-\frac{1}{2}\right)^2\right\}=\frac{27}{8}\times\left\{\frac{1}{4}-\left(\frac{2}{6}-\frac{3}{6}\right)^2\right\}=\frac{27}{8}\times\left\{\frac{1}{4}-\left(-\frac{1}{6}\right)^2\right\}=\frac{27}{8}\times\left(\frac{1}{4}-\frac{1}{36}\right)=\frac{27}{8}\times\left(\frac{9}{36}-\frac{1}{36}\right)=\frac{27}{8}\times\frac{8}{36}=\frac{3}{4}$

(2)＜式の計算＞与式$=4a^6b^4\times\left(-\frac{1}{a^2b}\right)+a^2b^2\times\frac{a^2b}{1}=-4a^4b^3+a^4b^3=-3a^4b^3$

(3)＜因数分解＞$x^2+3=X$とおくと，与式$=X^2-(4x)^2=(X+4x)(X-4x)$となり，Xをもとに戻すと，与式$=(x^2+3+4x)(x^2+3-4x)=(x^2+4x+3)(x^2-4x+3)=(x+1)(x+3)(x-1)(x-3)$となる。

(4)＜数の性質＞aが自然数より，$162-3a$は$a=1$のとき，最大値$162-3=159$をとる。$144\leqq159\leqq169$より，$12^2\leqq159\leqq13^2$となるから，$162-3a=12^2$となるときを考える。このとき，$-3a=-18$より，$a=6$となり，aは自然数だから適する。よって，$\sqrt{162-3a}$が最も大きな整数となるのは$a=6$のときである。

(5)＜関数＞放物線$y=-\frac{2}{3}x^2$上の2点A，Bの座標を求める。点Aはx座標が-3だから，$x=-3$を$y=-\frac{2}{3}x^2$に代入して，$y=-\frac{2}{3}\times(-3)^2=-6$より，A$(-3,\ -6)$である。点Bは$x$座標が1だから，同様にして，$y=-\frac{2}{3}\times1^2=-\frac{2}{3}$より，B$\left(1,\ -\frac{2}{3}\right)$である。ここで，2点A，Bを通る直線$l$の式を$y=ax+b$とすると，点Aの座標より，$-6=-3a+b$……①，点Bの座標より，$-\frac{2}{3}=a+b$……②が成り立つ。①－②より，$-6-\left(-\frac{2}{3}\right)=-3a-a$，$4a=\frac{16}{3}$，$a=\frac{4}{3}$となり，これを②に代入すると，$-\frac{2}{3}=\frac{4}{3}+b$，$b=-2$となる。よって，直線$l$の式は$y=\frac{4}{3}x-2$である。

(6)＜図形―角度＞右図のように点Oと点Dを結び，直線AD上に点Eをとる。半直線AB，ADは円Oの接線だから，∠OBA＝∠ODA＝90°となり，∠ODC＝∠ODE－∠CDE＝90°－38°＝52°である。OC＝ODより，∠OCD＝∠ODC＝52°だから，△ODCにおいて内角と外角の関係より，∠BOD＝∠ODC＋∠OCD＝52°＋52°＝104°となる。よって，四角形ADOBの内角の和が360°より，∠BAD＝360°－104°－90°×2＝76°となる。

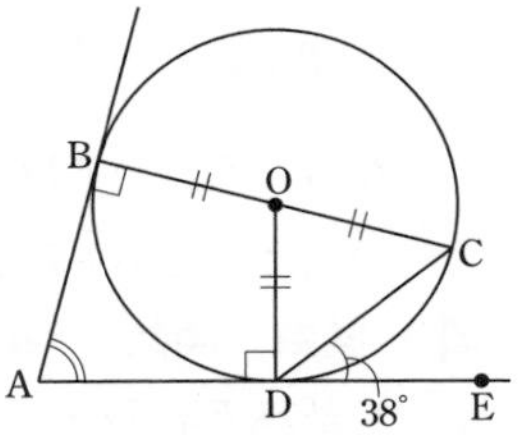

(7)＜資料の活用―階級値＞クラスの人数は40人だから，中央値は小さい方から20番目と21番目の人の得点の平均値となる。60点未満の人は4＋13＝17(人)，70点未満の人は17＋11＝28(人)より，20番目と21番目の人はどちらも60点以上70点未満の階級に入るから，中央値もこの階級に含まれる。よって，その階級値は，$\frac{60+70}{2}=65$(点)となる。

2〔確率―数字の書かれた球〕

(1)＜確率＞袋の中に入った9個の球から3個取り出すときの取り出し方は，1個目が9個のうちから9通り，2個目は残り8個のうちから8通り，3個目は残り7個のうちから7通りの取り出し方があるので，全部で $9\times8\times7=504$(通り)あり，3つの数字 a，b，c の組も504通りある。このうち，積 abc が奇数となるのは，a，b，c がいずれも奇数のときである。1〜9のうち奇数は1，3，5，7，9の5個あるから，a は5通り，b は残り4個から4通り，c は残り3個から3通りあり，積 abc が奇数となる取り出し方は $5\times4\times3=60$(通り)ある。よって，求める確率は $\frac{60}{504}=\frac{5}{42}$ である。

(2)＜確率＞a，b，c は異なる数であるから，$a+b+c=9$ となる3つの数の組は，1と2と6，1と3と5，2と3と4の3つの場合が考えられる。1と2と6の場合，a，b，c の組は，$(a,\ b,\ c)=(1,\ 2,\ 6)$，$(1,\ 6,\ 2)$，$(2,\ 1,\ 6)$，$(2,\ 6,\ 1)$，$(6,\ 1,\ 2)$，$(6,\ 2,\ 1)$ の6通りあり，1と3と5，2と3と4の場合も同様にそれぞれ6通りある。よって，$a+b+c=9$ となる3つの数の組は $6\times3=18$(通り)あるから，求める確率は $\frac{18}{504}=\frac{1}{28}$ である。

3〔空間図形―立方体〕

≪基本方針の決定≫(2)　点Cを含む立体は，底面が四角形AFGDで頂点がCとなる四角錐である。

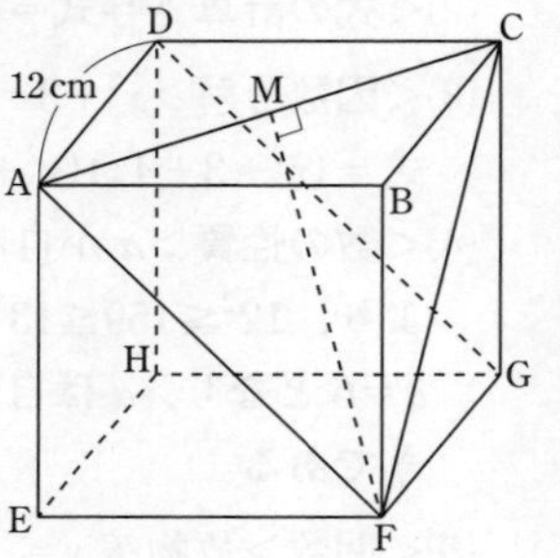

(1)＜体積＞右図の立方体を3点A，C，Fを通る平面で切断したとき，点Bを含む立体は三角錐となり，△ABCを底面と見ると高さはBFになるから，その体積は，$\frac{1}{3}\times\triangle ABC\times BF=\frac{1}{3}\times\left(\frac{1}{2}\times12\times12\right)\times12=288(\mathrm{cm}^3)$ となる。

(2)＜体積＞右図の立体ACD-EFGHを3点A，D，Gを通る平面で切断したとき，その切断面は点Fも通るから，点Cを含む立体は四角錐C-AFGDとなる。この体積は，立方体ABCD-EFGHの体積から，三角錐B-AFCの体積と三角柱AEF-DHGの体積をひいて求められる。三角柱AEF-DHGの体積は立方体ABCD-EFGHの体積の $\frac{1}{2}$ だから，$12\times12\times12\times\frac{1}{2}=864$ である。よって，求める体積は，$12\times12\times12-288-864=576(\mathrm{cm}^3)$ である。

(3)＜表面積＞右上図の四角錐C-AFGDで，四角形AFGDは長方形で，△AEFがAE＝FEの直角二等辺三角形より，$AF=\sqrt{2}AE=\sqrt{2}\times12=12\sqrt{2}$ となるから，四角形AFGDの面積は，$AD\times AF=12\times12\sqrt{2}=144\sqrt{2}$ である。次に，△CDA，△CGF，△DCGは合同な直角二等辺三角形だから，その面積の和は，$3\triangle CDA=3\times\frac{1}{2}\times AD\times CD=3\times\frac{1}{2}\times12\times12=216$ である。さらに，図のように，△AFCの頂点Fから辺ACに垂線FMを引くと，△AFCは正三角形だから，△AFMは3辺の比が $1:2:\sqrt{3}$ の直角三角形になる。よって，$AF=12\sqrt{2}$ より，$FM=\frac{\sqrt{3}}{2}AF=\frac{\sqrt{3}}{2}\times12\sqrt{2}=6\sqrt{6}$ となるから，$\triangle AFC=\frac{1}{2}\times AC\times FM=\frac{1}{2}\times12\sqrt{2}\times6\sqrt{6}=72\sqrt{3}$ である。以上より，求める表面積は，$144\sqrt{2}+216+72\sqrt{3}=144\sqrt{2}+72\sqrt{3}+216(\mathrm{cm}^2)$ となる。

4〔関数―関数 $y=ax^2$ と図形〕

≪基本方針の決定≫辺AB，ADの長さを t で表す。

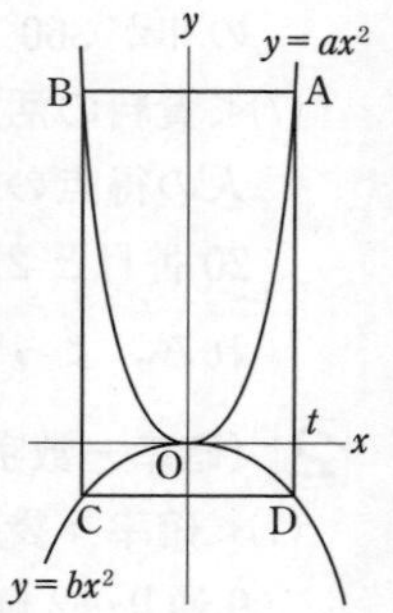

(1)＜t の値＞右図で，点A，Dの x 座標がともに t だから，辺ADは y 軸に平行である。四角形ABCDが長方形になるとき，辺ABは x 軸に平行になるから，2点A，Bの y 座標は等しくなり，放物線 $y=ax^2$ は y 軸について対称だから，点Bの x 座標は $-t$ となる。よって，$AB=t-(-t)=2t$，$AD=2AB=2\times2t=4t$ と表せ，四角形ABCDの面積が32であることから，$2t\times4t=32$ が成り立つ。これより，$8t^2=32$，$t^2=4$，$t=\pm2$ となり，$t>0$ だから，$t=2$ となる。

(2)＜$a-b$ の値＞右図で，(1)と同様に，$AB=2t$ と表せるから，四角形ABCDが正方形になるとき，AD＝AB＝$2t$ と表せる。よって，$2t \times 2t = 32$ が成り立ち，$4t^2 = 32$，$t^2 = 8$，$t = \pm 2\sqrt{2}$ となり，$t > 0$ だから，$t = 2\sqrt{2}$ である。このとき，点Aは放物線 $y = ax^2$ 上の点だから，y 座標は $y = a \times (2\sqrt{2})^2 = 8a$ と表され，点Dは放物線 $y = bx^2$ 上の点だから，y 座標は $y = b \times (2\sqrt{2})^2 = 8b$ と表される。点A，Dの y 座標より，AD＝$8a - 8b = 8(a - b)$ と表せ，AD＝$2t = 2 \times 2\sqrt{2} = 4\sqrt{2}$ となるから，$8(a - b) = 4\sqrt{2}$ が成り立つ。したがって，$a - b = \frac{4\sqrt{2}}{8}$ より，$a - b = \frac{\sqrt{2}}{2}$ となる。

2020年度／日本大学第二高等学校

国語解答

一 問一 ① したた ② けいだい ③ えつらん
問二 ① 就 ② 典型 ③ 発揮
問三 ウ
問四 ① 追→負 ② 積→績
問五 イ　問六 オ　問七 ア
問八 ① 論語 ② 志学 ③…ウ

二 問一 1…イ 2…ア
3 知人はいないが，幸せになるための苦労ができる場所。(25字)
4・9 4…イ 9…ア
5 涙を流して泣く
6 女の子は，言えないことはあった方がよいと思っているから。(28字)
7…オ 8…ウ 10…エ
11 女の子と出会って，別れはつらくてもその先にそれぞれの道があると思えたから。(37字)
問二 ア

三 問一 1…ウ 2…エ
3・6 3…オ 6…ウ
4…オ
5 食は，集団の心をつかんだり，動かしたりする支配的な力を持っているから。(35字)
7…ア
8 集団における受容と排除
問二 ウ

一〔国語の知識〕

問一＜漢字＞①音読みは「水滴」などの「テキ」。　②寺社の領域内のこと。　③資料や図書を調べ読むこと。

問二＜漢字＞①音読みは「就職」などの「シュウ」。　②同類の物事の中で最もその特徴をよく表しているもののこと。「典型的」は，その性質や特徴をよく表しているさま。　③「揮」は，ふるう，という意味の字。

問三＜漢字＞①公衆の前で音楽や舞踊や演劇などを演じることを，「公演」という。　②聴衆に向かってあるテーマで話すことを，「講演」という。　③レベルが高く品格があり，遠くまで見通すように大きな規模であることを，「高遠」という。

問四＜漢字＞①「責任」を引き受けることは，「責任を負う」という。　②実際に示した成績や手柄のことは，「実績」という。

問五＜慣用句＞「棚に上げる」は，都合の悪いことにはふれないでおく，という意味。「白羽の矢が立つ」は，大勢の中からこれぞという人が特に選ばれる，という意味。「立て板に水」は，すらすらとよどみなく話すさま。「油を売る」は，無駄話をして時間をつぶす，という意味。「手に余る」は，手に負えない，という意味。

問六＜語句＞「イノベーション」は，技術革新のこと。「リテラシー」は，読み書きの能力のこと。「ソリューション」は，問題の解決のこと。「コンテンツ」は，内容や中身のこと。「オピニオン」は，意見のこと。

問七＜品詞＞「静かに」は，形容動詞「静かだ」の連用形。「降って」の「て」は，助詞。

問八①＜文学史＞孔子の言行を記した書物は，『論語』。　②＜漢文の内容理解＞「十有五」で「学に志す」とあることから，十五歳のことを「志学」という。　③＜漢文の訓読＞「七十而」→「心」→「欲」→「所」→「従」の順に読む。「欲」の次に「所」へ一字返って読むためにはレ点を用いる。二字以上返るためには「一・二点」を用いて読む順を示す。

二〔小説の読解〕出典；藤谷治『ささくれ紀行』。

問一．１＜心情＞女の子に「お金ないんでしょ」と言われた「僕」は，思わず女の子をにらみつけ，その「反動」のように，女の子の分までアイスを買った。ところが女の子が「あたしいちごアイスがよかったな」などと文句を言ったので，「僕」はまたむっとして女の子をにらんだ。　２＜心情＞「僕」は，「こんな意味不明の女の子」がいるのは邪魔だと思いながらも，女の子のことを知りたいとも思っていた。実際に「君は誰なんだとか，なんで三島で僕をずっと待ってたのとか，尋ねる気」にはなれないが，気になるのは事実で，女の子を「あっさり目の前から追い出せない」自分に「嫌気」がさした。　３＜文章内容＞女の子は，「おじいちゃん」が「苦労しなきゃ，人は絶対に幸せになれない，幸せになるには，絶対苦労しなきゃいけない」といつも言っていたから，渋谷に行くと言った。女の子は，渋谷には「知ってる人なんか誰もいない」が，渋谷に行けば「幸せになる」ための「苦労」ができると考えていたのである。　４・９＜語句＞４．女の子は，読み方が間違っていることを「僕」に「笑顔」で指摘されてばつが悪く，不満げな表情になった。「鼻を鳴らす」は，不満を表す動作。　９．女の子は，最後になって，素直でかしこまった表情で，実は自分も「僕」と同様に青春18きっぷで新幹線に無賃乗車していたことを「僕」に明かした。「神妙」は，おとなしくて素直なこと，素直でかしこまっていること。　５＜語句＞「袂をぬらす」は，涙で袂をぬらすことをいい，「袂をぬらす」だけで，涙を流して泣く，という意味になる。６＜文章内容＞「語られぬ」の句を「いい」と言う女の子は，「語られぬ，ってとこがいい」し，「いえないことって，あったほうがいいもん」と語った。　７＜文章内容＞女の子が「語られぬ」の句にひかれたのは，実は自分も無賃乗車をしていると「いえない」でいたことと無関係ではないと考えられる。文庫の注釈に従うと，「行者の掟」だというように意味内容が限定され，女の子の思いや独自の解釈が入る余地がなくなってしまうため，この句を「いい」と思った女の子は，「知識」など「つまんない」と感じたのである。　８＜文章内容＞女の子は，「僕」と同様，青春18きっぷしか持たずに新幹線に乗っていたのに，「駅員には見咎められずに三島で降りられた」のだった。それは，「駅員が僕を捕まえるのに集中していたから」かもしれないし，「車内での僕の挙動から，車掌が近づいてくるのを察したから」かもしれない。いずれにせよ，女の子は，「僕」がいたから助かったのであり，結果的には「僕」を犠牲にしたことになる。　10＜文章内容＞女の子は，同じように無賃乗車をしていながら，「僕」だけが駅員にとがめられて自分は助かったことを内心気にしていたからこそ，「僕」につきまとっていたのだと考えられる。最後になって自分も無賃乗車していたことを「僕」に明かすと，「僕」が「大笑い」を返してきたので，女の子は，自分が許され受け入れられたことを感じてほっとし，「温かさに触れて花が開いたとき」のような笑顔になった。　11＜文章内容＞蛤がふたと身に分かれるように，人はつらい別れを経験するが，別れの後にはそれぞれの新しい道がある。「僕」は，女の子と出会ったことを通して心を開かれ，この句をそのように前向きにとらえられるようになった。だからこそ，「あの女の子が今，たくましく幸せに生きていること」を信じることもできるのだろう。

問二＜文章内容＞「僕」は，女の子と一緒に行動することにはしたが，はじめは不機嫌だった。しかし，女の子と言葉を交わす中で，つい噴き出してしまったり，女の子の言葉が思いがけず「心の硬くなったところにしみていくよう」に感じたりして，しだいに心がほぐれていった。そして，最後には，「僕」がいたことで女の子は無賃乗車をしても駅員にとがめられずにいられたと知ると，「痛快な気分」で「大笑い」した。そんな「僕」の心の変化が，終始「僕」の視点から描かれている。

三〔論説文の読解―文化人類学的分野―文化〕出典；石川伸一『「食べること」の進化史――培養肉・

昆虫食・３Ｄフードプリンタ』「『未来の心』はどうなるか―食と心の進化論―」。

≪本文の概要≫ふだん私たちは，食の思想を自覚することはないが，食べるという行為には，個人や集団，時代や文化などの考え方が入っている。大げさにいえば，「思想的な食の選択」を私たちは日々行っているのである。日本人が思う「寿司」と海外の人が思う「sushi」が必ずしも一致しないように，おいしい料理は，国境を越え，その土地で変容し，多様化する宿命を持っている。また，食は，集団の心をつかんだり動かしたりする支配的な力を持っており，政治的なイデオロギーなどにわかりやすく使われることもある。食は，個人のアイデンティティの構築に重要な役割を果たすうえ，食によるアイデンティティは，集団のアイデンティティにとっても大事な要素であり，特定の食べ物の選択や特定の食べ方が，所属する集団を結束させる一方，その枠から外れる人は集団から排除される場合がある。食のアイデンティティは，集団における受容と排除という二面性を持つ，とてもシンボリックなものとして私たちのごく身近に存在しているのである。

問一．１＜文章内容＞ふだん私たちは物を食べるときに「食の思想」を自覚することはないが，「何を食べるか，どのように食べるか，なぜ食べるか」には，「必ずといっていいほどその人の“マイルール”が存在」する。食べるという行為には，「個人や集団，時代や文化などの考え方が入って」いるのである。　２＜段落関係＞「食べるという行為」には「個人や集団，時代や文化などの考え方が入って」いて，私たちは「思想的な食の選択」を日々行っているといえる。ハリス氏も，「食べるもの」の「選択」が「人々の思考パターンによって決まる」と述べている。　３・６＜接続語＞３．「親しんできた食習慣や食行動に変化が生じたり，異質な食文化や食環境に出会ったとき」に「食の思想といったものを自覚する」ということの例が，「旅行，転居，結婚，入院などをした際」に「食についてふだんよりも強く何かを思う」ということである。　６．「食」は，「人々のアイデンティティの構築に重要な役割を果たして」いるうえ，その「食によるアイデンティティ」は，「個人だけではなく，国家や地域，人種や階層，ジェンダーなどのヒエラルキー形成にも反映され，強化されて」いる。　４＜表現＞農林水産省が「海外日本食レストラン認証制度」を創設しようとしたのは，「海外での間違った日本食の蔓延を危惧した」からだが，意外にも，海外メディアから認証制度は批判され，「スシポリスが日本からやってくる」と言われた。これはまさしく，日本の「保護主義」的な考え方と海外の「自由主義」的な考え方の対立といえる出来事だった。

５＜文章内容＞日本で，「日本米」が「日本の国体を守る国民心性を育み，天皇制を支えるひとつの土台になる」と賛美されたり，ドイツで，「戦争に勝つため」の「正しい食」が「菜食主義」であるとされたように，「食」は「集団の心をつかんだり，動かしたりする支配的な力をもって」いる。その力が「政治的なイデオロギーなど」に利用された。　７＜文章内容＞海外での「sushi」が「日本人が思う『寿司』」と一致しないことから，農林水産省は，「間違った日本食の蔓延を危惧」して「海外日本食レストラン認証制度」を創設しようとした。このようなことになるのは，日本人にとって，スシを食べることは日本人としてのアイデンティティ形成につながるからである。

８＜文章内容＞「梅干しを食べる，食べないといった食行動」は，「その人が“うちわの仲間”なのか，“部外者”なのかの違いを明確に」する。つまり，梅干しを食べることは，「所属する集団を結束させる」一方，「その枠から外れる人は，集団から排除される場合がある」のである。ここから，食には「集団における受容と排除」という性質があるといえる。

問二＜要旨＞筆者は，食が個人や集団のアイデンティティ形成に深く関わっていると指摘したうえで，「特定の食べものの選択や，特定の食べ方が，所属する集団を結束させる一方，その枠から外れる人は，集団から排除される場合がある」と述べている。食べ物の好みや食べ方に共通点があったり共感できたりするか否かで，「うちわの仲間」か「部外者」かに分かれてしまうというのである。

2019年度　日本大学第二高等学校

【英　語】（50分…Ⅰは10分程度）〈満点：100点〉

Ⅰ　〔リスニング問題〕 問題は，PartⅠ～PartⅢの３種類です。〈編集部注：放送文は未公表につき掲載してありません。〉

PartⅠ　これから４つの対話が放送されます。それぞれの対話の最後の発言に対する応答として最も適切なものを，対話の後に読まれる選択肢の中から１つずつ選び，記号で答えなさい。対話と選択肢は２回読まれます。

1．ア．
　イ．
　ウ．

2．ア．
　イ．
　ウ．

3．ア．
　イ．
　ウ．

4．ア．
　イ．
　ウ．

PartⅡ　これからあるラジオ番組が放送されます。その後にその内容について英語で質問を３つします。質問の答えとして最も適切なものを下に印刷されている選択肢の中から１つずつ選び，記号で答えなさい。英語と質問は２回読まれます。途中でメモをとってもかまいません。

1．ア．A popular Japanese song.
　イ．A famous British singer's story.
　ウ．A Japanese animation.
　エ．An American action movie.

2．ア．Free movie tickets.
　イ．Rock concert tickets.
　ウ．Information about new movies.
　エ．Beautiful clothes which were used in the movie.

3．ア．By writing a letter as soon as possible.
　イ．By sending an e-mail by noon tomorrow.
　ウ．By going to a movie theater this weekend.
　エ．By making a phone call by next Thursday.

PartⅢ　これから２つの英語の質問が放送されます。それぞれの質問に対して，**あなた自身の答え**を英語で書きなさい。質問は２回読まれます。**質問を書く必要はありません**。

【例】《放送される質問》　　《あなたの答え》
　　　"How old are you ?"　　I am fifteen years old.　（◯）

Fifteen years old.	(△)
15 (years old).	(×)

1 .

2 .

以上でリスニング問題は終了です。引き続き，筆記問題を解答してください。

II 次の各文において，空所に当てはまる英語として最も適切なものを１つ選び，記号で答えなさい。

1 . Peter, you'll have some badminton matches this weekend, right? Will the games ______ difficult?

ア. be　イ. do　ウ. is　エ. are

2 . Ms. Smith has two daughters. ______ names are Betty and Lily.

ア. They　イ. Their　ウ. Them　エ. Theirs

3 . Last weekend, I visited Kusatsu for the first time. It's very famous ______ its hot springs.

ア. for　イ. by　ウ. in　エ. because

4 . The toys ______ in Japan are safe for children.

ア. make　イ. making　ウ. made　エ. are made

5 . A : I can't finish this work today.

B : You still have two more days. You ______ do it today.

ア. must　イ. mustn't　ウ. have to　エ. don't have to

III 次の各文が意味の通る英文になるように，下のア～オの英語を並べかえて空所を補いなさい。その際，aとbに入るものをそれぞれ選び，記号で答えなさい。ただし，先頭にくる語も小文字になっています。

1 . Dad, [______ __a__ ______ __b__ ______] shop. I'd like to buy a gift for Mom.

ア. take　イ. to　ウ. flower　エ. me　オ. the

2 . Does anybody know the Caspian Sea? It is [______ __a__ ______ __b__ ______] in the world.

ア. than　イ. other　ウ. any　エ. lake　オ. larger

3 . A : [______ __a__ ______ __b__ ______] in your family?

B : My father does.

ア. up　イ. who　ウ. the　エ. gets　オ. earliest

4 . I don't [______ __a__ ______ __b__ ______]. Let's not watch it.

ア. is　イ. think　ウ. this　エ. interesting　オ. movie

5 . Don't trust Susan. She always tells lies. Everything [______ __a__ ______ __b__ ______].

ア. true　イ. said　ウ. she　エ. is　オ. not

6 . Hey, Carl, are you OK? You look so sleepy. [______ __a__ ______ __b__ ______] for your health.

ア. sleeping　イ. good　ウ. without　エ. isn't　オ. studying

IV　次の各組の文がほぼ同じ内容になるように，(　)に最も適切な単語１語を答えなさい。

1．Ken was born on September 25th.
　Ken's (　　) is September 25th.

2．Don't worry so much.　You'll be all right.
　Take it (　　).　You'll be all right.

3．I'll go and buy the tickets, so don't go anywhere.
　I'll go and buy the tickets, so (　　) here.

4．Oh, is Daniel Coleman coming back as a singer ?　I'm glad to hear that.
　Oh, is Daniel Coleman coming back as a singer ?　That's good (　　) to me.

5．Well, you have studied how earthquakes happen.　Do you understand everything ?
　Well, you have studied how earthquakes happen.　Is everything (　　) ?

V　次の会話はTracyとBenとの会話です。空所に当てはまる英語をそれぞれ下から選び，記号で答えなさい。ただし，同じ記号を２回以上使わないこと。

Tracy : Come on, Ben.　Give that all to me.
Ben : Do you mean it ?　It's all the money I have, you know.
Tracy : I know, but remember ?　It's for Mom !　Don't you want to surprise her with a nice present on Mother's day ?
Ben : OK, OK.　(　1　)
Tracy : One, two, three . . . , three dollars.　And here I have . . . seven dollars.　That makes ten. Well, that's not enough yet.　To get something really nice for her, I mean.
Ben : Then, maybe we'll ask Dad to give us some.
Tracy : (　2　)
Ben : But there isn't so much time.　We have only a few days.
Tracy : Well, how about opening a lemonade stand in Richmond Park ?　Isn't it nice if people can buy and enjoy something cold to drink there ?
Ben : Oh, actually, there aren't any vending machines or stores around there !　(　3　)
Tracy : We'll sell one cup for. . . .　Fifty cents, I'd say.
Ben : Fifty cents ?　Isn't that too cheap ?
Tracy : (　4　)　And you know why ?　We're trying to sell something most people have in their own fridge !
Ben : OK, that's the price.　Oh, well, we have a long way to go.
Tracy : Come on, it'll be fun.　Now let's go and get lemons and sugar at the store.
Ben : Hey, I have an idea !　(　5　)
Tracy : How can I ?　Just tell me.
Ben : It's the name of our stand—"B & T's lemonade."
Tracy : Cool.　But shouldn't it be "T & B's ?"　I'm the one who is paying more to start this business !

＝選択肢＝

ア．Guess what.
イ．Here you are.
ウ．Didn't we promise to do this on our own ?
エ．Well, it has to be.
オ．Hmm, it may become quite popular, huh ?

VI　次の英文を読んで，あとの問題に答えなさい。（[　]内の数字はparagraph（段落）の番号を示し，★は注があることを示す）

[1]　Having a smartphone is popular among children now, but many parents worry that their children use smartphones in the wrong way.

[2]　A telephone company in Japan gave a ★questionnaire to over 1,000 children between the ages 12 and 18.　They know that their parents buy smartphones for them, mainly because their parents want them to use smartphones when they need any help in an ★emergency.　However, they know how to use smartphones more than their parents do and they use smartphones in other ways.

[3]　Many parents don't think smartphones should be used for studying.　But the questionnaire shows that only about 10% of the children answered that they don't use smartphones for studying. About 90% use smartphones for studying in some way, and more than 80% of this group answered smartphones are useful for studying.　[A]

[4]　Among the children who use smartphones for studying, 80% of them look for information on the Internet.　Some people may think there is a lot of information on the Internet but it is not good to believe some of it, because it is not ★reliable.　In fact, for many children, smartphones are helpful when they want to look for information while they are studying.　Also, about 30% of the children use ★studying-aid applications in order to remember new English words or ★Chinese characters and to watch famous teachers' lessons over the Internet.　Even homework is given through these applications.

[5]　Smartphones are also helpful for contacting friends.　Most children like to use SNS or Social Networking Services to communicate with their friends quickly and easily.　Over 65% of the children said that it was not easy to communicate with their friends who did not have smartphones.

[6]　Smartphones, however, have dangerous ★aspects.　One of them is the ★convenient-looking SNS.　Many children think they are easy ways to communicate with friends, and put up personal information and photos there.　Then they spread on the Internet and cause trouble.　More than 40% of their parents think that this is the biggest problem.　Children must be taught these dangerous aspects of SNS.

[7]　Research by the Japanese government shows another dangerous aspect.　If children use smartphones for many hours, they cannot study ★efficiently and cannot get good scores on examinations.　Another study in the US shows high school and college students who use Instant Messenger, one of the social networking services, for a long time had bad school records.　These types of students cannot read textbooks carefully or understand them well.　They usually use Instant Messenger while they are studying.　There are also students who play games over smartphones while they are studying.　This means that they are doing several things at the same time and they cannot pay attention to their studies.

[8]　Another dangerous aspect of using smartphones was also found.　A professor of ★psychology at a university in the US says that using smartphones too much has something to do with the feeling of hopelessness.　If children send a message to their friends on SNS but don't receive any reply, they feel that they have lost friends.　They may feel hopeless.　There are some who even try to kill themselves.　If they are busy and cannot reply to their friends' messages, they may feel that their friends are angry, because their friends think the friendship is cut off.

[9]　Parents, don't just worry that your children use smartphones in the wrong way.　In order to

protect your children, should you throw away your children's smartphones right now, or can you take time to teach them how to use smartphones in the right way ?

（注） ★questionnaire：アンケート　★emergency：緊急事態　★reliable：信頼できる
★studying-aid applications：学習用アプリ　★Chinese character：漢字　★aspect：側面
★convenient-looking：便利に見える　★efficiently：効果的に　★psychology：心理学

1．［３］～［８］の paragraphs（段落）はそれぞれ次のどのことについて述べているか適切なものを選び，記号で答えなさい。

ア．コミュニケーションの手段としてのスマートフォンの危険性
イ．子どもたちの学習における具体的なスマートフォンの使い道
ウ．スマートフォンが感情に及ぼす影響
エ．スマートフォンの使い方に対する親と子どもたちの考え方の比較
オ．友人との連絡手段としてのスマートフォン利用の利便性
カ．スマートフォン利用と成績の関係

2．Parents buy smartphones for their children.　What is the main reason ?

ア．Children want to help parents to use smartphones well.
イ．Children can use smartphones when they want to contact someone for help.
ウ．Parents want their children to learn how to use smartphones.
エ．Parents want their children to study with their smartphones.

3．空欄［A］に当てはまる英語を次から選び，記号で答えなさい。

ア．This result shows that parents and their children think differently about how to use smartphones.
イ．This result shows that a lot of parents often tell their children to study hard with smartphones.
ウ．This result shows that parents think their children are too young to use smartphones.
エ．This result shows that smartphones are not useful when children study.

4．Which of the following is NOT TRUE when children use smartphones for studying ?

ア．They watch lessons over the Internet.
イ．They remember new English words or Chinese characters.
ウ．They study with applications created by their school teachers.
エ．They do their homework when they receive it from their teachers.

5．In some parents' opinions, what is the biggest trouble when their children use SNS ?

ア．Their private information may be spread through SNS.
イ．Their children will contact their friends too often.
ウ．The information on the Internet is not reliable.
エ．Their children will play games for many hours.

6．Why did students using smartphones for a long time have bad school records ?

ア．Because they read only the information on the Internet and do not read any books.
イ．Because they use smartphones until late at night and do not go to bed early.
ウ．Because they do not care about studying when they play games all the time.
エ．Because they cannot study efficiently while they are doing other things.

7．The US psychologist showed that children who used smartphones too much ＿＿＿＿＿.

ア．did not want to study hard or get good scores on examinations
イ．sometimes tried to kill others they do not like

ウ．often got angry if they did not receive any reply

エ．worried that they would not be able to keep their friendships

8．本文の内容と合致するものを1つ選びなさい。

ア．Many parents worry that smartphones are too expensive for their children.

イ．About 90% of the children think that smartphones are very useful tools when they study.

ウ．More than 65% of the children think that they need smartphones to communicate successfully.

エ．Children can study efficiently and get good scores if they do not communicate with their friends.

オ．Parents must tell their children to stop using smartphones before they get into trouble.

Ⅶ　次の各文が意味の通る英文になるように(　)に最も適切な英語を書きなさい。ただし，答えはそれぞれ示された文字で始まる**単語1語**とします。なお，解答欄には最初の文字を含めて書きなさい。

1．When you don't know the meaning of a word, you can use a (d　　).

2．I still can't play the last part of the song well.　I need to (p　　) really hard for the concert next Sunday.

3．Some people (b　　) their teeth before and after breakfast.

4．This bat is too (h　　) for me.　Can I try a lighter one?

5．This church is over 800 years old.　It was built in the 13th (c　　).

6．I love collecting old stamps.　Among them this unusual one is my great (t　　).

Ⅷ　次のそれぞれの下線部を，文脈に合うように**英語1文**で表現しなさい。

1．A：Excuse me, is there a post office near here?

　B：Yes.　Go down this street for two blocks.　<u>右手に見えますよ。</u>

2．A：Mom, I'm going to the park with Nick.

　B：OK, Tim.　<u>暗くなる前に帰ってきなさい。</u>

【数　学】 (50分) 〈満点：100点〉

(注意)　1．分度器，コンパスは使用できません。

2．分数はできるところまで約分して答えなさい。

3．比は最も簡単な整数比で答えなさい。

4．$\sqrt{}$ の中の数はできるだけ小さな自然数で答えなさい。

5．解答の分母に根号を含む場合は，有理化して答えなさい。

6．円周率はπを用いなさい。

1　次の各問いに答えよ。

(1)　$-2b^2 \div \left(-\frac{3}{2}ab\right)^2 \times a^2$ を計算せよ。

(2)　連立方程式 $\begin{cases} \dfrac{2x-y}{3}=\dfrac{y}{2}-1 \\ (x+1):(y-2)=3:4 \end{cases}$ を解け。

(3)　２次方程式 $(x-2)^2+2(x-2)-3=0$ を解け。

(4)　$a=\sqrt{5}+\sqrt{3}+1$，$b=\sqrt{5}+\sqrt{3}-1$ のとき，a^2-b^2 の値を求めよ。

(5)　関数 $y=\frac{1}{2}x^2$ について，x の値が k から $k+2$ まで増加するときの変化の割合が k^2+2k-2 であった。k の値を求めよ。

(6)　大小２個のさいころを同時に投げたとき，出た目の数の和が10以上となる確率を求めよ。

(7)　△ABCの 辺AB，BC，CA上 に，$\frac{AP}{AB}=\frac{BQ}{BC}=\frac{CR}{CA}=\frac{2}{3}$ となるように，点P，Q，Rをとる。このとき，面積比 △ABC：△PQR を求めよ。

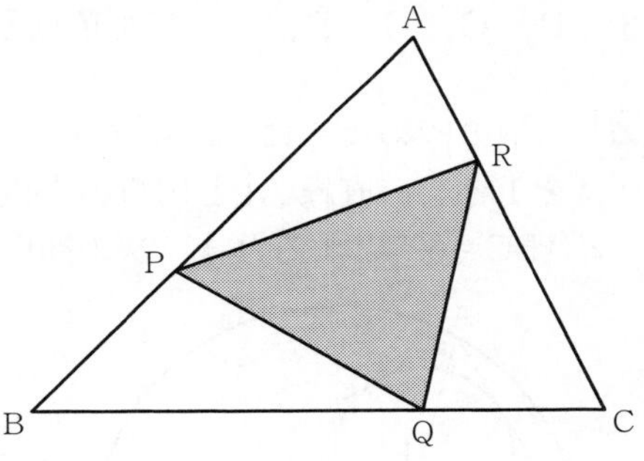

2　右の図のように，放物線 $y=\frac{1}{2}x^2$ 上に点A，B，Cがある。点A，Bの x 座標はそれぞれ２，４であり，直線BCの傾きは -1 である。また，△ABC＝△PBC となるような点Pを放物線上の原点Oから点Cまでの部分にとり，線分ACと線分PBの交点をQとするとき，次の問いに答えよ。

(1)　直線BCの式を求めよ。

(2)　点Pの座標を求めよ。

(3)　面積比 △QBC：△QPA を求めよ。

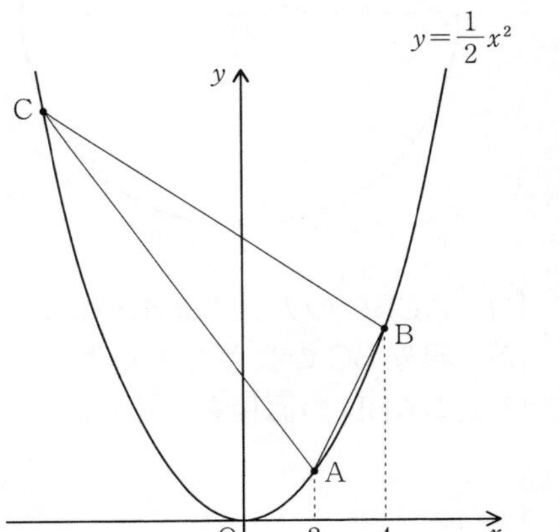

3　下の図のように，４点A，B，C，Dを頂点とする四面体がある。辺AB，DB，DC，ACの中点をそれぞれE，F，G，Hとおき，∠ADB＝∠ADC＝∠BDC＝90°，BD＝CD＝6，AD＝4とするとき，次の問いに答えよ。

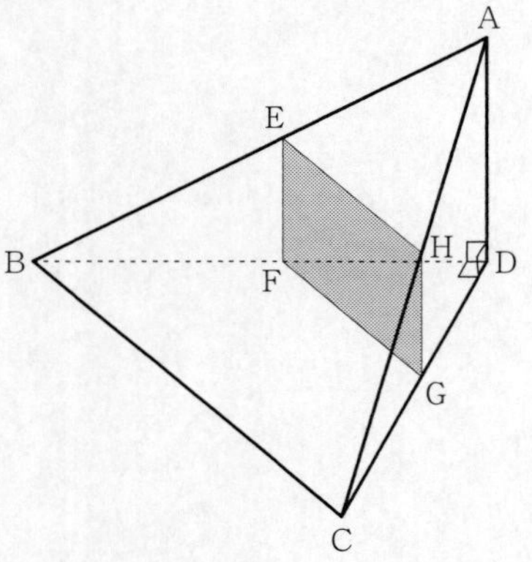

(1)　線分EGの長さを求めよ。
(2)　台形BCHEの面積を求めよ。
(3)　B，C，G，F，E，Hを頂点とする立体の体積を求めよ。

4　下の図のように，△ABCに内接する円の中心をI，外接する円の中心をOとする。円Iの半径を1とし，直線AIと円Oの交点のうちAでない方をDとする。また，線分BCは円Oの直径で，∠ABC＝60°とするとき，次の問いに答えよ。

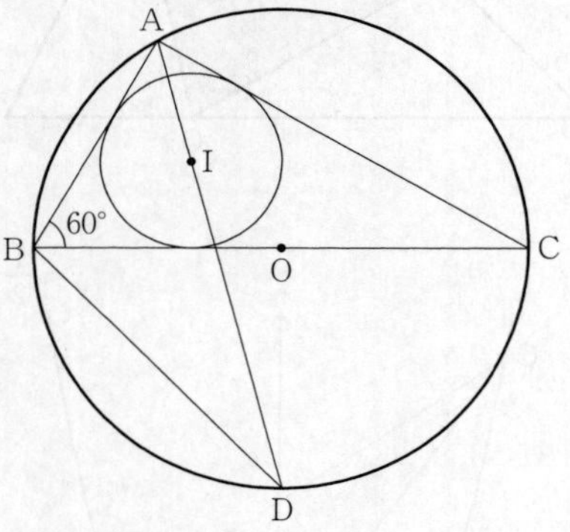

(1)　∠CBDの大きさを求めよ。
(2)　線分BCの長さを求めよ。
(3)　△ABDの面積を求めよ。

すか。

ア．大人の機嫌をとる能力に長けているという意味。

イ．眼や耳の機能が非常にすぐれているという意味。

ウ．乳児の時にだけすぐれた能力があるという意味。

エ．自分で育とうとする力をもっているという意味。

オ．生まれついて有能な乳児も存在するという意味。

3．本文中の□には同じ言葉が入ります。ふさわしいものを、本文中から三字で抜き出しなさい。

4．「自ら育つ力のある子どもを育てるというのは、おこがましいことであること」とありますが、なぜおこがましいのですか。「おこがましい」の意味をふまえて答えなさい。

5．「そのように熱中している子どもを、親やおとなはそっとしてはおきません」とありますが、その具体例として、ふさわしくないものはどれですか。

ア．道ばたでのら猫に夢中になってしまった子どもを、親が力ずくで抱えていく。

イ．カブト虫の生態を観察している子どものために、親が昆虫図鑑を用意しておく。

ウ．電車内で、外の景色を見て騒ぎ続ける子どもに、親がスマートフォンを渡して静かにさせる。

エ．ゲームをやめようとしない子どもに、親が子どもの欲しいもので気を引いてピアノの練習をさせる。

オ．庭で一生懸命サッカーの練習をしている子どもに、親が宿題をするように助言する。

6．「良育」とありますが、この言葉に「　」が付けられているのはなぜか説明しなさい。

7．「ユネスコの就学前教育プロジェクト」について中学三年生が話し合いをしています。報告の内容を正しく理解できていない発言はどれですか。

ア．幼稚園で、お遊戯や自由な時間が多かったのには、意味があったんだね。

イ．僕は、小さい頃から外で遊んでばかりいたけど、国語の成績は今もいいよ。

ウ．僕は小学校に入るまで、塾の存在さえ知らなかったけど、実はうちの親も考えてたのかもね。

エ．私は四歳から英語教室に通っていたけど、あんまり英語の成績が良くないことと関係があるのかなあ。

オ．だから、高校では、アクティブラーニングみたいな自発的・探索的な授業が導入されてるんだね。

8．「機能の喜び」とは何ですか。本文中から三十六字で抜き出し、解答欄に続く形で、始めと終わりの三字を答えなさい。

9．「子どもの『発達権』の保障は急務です」とありますが、なぜ急務なのか、説明しなさい。

わち、自ら育ちつつあるのです。このように乳児が知的3［　　］をもち、外界との交流を求める積極的存在であることを知れば、4自ら育つ力のある子どもを育てるというのは、おこがましいことであることに気づくでしょう。

子どもは自ら学び、自ら育つ力をもつだけではありません。その力を発揮できたとき、子どもは最高の満足と自己有能感をもちます。そして、さらに新しい活動を展開していきます。すなわち、子どもは能動的な学習者なのです。他のことに眼もくれず何も耳に入らない、文字どおり我を忘れて何かに夢中になっている子どもの姿を、誰もがみたことがあるでしょう。けれども多くの場合、5そのように熱中している子どもを、親やおとなはそっとしてはおきません。「早く、早く」の常套句で、おとなが予定したことに引っ張っていきます。

子どもが自発的に熱中する活動は、子どもが育つことそのものなのです。それはおとなの計画や教育以上のものです。自分ができるようになった力を使って発見し、新しい知識を得る。そして「できた！」「やった！」という自分で成し遂げたことで得られた満足感は、人から教えられては得られないことであり、知識を教えられることよりも遥かに貴重な経験です。

六〇年ほど前、児童心理学者シャーロット・ビューラーは、子どもが自分にできるようになった力を用いることに喜びを見出し、その力によって様々なことを発見し、育つことの重要性を指摘しました。彼女はこれを「機能の喜び」と名づけていますが、自分の力を使うこと自体が子どもにとって喜びであり、それによって学び、育つという、人間の発達の本質をいい得て妙だと思います。

現代は、この「機能の喜び」がとかく無視されているのではないでしょうか。親は6「良育」にせっかちなあまり、子どもが熱中していることに我慢できないようです。遠回りにも時間の無駄にもみえるのでしょう。そのため、自分の考える「よかれ」の計画路線に子どもを歩ませようとします。

7＊ユネスコの就学前教育プロジェクト（二〇〇七年）は次のような報告をしています。すなわち、子どもが四歳のとき、その子の興味や関心に沿って自発的な活動をする保育（自由遊び中心）を受けた子どもは、読み書きや計算能力を高めることをねらいとした保育を受けた子どもよりも、七歳時の読み書きの能力が高かったというのです。早期の知育限定の教え込みが必ずしも効果を上げないこと、逆に8「機能の喜び」を味わう自発的、探索的な活動の方が重要なことなどを示唆しているといえるでしょう。

「機能の喜び」を味わう機会の減少は、自分が学ぶ力をもっていることについて知る体験を、子どもから奪うことでもあります。同時に、子どもの自己効力感を育てる機会をも奪っています。日本の子どもたちは、ある程度の能力をもっていても自信をもてない傾向が強いのですが、自力達成の機会の少なさも一因でしょう。親の過剰な教育熱がかえって、子どもが自ら育つことを疎外してしまっているのです。その意味でも、9子どもの「発達権」の保障は急務です。

〈柏木恵子『子どもが育つ条件』による〉

〈注〉　＊ユネスコ＝UNESCO（英）。United Nations Educational, Scientific and Cultural Organization（国際連合教育科学文化機関）の略。

問　——線部1〜9について、それぞれ問いに答えなさい。

1．「それまでの研究の視点を大きく転換させることになりました」とありますが、「それまでの研究の視点」とは、どのような視点ですか。

ア．赤ちゃんそのものが未熟で無能であるという視点。
イ．未熟だがすぐれた能力が備わっているという視点。
ウ．より良い養育法の研究が必要とされるという視点。
エ．どのような養育法がすぐれているのかという視点。
オ．生まれつきもっている能力を重視するという視点。

2．「有能な乳児」の、ここでの意味として正しいものはどれでエ．若い失業者からの同情的な目線に気づくことで自分の運の悪さを改めて感じ、なぜもっと早く席を立たなかったのかと後悔して悲しくなったから。

オ．何度も拒否したのに訳の分からないことを話し続けている男に対する激しい怒りが、若い男の同情的な目線をきっかけに改めて燃え上がったから。

8．「いっそのこと十年前に販売中止になってくれていればなあ」と男が言うのはどのような思いからですか。次の空欄に合うように、[A]は二十字程度、[B]は三十五字程度で答えなさい。

[　A　]ひまわりチョコが、[　B　]ことを寂しく思う気持ち。

三

次の文章を読んで、後の問いに答えなさい。

人間の赤ちゃんは、保護的な胎内生活を二八〇日もの長い期間過ごして誕生してきます。にもかかわらず、十分に育ちきらずに生まれ、誕生後しばらくは片時も眼を離せない、いわば未熟で無能な存在です。したがって、大人による養育は必須で、人間は当たり前のように子を育てています。そこで、親をはじめ、養育に関わる人々は「どう育てるか」に心を砕き、発達心理学もどのような養育法がよいかといった研究を行ってきました。

しかし、ここ二〇～三〇年の間に、赤ちゃんの研究は急速に進み、その成果は1それまでの研究の視点を大きく転換させることになりました。確かに赤ちゃんは、ある意味、未熟であり、無能です。ところが、その未熟、無能ぶりの陰に隠れていた側面が、新たに発見されるようになりました。すなわち、未熟で無能である一方、有能な能力を備えているということです。

これまで、赤ちゃんは、眼はぱっちりしているが、はっきりと見えていないといわれてきました。しかし、新たな研究によって、赤ちゃんの視覚が、実は敏感で正確であり、しかも積極的なものであることが明らかとなっています。視界にあるものを受動的に見ているのではありません。見たいものを見る、複雑なものや新奇なものを努めて見るといった好奇心に溢《あふ》れているのです。

もちろん、有能なのは眼の機能だけではありません。聴覚も同様で、胎児期から母親の音声を識別し、誕生後も聴覚刺激を敏感に受け止めています。とりわけ人の声に格別の関心を示します。そして自分の興味に応えてくれる人が大好きです。この2「有能な乳児」の発見は、これまで重視されてきた育て方や環境を、根本的に再考させることとなりました。

まだお座りもできず、寝ているだけの赤ちゃんが、複雑なもの、新しく珍しいもの、人的なものを積極的に探しては見つめる。誰に頼まれたのでもなく、また見たからといって何かが得られるのでもない。けれども、赤ちゃんは、自発的に外界を探索し、新奇で複雑な情報を取り込んでいるのです。そこには、赤ちゃんが、自分の使える器官を精一杯使って、外の世界を探索し刺激を求める好奇心をもっていることを認めないわけにはいきません。

子どもは成長するにしたがって、自力でできることが増えてゆきます。するとその新しい力を使うことや、その力でできたことに強い興味をもちます。たとえば、ボールを手でつかみ投げることができるようになると、子どもは何度もボール投げをくり返し行います。おとなからすると、「なぜ？」と思うほど無用な執着に見えます。しかし、子どもは、自分ができるようになった力を使って外界を探索し、発見しているのです。それは子どもにとって知的[　3　]を満足させている至福のときなのです。

自分の力加減によってボールの転がり方も違い、また部屋の構造や置いてあるものによってもボールの転がり方が変わるといった因果関係を発見します。さらに、どこにぶつけるか目標を決めては試してみたり、力の入れ方や障害物の位置を変えるなど工夫して、再度、試してみてその効果を確かめたりして、熱中します。子どもは、自分の力で物理学を学び、法則を発見しているかのようです。すなので、私もその一人であることを画面を見ているうちに痛感し、切迫感を感じるようになったということ。

エ．仕事はたくさんあるように見えるのに、ほんとうに条件に合う仕事はわずかしかなく、給料と職種の相関が明確であることを実感させられるということ。

オ．パソコンを操作するスキルがないとそもそも仕事にありつくどころか、探すことさえできないという電子化の現実を目の当たりにさせられるということ。

3．「職安で募集をかけているところなんてろくなもんじゃない」とありますが、「私」が仕事に求めている要素は何ですか。解答欄に合うように、本文中から三字で抜き出しなさい。

【　　】があること。

4．『いや、私はね、ある意味あなたに貢献してたんですよ』という「中年男」の言葉は、勘違いに基づいたものですが、それはどのような勘違いですか。四十字以内で説明しなさい。

5．「体半分をねじるようにしてパソコン画面を片手でガードした」とありますが、「私」はどういうつもりでそうしたのですか。

ア．自分の知らない会社名を自慢げに語ろうとしている男に対し、話を聞く価値を見出せずにいた。

イ．個人情報であるパソコン画面を勝手に見られたことが許せず、周囲の助けを求めようとした。

ウ．歯医者について有益な情報が得られることを期待したが、話の内容の薄さへの失望を伝えようとした。

エ．せっかく見つけた求人情報を横取りされることを恐れ、男の話も聞かずに画面を隠そうとした。

オ．これ以上他人である男の話を聞くつもりがなく、あからさまな態度でそのことを示そうとした。

6．「後ろ姿に深々と頭を下げ」たときの「男」の気持ちを選びなさい。

ア．男の子がひまわりチョコを買ってくれたことによって良い位置への陳列を続けることができるようになり、それがきっかけとなってひまわりチョコが十五年選手になったことを思って心から感謝する気持ちになっている。

イ．ひまわりチョコをなかなか良い位置に陳列してもらえず、Z社の営業力に対して疑問を持ち始めていたときに男の子が美味しそうだと思ってくれたので、今のままの会社でいいのだと肯定してもらえた気持ちになっている。

ウ．社内で何度も販売中止の話が出ていたひまわりチョコを買ってもらえている場に立ち会うことができ、ひまわりチョコの営業担当者としてもしばらくは雇用を続けてもらえると安心した気持ちになっている。

エ．発売当初ですら良い位置に置かせてもらえなかったひまわりチョコを初めて良い位置に陳列できる機会を得て、心を込めて商品を並べた直後に男の子が購入してくれたことで、努力が報われた気持ちになっている。

オ．ほんの二十センチとはいえ、良い位置に商品をきっちり詰めて陳列したことによって顧客の購買意欲を高めることに成功したことで、定番商品になることを確信し、一層努力を続けようと決心する気持ちになっている。

7．「私は急に憤然とした」とありますが、それはなぜですか。

ア．仕事に思い入れを持って生きてきた男の過去を聞いた今の私にとって、何も理解しようとせずに男を軽蔑《けいべつ》する若い男の態度が気に入らなかったから。

イ．ずっと無視していたにもかかわらず話し続ける男に対し、そのたくましい精神に一種の畏敬の念を抱いて自らも勇気を奮い立たせるようになったから。

ウ．男のことを「変なヤツ」と言って侮蔑《ぶべつ》する若い男に対し、年長者への敬意を失した不遜《ふそん》な態度に腹が立って苦言を言って注意しようと考えたから。

「どのスーパーもワゴンでひまわりチョココーナーをやり始めてね、会社もそのアイドルを広告塔にしてひまわりチョコに一気に宣伝をかけた。

　私はね、それまで何度も頭をさげて十センチでいいからひまわりチョコに棚をくださいってお願いしてきた店長たちから、今度はひまわりチョコの在庫が足りないってせっつかれるようになったんですよ。

　そのときは自分の手柄みたいにも思って嬉しかったですけど、今思えば、まあ、ばかばかしい話ではありますよな。私が十年も売ってきたひまわりチョコは、子供みたいなアイドルのインタビューで急に市場に躍り出たってわけですから。私が数百回さげた頭より、アイドルの一言のほうが、価値があったってわけなんです」

　私は荷物を抱えて立ちあがったが、男は動じなかった。彼は放心したような目で、完全に空中を見ていた。彼の様子をあたりの若い失業者たちがちらちらと窺《うかが》っていた。中には私に同情の目線を向けてくる人もいた。

　変なヤツにつかまっちゃって運が悪かったですね。7私は急に憤然とした。真正面の若い男にそんな目を向けられて、そのまま立ち去るつもりだったのに、どういうわけか私は喋り続ける男から離れがたい気持ちになっていた。

「スーパーでひまわりチョコを見かけるたび思うんですわ。8いっそのこと十年前に販売中止になってくれていればなあって。

　Zの出すどんな商品もね、目先の流行とちょっとしたキャッチコピーだけで売れてる薄っぺらい菓子なんですわ。だから売り場で見たって何とも思わない。簡単に素通りできる。

　それがね、ひまわりチョコだけはダメなんです。売れ残ってるのを見つけてしまうたび、私は絶対に買ってしまう。なけなしの百円玉を出してね。それでひまわりの形をしたあのチョコレートを口に入れるとね、たまに泣けてしまいますよ。このチョコのために、私は長いことやってきたんだなあって思うんでしょうね。もう若い頃のように甘ければいいっていう舌じゃない。それなのにね、ひまわりチョコのあの黄色い部分のべったりした甘さがね、あれが堪《こた》えるんですよね」

　男は静かに泣いていた。

　私は彼に言葉をかけるべきか迷った。

　が、結局何も言わなかった。言葉が見つからなかったし、それに所詮、彼は他人だった。

　ビルの外に出ると、街には夕闇が迫っていた。吐く息が白い。空にはすでに一番星が光っている。私は自転車のチェーンをはずした。

〈朝比奈あすか『憂鬱なハスビーン』による〉

〈注〉＊職安＝「公共職業安定所」の略。職業紹介、失業保険などの業務を行う役所。愛称はハローワーク。

＊弁理士＝特許などに関して登録出願の代理や鑑定を行う職業。

問

──線部1～8について、それぞれ問いに答えなさい。

1.「お仕事さん」という表現に、「私」はどのような意味を込めていますか。

ア．誰にでもできる内容のものという意味。

イ．長い道のりを経て就くものという意味。

ウ．安易に手に入れられるものという意味。

エ．身を粉にして働くべきものという意味。

オ．この上なく貴重で尊いものという意味。

2.「全くこのパソコンには世の中の厳しさが集約されている」とありますが、それはどのような意味ですか。

ア．今まで自分がしていたような仕事が求人情報として出されているのを改めて見ると、自分が不要な人間として放り出されたことを実感させられるということ。

イ．検索は便利なようでいて、余計な情報も全て探し出してしまうため、ほんとうに必要な情報は自分の手で探さなければならないことを実感させられるということ。

ウ．パソコンで検索している人はみんな失業している人ばかり

「いいですなあ、手に職のある方は」

隣席から声をかけられた。

隣席がいつの間にかピンクのスーツの女性からくたびれた中年男に代わっていた。彼は私の画面を勝手に覗《のぞ》いたらしく、人の良さそうな笑みを浮かべて「お姉さん、歯医者さんなんですか」と話しかけてくる。無視していると、

「歯医者っていったら食いっぱぐれないですよねえ。甘いものがある限り、世の中の虫歯はなくならないから。ははは」

男は一人で笑う。

4「いや、私はね、ある意味あなたに貢献してたんですよ」

と、煙草吸い特有のざらついた声で、男は訳の分からないことを言い出した。

「実はね、お菓子のＺに勤めてたんですよ、私。ほら、『ひまわりチョコ』のＺ社、知ってるでしょう？　あそこに二十四年。私がお姉さんくらいの頃はね、雨の日も炎天下の日も、商品を担いで得意先のスーパーさんをまわってましたよ」

私は、男の話を聞いていないことを分からせるために、5体半分をねじるようにしてパソコン画面を片手でガードした。歯科衛生士の画面も消した。

しかし男は親しげな声で喋《しゃべ》り続ける。

「ひまわりチョコは今はＺ社の定番商品ですけどね、あれが出たとき、十五年くらい前でしたかね、最初は全然売れなかった。チョコレートが黄色いなんておかしい、いかにもまずそうだってわけでね。最初は、目の高さの棚、まあたいていそのあたりに売れ筋をガアーッと並べるんですけどね、そこに陳列してもらうことすらできなかった。

でもね、忘れもしない熊谷《くまがや》のスーパーでのことです。馴染みの店長が、好意でね、良い位置にほんの二十センチくらいですけど、空けてくれたんですわ。私がそこに、ひまわりチョコをきっちり詰めて陳列したんです。

ちょうど終わって一息ついたとき、子供が二人やってきた。小学生くらいの頭の良さそうな男の子だった。『これ、美味しそうじゃない？　お兄ちゃん』って弟が言ってね。そうしたらお兄ちゃんがさっと一個、ひまわりチョコを手に持って、レジに向かうじゃないですか。あれは感激だったなあ。『坊主、ありがとう』って私、6後ろ姿に深々と頭を下げましたよ」

頑として前を向いたままの私に、男は声のトーンを若干低くして、

「ひまわりチョコが十五年選手になるとはね、あのとき誰がそんなことを予測できたと思います？」と、耳打ちした。

「社内でだって何度ともなく販売中止の話が出てたんですよ。あとは社長決裁を待つだけってときにたまたま社長が海外で倒れてドタバタして、それで何となく細々と生産され続けた時期もあった。

それでもね、私はどうしてもひまわりチョコに日の目を見てもらいたかったんでしょうね。あの坊主の『美味しそうじゃない？』を信じて、どのスーパーに行ってもひまわりチョコのために頭を下げ続けた。

他の営業マンがほとんど見捨てた商品で、誰も売ろうとしていなかったのを、私だけが頭を下げ続けたんですよ。ほんの数センチでもいいから、ひまわりチョコのための棚を確保しようとね、あのときは必死だったなあ」

男はふっと息をつく。

「ひまわりチョコはもう私の手の届かないところまで行ってしまいました。

七年前だったかな、何とかいうアイドルグループの子が『いつもポケットに入ってます』って雑誌で喋ってくれてね、そのおかげで一気に火がついた。今じゃ、年間一千万個を売り上げるうちのベストセラー商品ですからね」

「うち」と言ってから、自分がすでにＺ社に属していないことに気づいて、彼は照れたように笑った。

私はパソコン画面を消して、帰り支度を始めた。

ア．水草　イ．虫　ウ．ちり
エ．泡　オ．花びら

② この文章の作者は誰ですか。

ア．紫式部　イ．清少納言　ウ．兼好法師
エ．紀貫之　オ．鴨長明

問八　現存する日本最古の歌集の名前を漢字で書きなさい。

二　次の文章を読んで、後の問いに答えなさい。

翌週の月曜日、私は＊職安に来ていた。

ハローワーク。

「こんにちは[1]お仕事さん」、か。だけど世の中はそんなに甘くない。ハローワークという名称を考案した人は「お仕事」に出会うための長い道のりを体感したことがあるんだろうか。

愚にもつかないそんな事を考えながら、私はドアを開ける。受付で、おそらく私と同年代と思われる愛想のない女から、いつものように番号札とタッチペンを手渡された。

ここの、普通のボールペンよりやや太くて丸っこいタッチペンの感触も、居並ぶパソコンとそれに向かう人々の作り出すどこか乾いた空気も、私にはもう馴染《なじ》みのものだ。人々の背と背の間に作られた小さな通路や、プリンタがたてるキーキーというかすかな金属音も。

指定された番号のパソコンまでたどり着いて、私はジャケットを脱いだ。

隣りのパソコンに向かっているのは中年女性で、私のことをちらりとも見ずに真剣に画面に見入っている。安っぽいピンクのスーツに運動靴という組み合わせはあんまりだが、タッチペンを操る指先には固い意志が宿っている。

パソコンを立ち上げ、私はタッチペンで画面の中の「求人検索」の文字に触った。ピッと小さな音がして画面が切りかわる。まず「フルタイム」と「パートタイム」のうちフルタイムを選び、次に年齢「29」、職種「専門的職業」、給料「25万円以上」、場所「東京23区内」。タッチペンで諸条件を入力すると候補は五百ほどに絞られ一覧が現れた。

25万円以上と入れたが、「17万～25万円」というようなものも含まれるので、実際に気になる求人情報は二つ三つあればいい方だ。給料を30万で検索すると、今度は税理士や歯科医師といった特殊な職業しか出てこないし、[2]全くこのパソコンには世の中の厳しさが集約されている。

それでも私は膨大な求人情報をだらだらと流し見て、精密機器メーカーの「マニュアル翻訳者募集」と、自宅から自転車で通える場所にある＊弁理士事務所の「ＴＯＥＩＣ７００点以上優遇」、それに最寄り駅前にある進学塾の「塾講師急募(理系優先)時給二千七百円以上」というのをプリントアウトした。

紙に打ち出して見るとマニュアル翻訳も弁理士事務所も創造性のかけらもない地味な単純労働に思えたし、塾講師なんて大学時代にもっといい時給でやっていたのにと反発の気持ちさえわいてくる。

それでもとりあえずクリアファイルに挟んだ。[3]職安で募集をかけているところなんてろくなもんじゃないと思いながらも、これまでピックアップした紙はクリアファイルの中ですでにかなりの厚みになっている。応募するどころか見返すこともしない求人情報をどうしてこう丁寧にとっておくのか、自分にもその理由は分からなかった。

そのあと私は何とはなしに、歯科衛生士の募集画面を立ち上げてみた。

もちろん歯科衛生士の資格なんて持ってもいないし、目指しているわけでもない。ただ、母の仕事は時給がいくら程もらえるのだろうと、軽い興味で見ただけだった。

私の開いたのは区内の歯科医がかけている募集画面で、歯科衛生士の時給相場は千円から千五百円のあたりだった。案外安いんだな、と思いながら画面を閉じようとすると、

二〇一九年度
日本大学第二高等学校

【国語】（五〇分）〈満点：一〇〇点〉

選択問題は、特別な指示のない場合、選択肢《し》から最も適当なものを一つ選んで記号で答えなさい。
記述問題は、特別な指示のない場合、句読点、「」、・も一字に含まれます。

一　次の問いにそれぞれ答えなさい。

問一　次の――線部の漢字の読みをひらがなで答えなさい。

①　風情のある庭園を眺める。
②　無精を決め込む。
③　故人に哀悼の意を表する。

問二　次の――線部を漢字に直しなさい。

①　言葉をクシして伝える。
②　必死のギョウソウで走る。
③　宿題の提出がトドコオる。

問三　次の文にはパソコンで入力したときの変換ミスが残っています。誤っている漢字一字を抜き出し、正しい漢字に直しなさい。

①　子どもにとってゲームは百害あって一理なしだという意見。
②　姉と弟の性格は非常に対象的だ。

問四　次のことわざ①～③と最も意味の近いことわざをA～Eの中から選んだときの組み合わせとして正しいものはどれですか。

①　急がば回れ
②　忠言耳に逆らう
③　雨だれ石をうがつ

A　郷に入っては郷に従え
B　ちりも積もれば山となる
C　雨降って地固まる
D　急いては事をし損ずる
E　良薬は口に苦し

ア．①D　②E　③B
イ．①D　②A　③C
ウ．①C　②A　③E
エ．①C　②E　③B
オ．①A　②E　③B

問五　次のカタカナ語の意味として適当なものをそれぞれ答えなさい。

①　バイタリティー
②　コンテクスト
③　エモーション

ア．うぬぼれ。自分に酔うこと。
イ．情緒。感動。
ウ．創作のきっかけとなる題材や考え。
エ．文章における前後のつながり。文脈。
オ．境界があいまいなこと。
カ．生き生きとした力。活気。

問六　助動詞の「ない」を一つ選び、記号で答えなさい。

ア．表情があどけない。
イ．今日は国語の授業がない。
ウ．今日の部活には行かない。
エ．せみの命ははかない。
オ．彼に申し訳ない。

問七　次の文章を読んで、後の問いに答えなさい。

行く河の流れは絶えずして、しかも元の水にあらず。よどみに浮かぶうたかたは、かつ消えかつ結びて、久しくとどまりたるためしなし。世の中にある人と栖《すみか》と、またかくのごとし。

①　――線部「うたかた」の意味は何ですか。

英語解答

Ⅰ 放送文未公表

Ⅱ 1　ア　2　イ　3　ア　4　ウ
5　エ

Ⅲ 1　a…エ　b…オ
2　a…ア　b…イ
3　a…エ　b…ウ
4　a…ウ　b…ア
5　a…イ　b…オ
6　a…ウ　b…エ

Ⅳ 1　birthday　2　easy
3　stay　4　news　5　clear

Ⅴ 1　イ　2　ウ　3　オ　4　エ
5　ア

Ⅵ 1　第３段落…エ　第４段落…イ
第５段落…オ　第６段落…ア
第７段落…カ　第８段落…ウ
2　イ　3　ア　4　ウ　5　ア
6　エ　7　エ　8　ウ

Ⅶ 1　dictionary　2　practice
3　brush　4　heavy
5　century　6　treasure

Ⅷ 1　(例) You will see it on your right.
2　(例) Come (back) home before it gets dark.

Ⅰ〔放送問題〕放送文未公表

Ⅱ〔適語(句)選択・語形変化〕

1．助動詞 will がある文なので，be動詞は原形の be になる。　「ピーター，今週末にバドミントンの試合があるんだよね？　大変な試合なの？」

2．two daughters を受けて，「彼女たちの」の意味を表す Their が入る。　they－their－them－theirs　「スミスさんには娘が２人います。彼女たちの名前はベティとリリーです」

3．be famous for ～ で「～で有名な」。　「先週末，私は初めて草津を訪れました。そこは温泉でとても有名です」

4．The toys から Japan までが文の主語で，are が述語動詞。よって，(　) in Japan は前の名詞 toys を修飾する語句になる。現在分詞(～ing)には「～している」，過去分詞には「～された」という意味があり，ここは後者が適する。　「日本でつくられた〔日本製の〕おもちゃは子どもに安全だ」

5．A：今日この仕事を終えることはできないな。／B：まだあと２日あるよ。今日終える必要はないさ。∥まだ２日あるのだから，必ずしも今日する必要はない。　don't have to ～「～する必要はない」

Ⅲ〔整序結合〕

1．'take＋人＋to＋場所' で「〈人〉を〈場所〉へ連れていく」となる。'人' は「私を」の me，'場所' は the flower shop。　Dad, take me to the flower shop.　I'd like to buy a gift for Mom.　「パパ，花屋さんに連れていってよ。ママへの贈り物を買いたいんだ」

2．'比較級＋than any other＋単数名詞' で「他のどの～よりも…」となる。　Does anybody know the Caspian Sea?　It is larger than any other lake in the world.「カスピ海を知っている人はいますか？　それは世界のどの湖よりも大きいものです」

3．'Who＋動詞...?' で「誰が～するか」となる。who は３人称・単数扱いなので，ここでは get に s がついている。get up で「起きる」。earliest は early「早く」の最上級で，その前に the が入る。　Who gets up the earliest in your family?　A：あなたの家族で誰が一番早く起きますか？／B：父です。

4．don't の後には動詞の原形が入るので，語群で当てはまるのは think のみ。その後は残りの語群から考えて，think の目的語になる節の'主語＋動詞…'が続く。主語になる名詞は movie で，その前に this を置く。動詞は is で，その後には形容詞 interesting が続く。　I don't think this movie is interesting. Let's not watch it.「この映画がおもしろいとは思わない。見るのはやめよう」

5．最初の2文で，スーザンはうそつきだ，という内容を読み取っておく。語群は，she said と is not true の2つのまとまりができる。まず she said を文頭の Everything の後に置いて，これを後ろから修飾する形にする。ここまでが文の主語で，is がそれに続く述語動詞になる。　Don't trust Susan. She always tells lies. Everything she said is not true.「スーザンを信じてはだめだよ。彼女はいつもうそをつくんだ。彼女の言ったことはみんな真実ではないよ」

6．最初の2文で，カールが眠そうであるということを読み取っておく。語群で文の主語になるのは，動名詞の sleeping か studying。また，このどちらかが without の後に続く語になる(without ～ing「～しないで」の形)。文末の for の前に good を置くと，be good for your health「健康によい」となる。be動詞が isn't なので，主語は健康によくないと考えられる「寝ずに勉強すること」とする。　Hey, Carl, are you OK? You look so sleepy. Studying without sleeping isn't good for your health.「ねえ，カール，大丈夫？　すごく眠そうね。寝ないで勉強するのは健康によくないよ」

Ⅳ〔書き換え─適語補充〕

1．「ケンは9月25日に生まれた」→「ケンの誕生日は9月25日だ」　be born は「生まれる」。空所の前が Ken's「ケンの」で，後が動詞 is になっていることから，空所には名詞が入るとわかる。

2．「そんなに心配しないで。大丈夫だよ」→「気を楽にして。大丈夫だよ」　take it easy で「のんびりする」という意味。命令文の形では，興奮した相手に向かって「落ち着いて」，落ち込んでいる相手に「気を楽にして」などと使う。

3．「私が切符を買ってくるから，どこにも行かないでね」→「私が切符を買ってくるから，ここにいてね」　1語で表すには，「(場所に)とどまる」の意味の stay が適切。

4．「わあ，ダニエル・コールマンが歌手として復帰するの？　それを聞いてうれしいな」→「わあ，ダニエル・コールマンが歌手として復帰するの？　それは私にとって耳寄りな情報〔グッドニュース〕だな」　news には「便り，消息，うわさ，新情報，知らせ」といった意味がある。

5．「さあ，地震がどうして起きるのかを学びました。全部わかりましたか？」　Is everything clear? で「全てはっきりわかりましたか？」という定型表現。

Ⅴ〔対話文完成─適文選択〕

≪全訳≫❶トレーシー(T)：さあ，ベン。それを全部よこしなさい。❷ベン(B)：本気で言ってるの？　僕が持っている全財産なんだよ。❸T：ええ，でも覚えてるでしょう？　それはママのためのものよ！　母の日にすてきなプレゼントで驚かせたいと思わないの？❹B：わかった，わかった。$_1$はいどうぞ。❺T：1，2，3…，3ドル。それから，私が持ってるのは…7ドル。合わせて10ドルね。うーん，まだ足りないわ。ママにとって本当にいいものを買うためには，ね。❻B：じゃあ，パパに少し出してくれるよう頼んでみようよ。❼T：$_2$これは私たちでやるって約束しなかった？❽B：でもあんまり時間がないよ。あと数日しかない。❾T：そうねえ，リッチモンドパークにレモネード・スタンド〔売店〕を開くのはどうかな。人々がそこで冷たい飲み物を買って楽しんでくれたらすてきじゃない？❿

B：ああ，実際，あの辺りには自動販売機やお店が全然ないからね！ 3うーん，かなり人気になるかもしれないね。⓫T：売値は１杯…50セント，ってとこかな。⓬B：50セント？ 安すぎじゃない？⓭T：4いや，そのぐらいでないと。どうしてかわかる？ ほとんどの人が自宅の冷蔵庫に入れているものを私たちは売ろうとしているからよ！⓮B：わかった，その値段で。ああ，うーん，先は長いな。⓯T：しっかりして，楽しいわよ。さあ，レモンと砂糖を買いにお店に行きましょう。⓰B：そうだ，いい考えがある！ 5当ててみて。⓱T：どうやって？ 教えなさいよ。⓲B：僕たちの売店の名前―「B&Tレモネード」。⓳T：いいわね。でもそこは「T&B」にするべきじゃない？ このビジネスを立ち上げるのに，より多く出資しているのは私なのよ！

1．はじめはお金を渡すのを嫌がっていたベンが，この直前でOKと言っている。また，この後すぐトレーシーがお金を数えているから，ベンはトレーシーにお金を差し出したとわかる。Here you are.は，相手に「どうぞ」と物を手渡すときの言葉。 2．お金の足りない分を父親にねだろうとするベンをたしなめるウが適切。on ～'s ownは「自分で，独力で，自力で」という意味。promise to ～「～すると約束する」 3．レモネード・スタンドをやってお金を稼ぐ，というトレーシーの提案に，ベンも乗り気になっている。周辺に自販機や店がないので人気が出るだろう，というオが適切。 4．１杯50セントでは安すぎるというベンに反対するエが適する。it has to beの後には，fifty centsが省略されている。つまり，値段は50セントであるべきだということ。ほとんどの家の冷蔵庫にあるものを売るのだから，わざわざ買ってもらうためには安くなければ，と考えているのである。 5．直前でベンはあることを思いついているので，それが何か想像してごらんよ，という意味のアが入る。次でトレーシーは，見当もつかないから教えなさいと言っている。

Ⅵ〔長文読解総合―説明文〕

≪全訳≫❶スマートフォンを持つことは，今や子どもたちの間で広く一般的なことだが，多くの親は自分の子どもが間違ったやり方でスマートフォンを使うことを心配している。❷日本のある電話会社が12歳から18歳の子ども1000人にアンケートをとった。子どもたちは，主に緊急事態で助けが必要なときにスマートフォンを使ってほしいがために，親がスマートフォンを買ってくれたのだとわかっている。ところが，彼らは親以上にスマートフォンの使い方を知っているので，他の用途にスマートフォンを使うのだ。❸スマートフォンは勉強に使うべきものではないと考えている親は多い。しかしアンケートによると，勉強にスマートフォンを使っていないと答えた子どもは約10％しかいない。約90％はスマートフォンを何らかのやり方で勉強に使い，そのうちの80％を超す子どもたちがスマートフォンは勉強に役立つと答えている。Aこの結果から，スマートフォンの使い方について親と子では異なる考えを持っていることがわかる。❹勉強にスマートフォンを使う子どもたちのうち，80％はインターネットで情報を探している。インターネットにはたくさんの情報があるが，信頼できないので信じてはいけないものもあると，考える人もいる。実際は，多くの子どもたちにとって，勉強している最中に情報を探したい場合，スマートフォンは役に立っている。また，その子どもたちの約30％が，新しい英単語や漢字を覚えたり，インターネットを通じて有名な先生の授業を見たりするために，学習用アプリを使っている。宿題さえもこれらのアプリを使って出されたりするのだ。❺スマートフォンは友達と連絡をとるのにも役立っている。ほとんどの子どもは友達とすばやく手軽にコミュニケーションをとるのに，SNS，つまりソーシャル・ネットワーキング・サービスを好んで利用している。65％を超す子が，スマートフォンを持っていない子とコミュニケーションをとるのは楽でないと答えている。❻とはいえ，スマートフォンには危険な側面もある。その１つが便利に見えるSNSだ。多くの子どもが，SNSは友達とコミュニケーションをとるのに手軽な手段だと考え，個人情報や写真をそこにアップする。するとそれらはインターネット上で拡散し，トラブルを引き起こす。40%を超す親は，これが最大の問題だと考えている。子どもたちはSNSのこういう危険な側面について教わらなければならない。❼日本政府の調査ではまた別の危険な側面が示されている。長時間スマートフォンを使うと，子どもは効率的に勉強することができず，試験でよい点を取ることができないのだ。アメリカの別の研究によると，ソーシャル・ネットワーキング・サービスの1つ，インスタント・メッセンジャーを長時間利用している高校生，大学生は，学校の成績が悪かったという。こういうタイプの生徒・学生は教科書を丹念に読んだり，しっかり理解したりすることができない。彼らは勉強している間，たいていインスタント・メッセンジャーを使っているのだ。勉強中にスマートフォンでゲームをしている生徒や学生もいる。これはつまり，彼らは同時にいくつものことをやっていて，勉強に集中することができないということである。❽スマートフォンを使うことの別の危険な側面も見つかっている。アメリカのある大学の心理学の教授によると，スマートフォンの使いすぎは絶望感と関係するというのだ。SNSで友達にメッセージを送っても返信がないと，子どもたちは友達をなくしたような気持ちになる。絶望を感じることもある。自殺しようとする子さえいる。忙しくて友達のメッセージに返信できないと，その友達は友情が絶たれたと思うから怒っているだろうと感じることもある。❾親御さん，あなたの子どもが間違ったやり方でスマートフォンを使うことをただ心配するのはおやめなさい。あなたの子どもを守るために，今すぐ子どものスマートフォンを捨てるべきですか，それともスマートフォンの正しい使い方を教える時間をとることができますか。

1＜要旨把握＞［3］スマートフォンを勉強に使うべきではないという親の考え方と，実際に勉強に使い，役立つと思っている子どもの考え方が比較されている。　［4］インターネットで情報を探したり，アプリを使って英単語や漢字を覚えたりといった，子どもたちの具体的なスマートフォンの利用法が書かれている。　［5］スマートフォンは友人と連絡を取るのにも役立つ，という第1文の内容を，続く2文で具体的に説明している。　［6］友達とのコミュニケーション手段であるSNSでの危険性について書かれている。　［7］日本とアメリカの研究結果を用いてスマートフォンの利用と，それが及ぼす成績と学習への影響について述べている。　［8］スマートフォンで友達とコミュニケーションをとっていると，返信がない場合に絶望感にさいなまれるなどといった，スマートフォンの感情に及ぼす影響について述べている。

2＜英問英答＞「親は子どもにスマートフォンを買い与える。主な理由な何か」―イ．「子どもたちが助けを求めて誰かに連絡したいとき，スマートフォンを使うことができる」　第2段落第2文参照。親のその考えは子どももわかっている。'want＋人＋to ～'「〈人〉に～してほしい」

3＜適文選択＞第2段落から引き続き，電話会社の調査結果が述べられている。空所前で述べられている，親はスマートフォンを勉強に使うべきだとは思っていない一方で，子どもは勉強に役立つと思っている，という調査結果は，両者のスマートフォンについての考え方の違いを示している。

4＜英問英答＞「次のうち，子どもが勉強にスマートフォンを使うときに正しくないものはどれか」―ウ．「彼らは自分の学校の先生が開発したアプリで勉強している」　子どもの学習におけるスマートフォンの利用は第4段落で述べられている。ア．「インターネットで授業を見る」，イ．「新しい英単語や漢字を覚える」，エ．「先生から宿題を出されたときに宿題をする」については記述があるが，ウの「自分の学校の先生が開発した」という記述はない。

5＜英問英答＞「ある親たちの意見の中で，子どもたちがSNSを使うときの最大のトラブルとは何か」―ア．「彼らの個人情報がSNSを通して拡散してしまうかもしれないこと」　第6段落参照。4割を超す親がこのことを最大の問題だとしている。

6＜英問英答＞「長時間スマートフォンを使っている生徒・学生は学校の成績が悪いのはなぜか」―

エ.「他のことをしながらでは，効率的に勉強できないから」　第７段落参照。勉強しながらもSNSやゲームをしたりして，勉強だけに集中することができないのだという。

７＜内容一致＞「アメリカの心理学者によると，スマートフォンを使いすぎている子どもは(　　)」—エ.「友情を持ち続けられないのではないかと心配している」　第８段落参照。友達にメッセージを送ったのに返信が来なければ絶望し，友達からメッセージが来たのになかなか返信できなければ友情がなくなったと思われてしまうのではないかと不安になる。

８＜内容真偽＞ア.「多くの親は，スマートフォンは子どもには高すぎると心配している」…×　第１段落参照。親が心配しているのは，子どもによるスマートフォンの使い方。　イ.「子どもたちの約90％が，スマートフォンは勉強するときにとても役に立つ道具だと思っている」…×　第３段落参照。約90％というのは勉強に利用している子どもの割合で，役に立つと答えているのはそのうちの約80％。　ウ.「65％を超す子どもたちが，うまくコミュニケーションをとるためにスマートフォンは必要だと考えている」…○　第５段落参照。　エ.「子どもたちは友達とコミュニケーションをとらなければ，効率的に勉強しよい点を取ることができる」…×　第７段落参照。友達とのコミュニケーションが成績に関係しているという記述はない。　オ.「子どもたちがトラブルを起こす前に，親は彼らにスマートフォンを使うのをやめるように言わなければならない」…×　第９段落参照。スマートフォンの使用をやめるように言わなければならないという記述はない。親が子どもに伝えるべきなのは，スマートフォンの正しい使い方。

VII 〔適語補充〕

１.「言葉の意味がわからないときは，辞書を使うことができる」

２.「私はまだその曲の最後の部分がうまく演奏できない。今度の日曜日のコンサートに向けて本当に一生懸命練習する必要がある」

３.「朝食の前と後に歯を磨く人もいる」　brush「ブラシをかける，ブラシで磨く」

４.「このバットは私には重すぎます。もっと軽いのを試していいですか」　heavy「重い」⟷light「軽い」

５.「この教会は築800年以上である。13世紀に建てられたのだ」

６.「私は古い切手の収集が大好きだ。その中でも，この珍しい切手は私の最高の宝物だ」

VIII 〔和文英訳—完全記述〕

１. Ａ：すみません，近くに郵便局はありますか？／Ｂ：ありますよ。この通りを２ブロック進んでください。右手に見えますよ。//「見えますよ」は「見えるだろう」ということなので You wiil see で表せる。日本文にはないが，see の後には目的語として「それ(＝郵便局)」を示す it を置くこと。it を主語にして，‘be動詞＋過去分詞’ の受け身形で表すこともできる。「右手に」は on your right。　(別解例) It will be seen on your right.

２. Ａ：ママ，ニックと公園に行ってくるね。／Ｂ：わかったわ，ティム。暗くなる前に帰ってきなさいよ。//「帰る」は，この場合は come (back) home で表すのがよい。家で待つ母親から見れば，ティムは家に「来る」ことになるため go home は不適切。「暗くなる」は‘明暗，天候，時刻’などを表す文の主語になる it を用いて it gets dark とする。「(～する)前に」は接続詞の before を用いる。‘時’や‘条件’を表す副詞節では未来のことでも現在形で表すので，動詞は will get ではなく gets とすることに注意。

数学解答

1 (1) $-\dfrac{8}{9}$　(2) $x=-4$，$y=-2$

(3) $x=-1$，3　(4) $4\sqrt{5}+4\sqrt{3}$

(5) $\dfrac{-1\pm\sqrt{13}}{2}$　(6) $\dfrac{1}{6}$　(7) 3：1

2 (1) $y=-x+12$　(2) $(-4,\ 8)$

(3) 25：9

3 (1) $\sqrt{22}$　(2) $\dfrac{9\sqrt{17}}{2}$　(3) 12

4 (1) 45°　(2) $2+2\sqrt{3}$

(3) $\dfrac{5+3\sqrt{3}}{2}$

1〔独立小問集合題〕

(1)＜式の計算＞与式$=-2b^2\div\dfrac{9}{4}a^2b^2\times a^2=-2b^2\times\dfrac{4}{9a^2b^2}\times a^2=-\dfrac{2b^2\times4\times a^2}{9a^2b^2}=-\dfrac{8}{9}$

(2)＜連立方程式＞$\dfrac{2x-y}{3}=\dfrac{y}{2}-1$……①，$(x+1):(y-2)=3:4$……②とする。①×6より，$2(2x-y)=3y-6$，$4x-2y=3y-6$，$4x-5y=-6$……①′　②より，$4(x+1)=3(y-2)$，$4x+4=3y-6$，$4x-3y=-10$……②′　①′−②′より，$-5y-(-3y)=-6-(-10)$，$-2y=4$　$\therefore y=-2$　これを①′に代入すると，$4x-5\times(-2)=-6$，$4x=-16$　$\therefore x=-4$

(3)＜二次方程式＞$x^2-4x+4+2x-4-3=0$，$x^2-2x-3=0$，$(x+1)(x-3)=0$　$\therefore x=-1$，3

(4)＜式の値＞与式$=(a+b)(a-b)$とする。$a+b=(\sqrt{5}+\sqrt{3}+1)+(\sqrt{5}+\sqrt{3}-1)=2\sqrt{5}+2\sqrt{3}$，$a-b=(\sqrt{5}+\sqrt{3}+1)-(\sqrt{5}+\sqrt{3}-1)=2$だから，与式$=(2\sqrt{5}+2\sqrt{3})\times2=4\sqrt{5}+4\sqrt{3}$となる。

(5)＜関数―kの値＞関数$y=\dfrac{1}{2}x^2$において，$x=k$のとき$y=\dfrac{1}{2}k^2$，$x=k+2$のとき$y=\dfrac{1}{2}(k+2)^2$だから，xの値がkから$k+2$まで増加するとき，xの増加量は$(k+2)-k=2$，yの増加量は$\dfrac{1}{2}(k+2)^2-\dfrac{1}{2}k^2=\dfrac{1}{2}(k^2+4k+4)-\dfrac{1}{2}k^2=2k+2$となる。よって，変化の割合は$\dfrac{2k+2}{2}=k+1$と表せ，これが$k^2+2k-2$であることより，$k+1=k^2+2k-2$が成り立つ。これを解くと，$k^2+k-3=0$より，$k=\dfrac{-1\pm\sqrt{1^2-4\times1\times(-3)}}{2\times1}=\dfrac{-1\pm\sqrt{13}}{2}$である。

プラスα

関数$y=ax^2$について，xの値がmからnまで増加するときの変化の割合は，$a(m+n)$

(6)＜確率―さいころ＞大小2個のさいころを同時に投げたとき，目の出方はそれぞれ6通りあるから，目の出方は全部で，$6\times6=36$(通り)ある。このうち，出た目の数の和が10以上となるのは，(大，小)$=(4,\ 6)$，$(5,\ 5)$，$(5,\ 6)$，$(6,\ 4)$，$(6,\ 5)$，$(6,\ 6)$の6通りある。よって，求める確率は$\dfrac{6}{36}=\dfrac{1}{6}$である。

(7)＜図形―面積比＞右図で，△ABCの面積をSとおく。まず，2点B，Rを結ぶと，△ABRと△ABCは，底辺をそれぞれ辺RA，辺CAと見ると，高さが等しいので，△ABR：△ABC＝RA：CAとなる。$\dfrac{\mathrm{CR}}{\mathrm{CA}}=\dfrac{2}{3}$より，CR：CA＝2：3だから，RA：CA＝(3−2)：3＝1：3となり，△ABR：△ABC＝1：3である。これより，△ABR$=\dfrac{1}{3}$△ABC$=\dfrac{1}{3}S$となる。また，△APRと△ABR

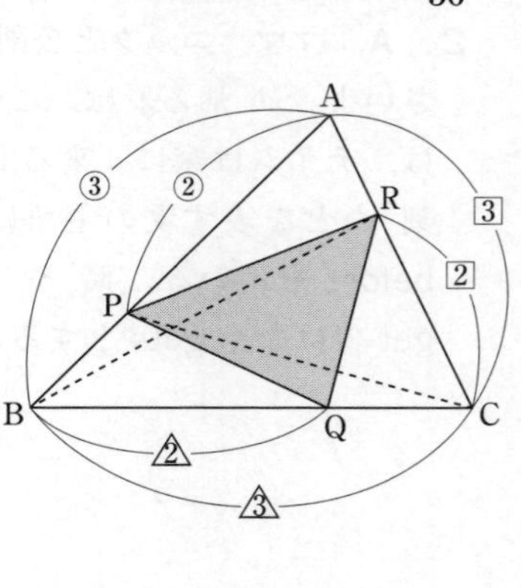

は，底辺をそれぞれ辺 AP，辺 AB と見ると，高さが等しいので，△APR：△ABR＝AP：AB となる。$\frac{AP}{AB}=\frac{2}{3}$ より，AP：AB＝2：3 となるから，△APR：△ABR＝2：3 となり，△APR＝$\frac{2}{3}$△ABR ＝$\frac{2}{3}\times\frac{1}{3}S=\frac{2}{9}S$ である。同様にして，2 点 C，P を結ぶと，△PBC＝$\frac{1}{3}$△ABC＝$\frac{1}{3}S$，△PBQ＝$\frac{2}{3}$△PBC＝$\frac{2}{3}\times\frac{1}{3}S=\frac{2}{9}S$ となり，△RBC＝$\frac{2}{3}$△ABC＝$\frac{2}{3}S$，△RQC＝$\frac{1}{3}$△RBC＝$\frac{1}{3}\times\frac{2}{3}S=\frac{2}{9}S$ である。よって，△PQR＝△ABC－△APR－△PBQ－△RQC＝$S-\frac{2}{9}S-\frac{2}{9}S-\frac{2}{9}S=\frac{1}{3}S$ となるから，△ABC：△PQR＝$S:\frac{1}{3}S$＝3：1 である。

2〔関数―関数 $y=ax^2$ と直線〕

≪基本方針の決定≫(2)　BC∥AP となることに気づきたい。　(3)　△QBC と△QPA は相似である。

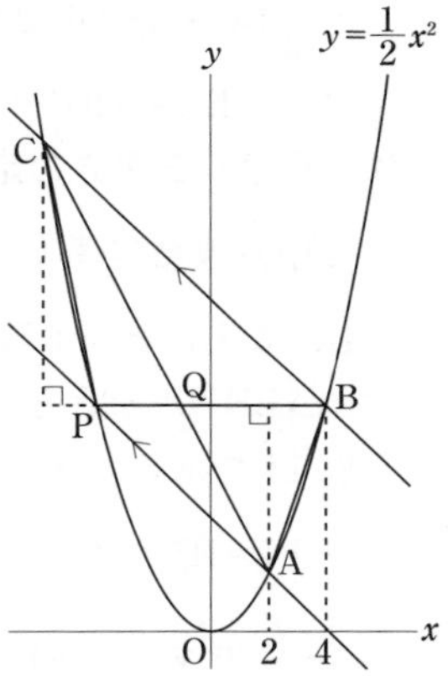

(1)**＜直線の式＞**右図で，直線 BC の式は，傾きが－1 より，$y=-x+b$ とおける。また，点 B は放物線 $y=\frac{1}{2}x^2$ 上にあり，x 座標が 4 であるから，y 座標は $y=\frac{1}{2}\times4^2=8$ となり，B(4，8) である。$y=-x+b$ に $x=4$，$y=8$ を代入して，$8=-4+b$，$b=12$ となるから，直線 BC の式は，$y=-x+12$ である。

(2)**＜座標＞**右図で，△ABC と△PBC の底辺を辺 BC と見ると，△ABC＝△PBC となるとき，高さが等しいから，BC∥AP である。すなわち，点 P は，点 A を通り直線 BC に平行な直線と放物線 $y=\frac{1}{2}x^2$ の交点である。直線 BC の傾きが－1 より，直線 AP の傾きも－1 だから，直線 AP の式は $y=-x+a$ とおける。また，点 A は放物線 $y=\frac{1}{2}x^2$ 上にあり，x 座標が 2 であるから，$y=\frac{1}{2}\times2^2=2$ より，A(2，2) となる。よって，$2=-2+a$ より，$a=4$ となるので，直線 AP の式は $y=-x+4$ である。この直線と放物線 $y=\frac{1}{2}x^2$ との交点が点 P だから，2 式から y を消去して，$\frac{1}{2}x^2=-x+4$，$x^2+2x-8=0$，$(x+4)(x-2)=0$　$\therefore x=-4$，2　点 P は，放物線 $y=\frac{1}{2}x^2$ 上の原点 O から点 C までの部分にとるから，x 座標は－4 である。y 座標は $y=-(-4)+4=8$ となるので，P(－4，8) である。

(3)**＜面積比―相似＞**右上図で，(2)より BC∥AP だから，∠QBC＝∠QPA，∠QCB＝∠QAP となり，△QBC∽△QPA である。次に，点 C は，(1)より，直線 $y=-x+12$ と放物線 $y=\frac{1}{2}x^2$ との交点であるから，$\frac{1}{2}x^2=-x+12$，$x^2+2x-24=0$，$(x+6)(x-4)=0$　$\therefore x=-6$，4　よって，点 C の x 座標は－6 であり，$y=-(-6)+12=18$ より，C(－6，18) である。(2)より A(2，2) だから，直線 AC の傾きは，$\frac{2-18}{2-(-6)}=\frac{-16}{8}=-2$ となり，直線 AC の式は $y=-2x+c$ とおける。点 A を通るので，$2=-2\times2+c$，$c=6$ より，直線 AC の式は $y=-2x+6$ である。ここで，点 B と点 P の y 座標は 8 で等しいから，BP∥〔x 軸〕となり，点 Q の y 座標も 8 である。点 Q は直線 $y=-2x+6$ 上にあるから，$8=-2x+6$，$2x=-2$，$x=-1$ となり，Q(－1，8) である。したがって，BQ＝4－(－1)＝5，

$PQ=(-1)-(-4)=3$ より，△QBC と△QPA の相似比は BQ：PQ＝5：3となるから，面積比は，相似比の2乗より，△QBC：△QPA＝$5^2:3^2=25:9$ である。

3〔空間図形—四面体〕

≪基本方針の決定≫(1)　∠EFG＝90°である。　(2)　2点E，Hから辺BCに垂線を引いて考える。
(3)　いくつかの立体に分けて考える。

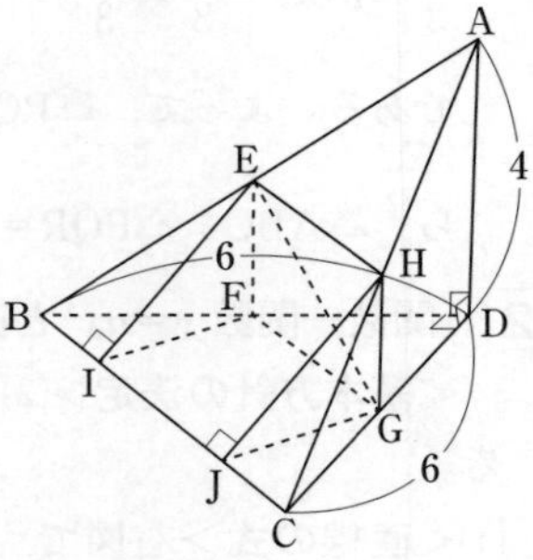

(1)**＜長さ—三平方の定理＞**右図で，AE＝EB，DF＝FB だから，△ABD で中点連結定理より，$EF=\frac{1}{2}AD=\frac{1}{2}\times4=2$，EF∥AD である。また，∠ADB＝∠ADC＝90°より，AD⊥〔面DBC〕だから，EF⊥〔面DBC〕となり，∠EFG＝90°となる。次に，△DBC は∠BDC＝90°の直角二等辺三角形だから，$BC=\sqrt{2}BD=\sqrt{2}\times6=6\sqrt{2}$ である。DF＝FB，DG＝GC だから，中点連結定理より，$FG=\frac{1}{2}BC=\frac{1}{2}\times6\sqrt{2}=3\sqrt{2}$ となる。よって，△EFG で三平方の定理より，$EG=\sqrt{EF^2+FG^2}=\sqrt{2^2+(3\sqrt{2})^2}=\sqrt{22}$ である。

(2)**＜面積—三平方の定理＞**右上図で，(1)より $BC=6\sqrt{2}$ であり，AE＝EB，AH＝HC だから，△ABC で中点連結定理より，$EH=\frac{1}{2}BC=\frac{1}{2}\times6\sqrt{2}=3\sqrt{2}$，EH∥BC となる。ここで，2点E，Hから辺BC にそれぞれ垂線EI，HJ を引くと，四角形EIJH は長方形となり，$IJ=EH=3\sqrt{2}$ である。次に，△ABD で三平方の定理より，$AB=\sqrt{AD^2+BD^2}=\sqrt{4^2+6^2}=\sqrt{52}=2\sqrt{13}$ となり，同様に，$AC=2\sqrt{13}$ である。また，△EBI と△HCJ において，AB＝AC より EB＝HC，四角形EIJH が長方形より EI＝HJ だから，△EBI≡△HCJ となる。これより，$BI=CJ=\frac{1}{2}(BC-IJ)=\frac{1}{2}(6\sqrt{2}-3\sqrt{2})=\frac{3\sqrt{2}}{2}$ である。$EB=\frac{1}{2}AB=\frac{1}{2}\times2\sqrt{13}=\sqrt{13}$ より，△EBI で三平方の定理を用いると，$EI=\sqrt{EB^2-BI^2}=\sqrt{(\sqrt{13})^2-\left(\frac{3\sqrt{2}}{2}\right)^2}=\sqrt{\frac{34}{4}}=\frac{\sqrt{34}}{2}$ となるから，求める面積は，$\frac{1}{2}\times(EH+BC)\times EI=\frac{1}{2}\times(3\sqrt{2}+6\sqrt{2})\times\frac{\sqrt{34}}{2}=\frac{9\sqrt{17}}{2}$ である。

(3)**＜体積＞**右上図で，B，C，G，F，E，Hを頂点とする立体を，面EIF と面HJG で3つの立体に分ける。EF＝HG，EH＝FG，∠EFG＝90°より，四角形EFGH は長方形であり，(2)より四角形EIJH も長方形だから，EH⊥〔面EIF〕，EH⊥〔面HJG〕である。また，EH∥BC だから，BC⊥〔面EIF〕，BC⊥〔面HJG〕となる。△DBC が直角二等辺三角形より，∠FBI＝45°だから，△BIF も直角二等辺三角形となり，$IF=BI=\frac{3\sqrt{2}}{2}$ となる。四面体EBIF は，底面を△EIF，高さをBI とする三角錐だから，体積は，$\frac{1}{3}\times△EIF\times BI=\frac{1}{3}\times\frac{1}{2}\times\frac{3\sqrt{2}}{2}\times2\times\frac{3\sqrt{2}}{2}=\frac{3}{2}$ である。四面体HCJG の体積も同様である。立体EIFHJG は，底面を△EIF，高さをIJ とする三角柱だから，体積は，$△EIF\times IJ=\frac{1}{2}\times\frac{3\sqrt{2}}{2}\times2\times3\sqrt{2}=9$ である。よって，求める体積は，〔四面体EBIF〕＋〔立体EIFHJG〕＋〔四面体HCJG〕＝$\frac{3}{2}+9+\frac{3}{2}=12$ である。

4〔平面図形—三角形，円〕

≪基本方針の決定≫(3)　辺AD を底辺と考える。

(1)**＜角度—円周角＞**右図で，円Ｉと辺AB，辺ACの接点をそれぞれE，Fとし，点Ｉと２点E，Fを結ぶ。円Ｉの接線より$\angle AEI=\angle AFI=90^\circ$であり，AI＝AI，IE＝IFだから，$\triangle AEI\equiv\triangle AFI$である。よって，$\angle EAI=\angle FAI$となる。半円の弧に対する円周角より$\angle BAC=90^\circ$だから，$\angle EAI=\angle FAI=\frac{1}{2}\angle BAC=\frac{1}{2}\times 90^\circ=45^\circ$となり，$\overset{\frown}{CD}$に対する円周角より，$\angle CBD=\angle FAI=45^\circ$である。

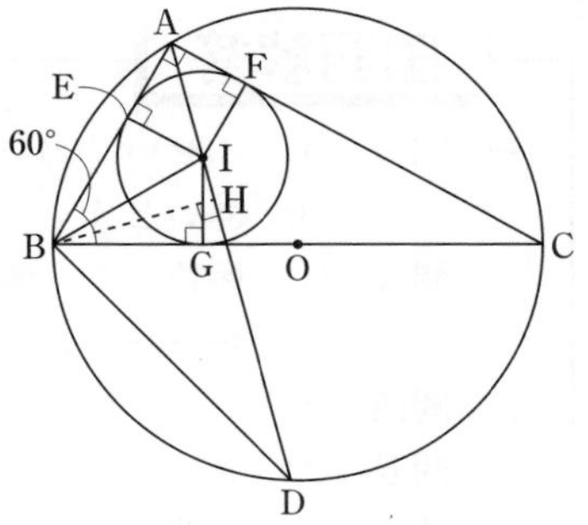

(2)**＜長さ—特別な直角三角形＞**右図で，(1)より，$\angle AEI=90^\circ$，$\angle EAI=45^\circ$だから，$\triangle AEI$は直角二等辺三角形となり，AE＝IE＝1である。次に，円Ｉと辺BCの接点をGとし，点Ｉと２点B，Gをそれぞれ結ぶと，(1)と同様にして，$\triangle BEI\equiv\triangle BGI$となり，$\angle EBI=\angle GBI=\frac{1}{2}\angle ABC=\frac{1}{2}\times 60^\circ=30^\circ$となる。よって，$\triangle BEI$は３辺の比が$1:2:\sqrt{3}$の直角三角形だから，$BE=\sqrt{3}IE=\sqrt{3}\times 1=\sqrt{3}$である。さらに，$\angle BAC=90^\circ$より，$\triangle ABC$も３辺の比が$1:2:\sqrt{3}$の直角三角形となり，$AB=AE+BE=1+\sqrt{3}$だから，$BC=2AB=2(1+\sqrt{3})=2+2\sqrt{3}$である。

(3)**＜面積—特別な直角三角形＞**右上図で，点Bから線分ADに垂線BHを引く。$\angle EAI=45^\circ$より，$\triangle ABH$は直角二等辺三角形だから，$AH=BH=\frac{1}{\sqrt{2}}AB=\frac{1}{\sqrt{2}}(1+\sqrt{3})=\frac{\sqrt{2}+\sqrt{6}}{2}$である。また，$\triangle ABC$は３辺の比が$1:2:\sqrt{3}$の直角三角形だから，$\angle ACB=30^\circ$となり，$\overset{\frown}{AB}$に対する円周角より，$\angle HDB=\angle ACB=30^\circ$となる。よって，$\triangle BDH$は３辺の比が$1:2:\sqrt{3}$の直角三角形となり，$HD=\sqrt{3}BH=\sqrt{3}\times\frac{\sqrt{2}+\sqrt{6}}{2}=\frac{\sqrt{6}+3\sqrt{2}}{2}$である。したがって，$AD=AH+HD=\frac{\sqrt{2}+\sqrt{6}}{2}+\frac{\sqrt{6}+3\sqrt{2}}{2}=2\sqrt{2}+\sqrt{6}$だから，$\triangle ABD=\frac{1}{2}\times AD\times BH=\frac{1}{2}\times(2\sqrt{2}+\sqrt{6})\times\frac{\sqrt{2}+\sqrt{6}}{2}=\frac{5+3\sqrt{3}}{2}$である。

＝読者へのメッセージ＝

[4]は，三角形に内接する円（３辺に接する円）と外接する円（３つの頂点を通る円）についての問題でした。内接する円の中心は角の二等分線の交点，外接する円の中心は辺の垂直二等分線の交点となります。

2019年度／日本大学第二高等学校

国語解答

一
問一 ① ふぜい ② ぶしょう ③ あいとう
問二 ① 駆使 ② 形相 ③ 滞
問三 ① 理→利 ② 象→照
問四 ア
問五 ①…カ ②…エ ③…イ
問六 ウ 問七 ①…エ ②…オ
問八 万葉集

二
1 ウ 2 エ 3 創造性
4 歯科医がかけている募集画面を見ている「私」を，歯医者だと思った，という勘違い。(39字)
5 オ 6 エ 7 ア
8 A 自分が苦心して売り込み，今も愛着を持っている(22字)
B Z社を去った自分にとっては直接関わることのできない商品になってしまった(35字)

三
1 ア 2 エ 3 好奇心
4 子どもには自ら育つ力があるため，子どもを育てるということは，子どもの能力を無視した出すぎた行為となるから。
5 イ
6 親が子どもの教育として「よかれ」と考えることが，子どもにとってよいとは限らないから。
7 ウ 8 自分の～，育つ
9 自分が学ぶ力を持っていることについて知る体験や，自己効力感を育てる機会を，奪うようなことを親がすれば，子どもは，自ら育つことができず，自信を持てないから。

一〔国語の知識〕

問一＜漢字＞①味わい，趣のこと。 ②面倒がって怠けがちであること。 ③人の死を悲しみ嘆くこと。

問二＜漢字＞①自由に使いこなすこと。 ②顔つきのこと。 ③音読みは「渋滞」などの「タイ」。

問三＜漢字＞①多くの害があるばかりでよいことは何もないことを，「百害あって一利なし」という。②違いがはっきりしていて目立つさまを，「対照的」という。

問四＜ことわざ＞「急がば回れ」は，急ぐなら遠回りに見えても安全で確かな方法をとった方がよい，という意味で，「急いては事をし損ずる」は，慌てて行うと失敗しやすいから急ぐときほど落ち着いて行った方がよい，という意味(①…D)。「忠言耳に逆らう」は，忠告は気にさわってすんなりとは聞き入れられないものだ，という意味で，「良薬は口に苦し」は，よく効く薬が苦いように，自分のためになるような忠告は聞きづらいものだ，ということのたとえ(②…E)。「雨だれ石をうがつ」は，小さな力でも根気よく続ければ大きな成果を得ることができる，という意味で，「ちりも積もれば山となる」は，ちりのような小さなものでも積もれば山のように大きくなることから，ささいなことでもおろそかにしてはいけない，という意味(③…B)。「郷に入っては郷に従え」は，新しい土地に入ったら，その土地の習慣や風俗に従うべきだ，という意味(…A)。「雨降って地固まる」は，もめごとが起こった後は，かえってよい結果になる，という意味(…C)。

問五＜語句＞①活力のこと。 ②文脈のこと。 ③情緒のこと。

問六＜品詞＞「あどけない」と「はかない」は，一語の形容詞。「授業がない」の「ない」は，形容詞。「申し訳ない」は，一語の形容詞，あるいは名詞の「申し訳」と形容詞の「ない」に分けられる。

問七①＜古語＞「うたかた」は，水に浮かぶ泡のこと。 ②＜文学史＞この文章は『方丈記』の冒頭部分で，作者は鴨長明である。

問八＜文学史＞『万葉集』は，現存する最古の歌集で，奈良時代に成立した。

二〔**小説の読解**〕出典；朝比奈あすか『憂鬱なハスビーン』。

1＜文章内容＞「ハローワーク」は，直訳すると「こんにちはお仕事さん」となる。「私」は，仕事に出会うためには「長い道のり」があると思っているが，「こんにちはお仕事さん」ではずいぶん気軽で，仕事が簡単に見つかるといっているような響きがあると感じている。

2＜文章内容＞パソコンに職探しの条件として給料が「25万円以上」と入力すると，求人情報が五百ほど表示されるが，「実際に気になる求人情報は二つ三つあればいい方」であるし，給料の条件をより厳しくして「30万」にすれば「特殊な職業しか」出てこない。それは，求人に関する現実の厳しさをそのまま示しているようである。

3＜文章内容＞「私」は，マニュアル翻訳と弁理士事務所と進学塾の求人情報をプリントアウトしたが，「マニュアル翻訳も弁理士事務所も創造性のかけらもない」と思い，本当は気に入っていない。「私」は，「創造性」のある仕事がよいと思っているのである。

4＜文章内容＞男は，「私」が歯科医がかけている募集画面を開いているときに，「お姉さん，歯医者さんなんですか」と声をかけている。男は，「甘いものがある限り，世の中の虫歯はなくならない」から，歯医者は食いっぱぐれないと考えており，「私」が「歯医者さん」だと思い込んだうえで，お菓子の会社に勤めていた自分は，「ある意味あなたに貢献してた」と言ったのである。

5＜心情＞「私」が「体半分をねじるようにしてパソコン画面を片手でガードした」のは，「男の話を聞いていないことを分からせるため」である。

6＜心情＞ひまわりチョコは，最初は目の高さの棚に陳列してもらうことすらできなかった。しかし，やっとスーパーでよい位置にわずかに場所を空けてもらえて，男がそこにひまわりチョコをきっちり詰めて陳列し終わったとき，小学生くらいの兄弟が来て，ひまわりチョコを買ってくれた。男は，それまでの苦労が報われたように感じて，兄弟に心から感謝した。

7＜心情＞「私」は，自分のことをしゃべり続ける男に煩わしさを感じて荷物をまとめて立ちあがったが，「若い男」が，しゃべり続ける男のことを「変なヤツ」としか見ていないらしいのも腹立たしかった。「私」は，しゃべり続ける男の話を聞いて，男が「世の中の厳しさ」を思い知らされてきたことを知り，いつしかこの男のことが気になり，肩を持ちたいような気持ちになり始めていたのである。

8＜文章内容＞ひまわりチョコは，「七年前」の「アイドルの一言」をきっかけに急に売れるようになり，今ではスーパーでよく見かける商品になった。男は，そうなる前までひまわりチョコを売るために苦心した経験があるので，今なおひまわりチョコには愛着を抱いており，スーパーで売れ残っているのを見つけてしまうと「絶対に買って」しまう。そのとき男は「このチョコのために，私は長いことやってきたんだなあ」と思って「泣けてしまう」が，自分はすでにＺ社にはいないため，もうひまわりチョコの販売に直接関わることはできない寂しさも感じるのである。もしこのチョコが十年前に販売中止になっていれば，男がそんな思いをすることはなかったはずである。

三〔**論説文の読解―教育・心理学的分野―教育**〕出典；柏木惠子『子どもが育つ条件――家族心理学から考える』「子どもが育つ条件とは――〈人間の発達〉の原則からみる――」。

≪本文の概要≫子どもは，知的好奇心を持ち，自発的に外界を探索し，新奇で複雑な情報を取り込んで自ら育つ力を持っている。そして，その力を発揮できたとき，最高の満足と自己有能感を持つ。ビューラーは，子どもが自分にできるようになった力を用いることに喜びを見出し，そして，その力によってさまざまなことを発見し育つことの重要性を指摘した。彼女は，これを「機能の喜び」と名づけた。現代は，この「機能の喜び」がとかく無視され，親は自分の考えるよい方向へ子どもを歩ませようとする。しかし，ユネスコの就学前教育プロジェクトの報告は，早期の知育限定の教え込みは必ずしも効果を上げないこと，逆に「機能の喜び」を味わう自発的，探索的な活動の方が重要なことを示唆している。「機能の喜び」を味わう機会の減少は，子どもから，自分が学ぶ力を持っていることを知る体験や，自己効力感を育てる機会を奪うことである。日本でも，親の過剰な教育熱が，子どもが自ら育つことを阻害している。その意味でも，子どもの「発達権」の保障は急務である。

1＜文章内容＞ここ二〇～三〇年の間に，赤ちゃんの研究は急速に進んだが，それよりも前の時代には，人間の赤ちゃんは「未熟で無能な存在」だとされ，だからこそ「大人による養育は必須」だと考えられていた。

2＜文章内容＞「新たな研究」によって，赤ちゃんは敏感な視覚や聴覚によって「自発的に外界を探索し，新奇で複雑な情報を取り込んでいる」ことがわかった。赤ちゃんは，未熟で無能なのではなく，実は視覚も聴覚も優れており，それを精一杯使って「外の世界を探索し刺激を求める好奇心」によって「自ら育つ」力を備えているのである。

3＜文章内容＞赤ちゃんは，「自分の使える器官を精一杯使って，外の世界を探索し刺激を求める好奇心をもって」いる。そして成長するにつれて，「自分ができるようになった力を使って外界を探索し，発見して」いくのであり，子どもは，知的な「好奇心」を持った存在であるといえる。

4＜文章内容＞乳児は，「外界との交流を求める積極的存在」であり，「自発的に外界を探索し，新奇で複雑な情報を取り込んで」学んでいる。つまり，乳児は，「自ら育つ力」を持っているのである。

大人は，子どもを育てようと考えるが，それは子どもの「自ら育つ力」を無視した出すぎた行為だといえる。「おこがましい」は，出すぎているさま，さしでがましいさま。

5＜文章内容＞子どもが何かに熱中しているときに，親や大人がそれを「そっとして」おかないというのは，子どもが熱中している事柄から子どもを引き離して，大人がさせたいと思うことを無理にもさせようとする，ということである。

6＜文章内容＞親は，自分が子どもにとって「よかれ」と考えることを子どもにさせようとする。しかし，親がよいと思っていることが，子どもにとってもよいとは限らない。よいと思っているのは親だけかもしれないので，よいの意味が限定的であることを示すために「　」をつけて「良育」としている。

7＜文章内容＞「ユネスコの就学前教育プロジェクト」の報告では，「早期の知育限定の教え込みが必ずしも効果を上げないこと，逆に『機能の喜び』を味わう自発的，探索的な活動の方が重要なことなど」を示唆している。自由遊び中心の自発的，探索的な活動をさせる方が，知識を詰め込むような教育を施すよりも，読み書きの能力を高めることに効果的であるというのである。

8＜文章内容＞ビューラーは，「子どもが自分にできるようになった力を用いることに喜びを見出し，その力によって様々なことを発見し，育つこと」を「機能の喜び」と名づけた。つまり，「機能の喜び」とは，「自分の力を使うこと自体が子どもにとって喜びであり，それによって学び，育つ」ということであり，それは，「人間の発達の本質」を的確に表現したものである。

9＜文章内容＞子どもが何かに夢中であることに親が我慢できず，親自身の考える「『よかれ』の計画路線」に子どもを歩ませようとすれば，子どもは「機能の喜び」を味わう機会をあまり持てないことになる。それは，「自分が学ぶ力をもっていることについて知る体験」や，「自己効力感を育てる機会」を，子どもから奪うことでもある。それらが奪われては，子どもは自ら育つことがうまくできない。日本の子どもが自信を持てない傾向にあるのも，親の過剰な教育熱の影響だと考えられる。

2018年度　日本大学第二高等学校

【英　語】（50分…I は８分程度）〈満点：100点〉

I　〔リスニング問題〕 問題は，PartⅠとPartⅡの２種類です。〈編集部注：放送文は未公表につき掲載してありません。〉

PartⅠ　これから５つの写真について，それぞれ３つの英文が放送されます。その３つの英文のうち，それぞれの写真の状況を最も適切に表現しているものを選択肢の中から１つ選び，記号で答えなさい。

では，問題に入る前に例題です。

ア

イ

ウ

【例題：次の英文が順に読まれます。】

ア．This is a watch.

イ．This is a clock.

ウ．It is ten o'clock.

説明：この写真は「10時10分を指している掛け時計」ですから，正解は「イ」となります。この要領で解答してください。実際の問題では，英文は２回放送されます。途中でメモをとってもかまいません。

1.

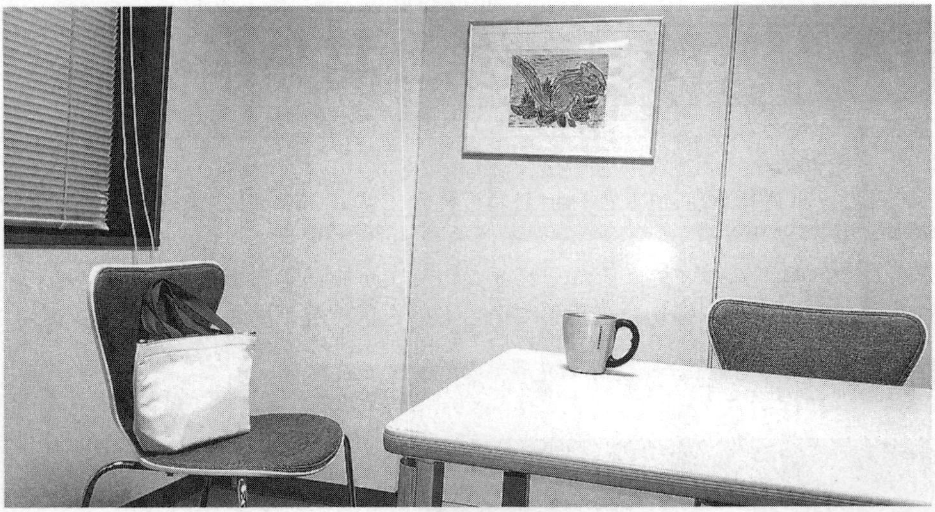

ア

イ

ウ

2.

ア

イ

ウ

3.

ア

イ

ウ

4． 

ア

イ

ウ

5． 

ア

イ

ウ

Part Ⅱ　これから放送される英語は，ある教室で行われた英語によるスピーチです。そのあとに，その内容について英語で質問を３つします。質問の答えとして最も適切なものを下に印刷されている選択肢の中から１つずつ選び，記号で答えなさい。英語は２回読まれます。途中でメモをとってもかまいません。

1． ア．He didn't like taking the entrance exam in Sendai.
　イ．He didn't want to visit his grandparents in Sendai.
　ウ．He was excited about meeting his grandparents in Sendai.
　エ．He was worried about his high school life in Sendai.

2． ア．His sister did.　イ．His father did.　ウ．His aunt did.　エ．His grandfather did.

3． ア．He found that it was fun to learn English.
　イ．He found that it was easy to do well on the English exam.
　ウ．He found that it was important to study English for the exam.
　エ．He found that it was hard to study English in high school.

以上でリスニング問題は終了です。引き続き，筆記問題を解答してください。

Ⅱ　次の各文において，空所に当てはまる英語として最も適切なものを１つ選び，記号で答えなさい。

1．A： Has your school started yet？
　B： Yes, it ______ on Monday.
ア．starts　　イ．has started
ウ．will start　　エ．started

2．A： Do you like your new English teacher？
　B： Oh, yes.　Mr. Ito is so kind ______ his class is interesting.
ア．that　　イ．and　　ウ．because　　エ．after

3．A： Hey, kids, Mom looks so happy today.　What happened？
　B： It's her birthday, Dad.　We ______ her with a present.
ア．surprised
イ．were surprised at
ウ．were surprised by
エ．were surprising at

4．Mr. Sato often uses music in his English class.　Singing English songs ______ so much fun.
ア．do　　イ．does　　ウ．is　　エ．are

5．A： Dad, can you help me with this math homework？
　B： Yes, Laura, but I want ______ it by yourself first.
ア．to try　　イ．to you
ウ．to do try　　エ．you to try

Ⅲ　次の各文が意味の通る英文になるように，下のア～オの英語を並べかえて空所を補いなさい。その際，ａとｂに入るものをそれぞれ選び，記号で答えなさい。ただし，先頭にくる語も小文字になっています。

1．A： Sally, why did you miss the meeting this morning？
　B： I'm sorry, Mr. Brown.　The bus [______ ___a___ ______ ___b___ ______].
ア．an accident　　イ．of　　ウ．late　　エ．because　　オ．was

2．My little sister gave [______ ___a___ ______ ___b___ ______] Christmas.
ア．favorite　イ．her　ウ．for　エ．me　オ．toy

3．The earth is [______ ___a___ ______ ___b___ ______] as the moon.
ア．times　イ．about　ウ．as　エ．six　オ．large

4．[______ ___a___ ______ ___b___ ______] very interesting.　I recommend it.
ア．I　　イ．was　　ウ．the book
エ．last night　　オ．read

5．Can you come to my office after school, David？ I [______ ___a___ ______ ___b___ ______] you.
ア．to　イ．have　ウ．important
エ．tell　オ．something

Ⅳ　次の各組の文がほぼ同じ内容になるように，空所に入れるのに最も適切な単語１語を答えなさい。

1．I study at this university.
I'm a (　　　) at this university.

2．Sam is planning to get a different job.
Sam is planning to (　　　) jobs.

3．Visitors can enter this rose garden from 10 a.m. to 5 p.m.
This rose garden is (　　　) to visitors from 10 a.m. to 5 p.m.

4．Oh, you want to know the recipe for this sauce?　Sorry, I can't tell you.
Oh, you want to know the recipe for this sauce?　Sorry, that's a (　　　).

5．Hey, do you know my birthday is the same as John Lennon?
Hey, do you know I (　　　) a birthday with John Lennon?

Ⅴ　次の英文はTerryとその友人のRonとの会話です。空所に当てはまる英語をそれぞれ下から選び，記号で答えなさい。ただし，同じ記号を２回以上使わないこと。(★は注があることを示す)

Terry：Hey, Ron.　Did you just come out of Mr. Garcia's room?
Ron　：Oh, hi, Terry.　Yeah, that's right.　I'm taking his Spanish class this year again.
Terry：Well, I'm surprised.　(　　1　　)
Ron　：Not anymore.　I find it very interesting.　I've decided to master the language before I graduate.
Terry：Really?　(　　2　　)
Ron　：Nothing.　I just noticed it's time for us to start taking things more seriously.
Terry：Wow, you sound so grown-up.
Ron　：Well, Terry, I really am.　Anyway, it's lunch break, finally!
Terry：Yeah, I'm so hungry.　Maybe I'll eat my sandwiches in the schoolyard.
Ron　：Sounds good.　(　　3　　)
Terry：Yes, it is.　Well, then, would you like to come with me?
Ron　：(　　4　　)
Terry：OK, sure, maybe some other time.
Ron　：Yeah.　Actually, I'm going to a hamburger shop with a friend of mine.　Oh, look, there she is!　Hi, Antonia!　★*¡Buenas Dias!*
Terry：Hey, Ron, now I really understand why you're taking the Spanish class.
Ron　：Come on, Terry.　Oh, won't you join us for lunch?　Just keep your sandwiches for your snack.
Terry：(　　5　　)
Ron　：Great, let's go.　She's waiting over there.
Terry：I hope your girlfriend will understand my poor Spanish.

(注)　★*¡Buenas Dias!*：(スペイン語で)こんにちは

＝選択肢＝

ア．Didn't you take it last year?　　イ．Why not?
ウ．I thought you hated it.　　エ．Oh, I'm afraid not.
オ．It's such a lovely day, isn't it?　　カ．What changed your mind?

VI　次の英文を読んで，あとの問題に答えなさい。（[　]の数字は段落番号を，★は注があることを示す）

[1]　Have you ever heard the word "pictogram"?　It is a sign that shows different information in public spaces without using words or phrases.

[2]　Imagine you are in a department store in Korea and you really want to go to a restroom.　You look for the sign for it.　And you find this.

★Unfortunately, you can't read it.　But if you see the sign below, you'll soon know where the restroom is.

Pictograms [　①　].

[3]　How did pictograms spread around the world?　In fact, they began to be widely used in Japan when the 1964 Tokyo Olympics took place.　In those days, it was not common for Japanese people to travel abroad, or for foreign people to come to Japan, either.　Naturally, few Japanese people could understand foreign languages like English, French, Chinese, and so on.　②In such a difficult situation, the Olympics were going to be held in Tokyo, and many people from all over the world would come.　While people were preparing for the Olympics, a big problem was found—a ③language barrier.　Most information was written only in Japanese.　So foreign people would not understand the signs.　To solve this problem, Masaru Katsumi, an art director, took action.　He gathered young designers and they began to create signs that would be understood by everyone.　Those were "pictograms."

[4]　Mr. Katsumi and the designers created about sixty pictograms in a few months.　Some of them showed the Olympic events like track and field, soccer, volleyball, judo, etc.　Others showed restaurants, post offices, restrooms, etc.

[5]　After the Olympics Mr. Katsumi thought that pictograms would be very helpful in our daily lives, so he and young designers allowed anyone to use them freely.　Thanks to them, the pictograms are still used in the Olympic Games and by people all over the world.

[6]　There is a pictogram that was invented by ordinary people.　It is the fire ★exit sign that takes you to a safe place in hotels, theaters, schools, etc.　In the early 1970s, there were two big fires at department stores—one in Osaka and the other in Kumamoto.　Each fire killed more than 100

people. Then, fire exit signs had to be put up in every public place. At that time, however, fire exit signs were written in *kanji*, just "非常口 (*hijoguchi*)." Children and foreign tourists didn't understand the Japanese signs. So a new pictogram was needed and new ideas were collected from ordinary people. Then after many meetings, the ★present fire exit pictogram was decided.

[7] Now we look forward to the 2020 Tokyo Olympics. There were some pictograms that were difficult to understand for foreign people, so some designers were asked to create new ones. Look at this picture.

Japanese people know this means a hot spring or an *onsen*, but some foreign people think it shows a noodle shop or a restaurant that serves hot meals. So another new *onsen* sign was made up. It is the picture below.

Look at the next picture.

What does it mean? Actually it means a convenience store. With this picture, people from abroad can easily find where a convenience store is.

[8] With the motto, ④"There should be something for everyone to understand easily," many pictograms were born more than fifty years ago, and since then they have spread all over the world. Now they help our lives. We are waiting for the 2020 Tokyo Olympics. How will pictograms be in Japan and around the world?

(注) ★unfortunately：残念ながら　★exit：非常口　★present：現在の

1．次の表のA～Fに当てはまるものを以下のア～カの中から選びなさい。ただし，同じ記号を2回以上使わないこと。

段落	内容
［1］，［2］	A
［3］	B
［4］	C
［5］	D
［6］	E
［7］	F
［8］	まとめ

ア．勝見氏とデザイナーたちの決断
イ．日本における pictogram の始まり
ウ．pictogram の定義とその一例
エ．公募によって作られた pictogram
オ．1964年の東京オリンピックにおける pictogram の具体例
カ．2020年の東京オリンピックに向けた新たな pictogram

2．空欄 ① に当てはまる英語を次から選び，記号で答えなさい。
ア．can show you where the things you want are sold
イ．are used as the tool that tells you where the restroom is
ウ．put the language you can't read into your mother tongue
エ．will help you even if you don't know the language spoken in that country

3．下線部②の具体的な内容を次から選び，記号で答えなさい。
ア．Not many Japanese people went abroad and understood foreign languages.
イ．Japanese people didn't want foreign tourists to come to see the Olympics in Japan.
ウ．Pictograms were not very popular in Japan at that time, so foreign people became worried.
エ．Foreign people didn't want to come to Japan because there weren't enough pictograms there.

4．What is the "③language barrier"?
ア．It is the public rule that tells us to show any information to visitors in the local language.
イ．It is the difficult situation for people who cannot communicate because of language differences.
ウ．It is the wall that separates foreigners from the local people who want to enjoy the Olympics.
エ．It is the language problem that is produced by visitors to Japan from all over the world.

5．What did Mr. Katsumi and young designers do for the world when the 1964 Tokyo Olympics ended?
ア．They gave up the right to receive any money from others for using their pictograms.
イ．They started to change some of the pictograms that they made into clearer ones.
ウ．They created about sixty pictograms that are still used all over the world.
エ．They called ordinary people and told them to invent new pictograms.

6．The two big fires in the early 1970s ＿＿＿＿＿.
ア．taught us to find a safe place when we go to a department store
イ．killed over 100 foreign tourists, and among them were children
ウ．took place because there were no fire exit pictograms
エ．became the cause of making the better fire exit sign

7．Why was the new *onsen* sign created before the 2020 Tokyo Olympics?
ア．Because the same sign is also used in some foreign countries.
イ．Because foreign people may think of it as a place to eat something hot.
ウ．Because visitors from foreign countries do not know what *onsen* means.
エ．Because some designers thought that it was a good chance to change the pictogram.

8．What does ④“There should be something for everyone to understand easily,” mean ?

ア．We can make the Olympics more fun if we understand pictograms.

イ．We should use pictograms to understand people from foreign countries.

ウ．We have to make things that should be understood by people all over the world.

エ．We should spread pictograms around the world to welcome more tourists to Japan.

9．本文の内容に**合っていないもの**を２つ選び，記号で答えなさい。

ア．In a foreign country, the restroom pictogram will be helpful if you can’t read the word for it.

イ．Pictograms were started by Mr. Katsumi and young designers after the 1964 Olympics.

ウ．Two types of pictograms were created for the 1964 Olympics—games and places.

エ．The fires in the early 1970s were a chance to collect new pictogram ideas from ordinary people.

オ．The sign with a sandwich and a plastic bottle under a roof shows where a convenience store is.

カ．It took more than fifty years for pictograms to spread all over the world and to help our lives.

Ⅶ　次の各文が意味の通る英文になるように（　）に最も適切な英語を書きなさい。ただし，答えはそれぞれ示された文字で始まる**単語１語**とします。なお，解答欄には最初の文字を含めて書きなさい。

1．Shhh.　Be quiet in the (l　　).　People are reading here.

2．A：　How do I get to your house, Amy ?

　B：　Oh, it’s easy.　I’ll (d　　) a map for you.

3．Last year I was in hospital and the staff there were very kind.　Since then I have wanted to be a doctor or a (n　　).

4．In this school, we have four classes in the morning and two in the afternoon.　The first period starts at 8:50, and after lunch, the (f　　) period starts at 1:20.

5．My grandfather will be 100 years old this year.　All my family is going to (c　　) his birthday this weekend.

Ⅷ　あなたが次のような状況にいるとき，どう表現しますか。「主語」と「動詞」のある**英語１文**で答えなさい。

1．今日は何曜日かたずねるとき。

2．この町の公園の数をたずねるとき。

Ⅸ　次のそれぞれの下線部を，文脈に合うように**英語１文**で表現しなさい。

1．What a nice cake !　それ作ったの，それとも買ったの。

2．A：　Oh, that player is terrible.　He missed the ball again.

　B：　I know.　彼よりぼくの方が上手だね。

【数　学】（50分）〈満点：100点〉

（注意）　1．分度器，コンパスは使用できません。

2．分数はできるところまで約分して答えなさい。

3．比は最も簡単な整数比で答えなさい。

4．$\sqrt{}$ の中の数はできるだけ小さな自然数で答えなさい。

5．解答の分母に根号を含む場合は，有理化して答えなさい。

6．円周率は π を用いなさい。

1　次の各問いに答えよ。

(1)　$4xy^3 \div \left(\dfrac{y}{3x}\right)^2 \times \dfrac{1}{2}x^2$ を計算せよ。

(2)　2次方程式 $3(x-2)^2=(4x-3)(x-2)+3$ を解け。

(3)　$x=\sqrt{7}+\sqrt{3}$，$y=\sqrt{7}-\sqrt{3}$ のとき，$\dfrac{x}{y}-\dfrac{y}{x}$ の値を求めよ。

(4)　x についての方程式 $\dfrac{x-a}{2}-\dfrac{x-2a}{3}=1$ の解が2となるとき，a の値を求めよ。

(5)　大小2個のさいころを同時に投げ，出た目の数をそれぞれ a，b とする。このとき，$\dfrac{b}{a}$ が整数となる確率を求めよ。

(6)　下の図1のように，ABを直径とする半円Oがあり，4点P，Q，R，Sは $\overset{\frown}{\mathrm{AB}}$ を5等分する円周上の点である。このとき，∠PRBの大きさを求めよ。

(7)　下の図2のように，BC＝12，AC＝5，∠C＝90°の△ABCがある。頂点Aを辺BC上の点Dに重なるように，線分EFを折り目として折り返すと，AB∥EDとなった。このとき，線分CEの長さを求めよ。

図1

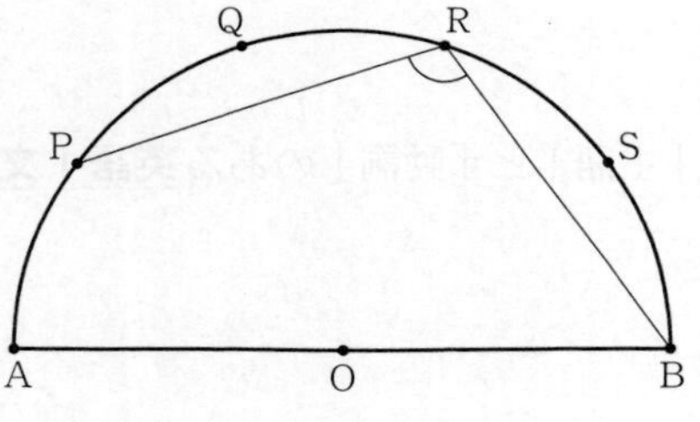

図2

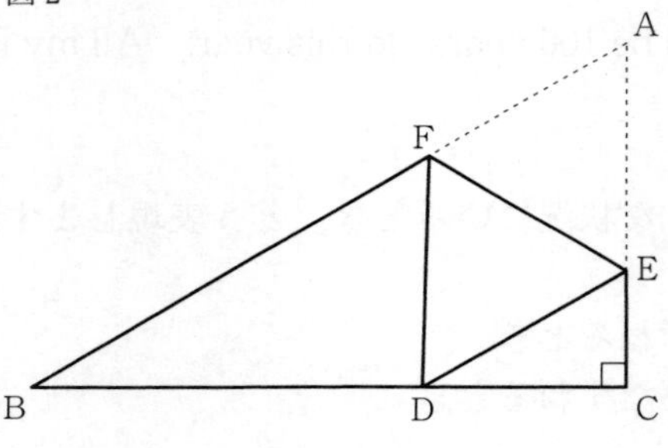

2　右の図のように，放物線 $y=x^2$ 上に3点A$(-2,\ 4)$，B$(-1,\ 1)$，C$(3,\ 9)$がある。この放物線上にBC∥ADとなるように点Dをとるとき，次の問いに答えよ。

(1)　直線BCの式を求めよ。

(2)　点Dの座標を求めよ。

(3)　四角形ABCDの面積を求めよ。

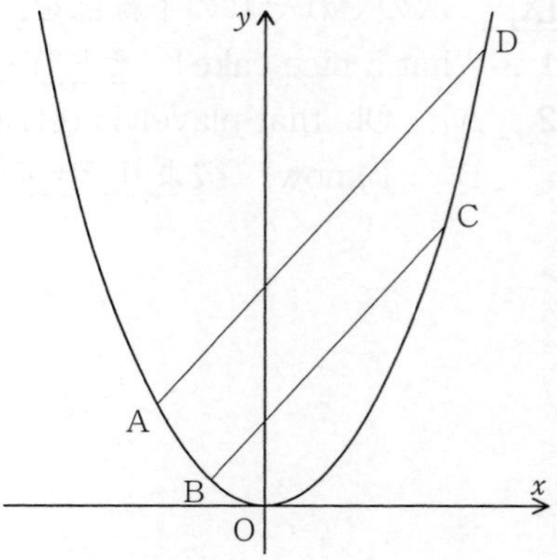

3 右の図のように，AD を直径とする円Oがあり，４点A，B，C，D は円周上の点である。∠ABC＝105°，∠BCA＝30°，AB＝1，線分 AB の延長と線分 CD の延長との交点をＰとするとき，次の問いに答えよ。

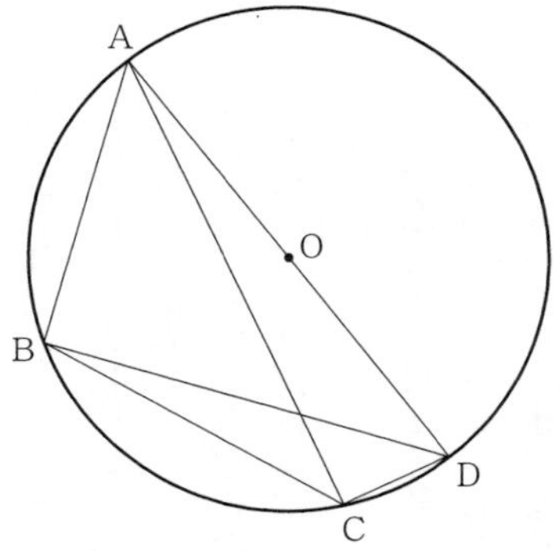

(1) 円Oの半径を求めよ。

(2) 線分 PD の長さを求めよ。

(3) △ACD の面積を求めよ。

4 右の図のように，AB＝BC＝BE＝4，∠ABC＝90° の三角柱 ABC-DEF がある。辺 DE，EF の中点をそれぞれM，Nとする。４点A，M，N，Cを含む平面でこの立体を切断して，２つの立体に分けたとき，次の問いに答えよ。

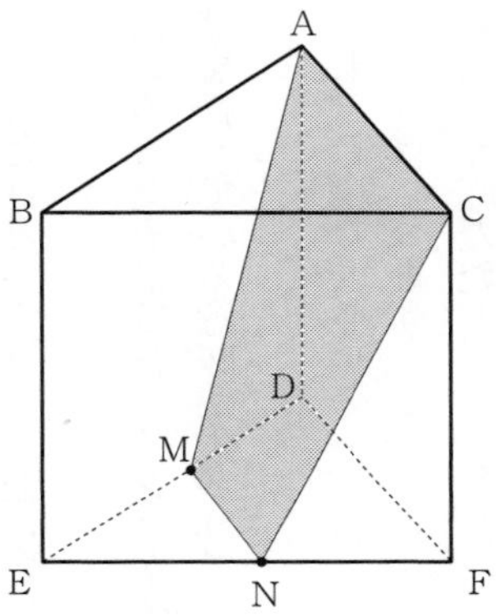

(1) 線分 AM の長さを求めよ。

(2) 四角形 AMNC の面積を求めよ。

(3) 頂点Ｆを含む方の立体の体積を求めよ。

ように見えるが、実際はことばにつまずき、また、人々の関係がぎこちなくなっていること。

オ．ケータイの普及により生じたことばの洪水を目の当たりにして、それに耐えきれず怠慢な姿勢をとったり、流れを追えずに老化を感じたりすること。

2．「ネットワークに参加できない」とありますが、それはどのような立場に私が置かれているためですか。「〜の立場。」につながるように十五字以内で抜き出しなさい。

3．「つながらない人たち」とは、どのような人たちのことですか。解答欄に合うように二十字以内で抜き出しなさい。

4．「紙とインクの世界にとじこもっていればだいじょうぶだ、というわけにはいかない」とありますが、それはなぜですか。

ア．ことばという存在基盤が脆弱になることで他人との関わりや表現、思考などに影響が及び、いつしか狭まってしまうから。

イ．他人や社会との関わりを閉ざしてみても、ことばという存在基盤を人は欲しくなるため、ネットワークに参加したくなるから。

ウ．自分という存在を自覚するためにことばという存在基盤は不可欠であり、そのためには紙やインク以外のことばも必要になるから。

エ．書かれたことばであっても、自分にとってはことばの一形態であることに変わりはなく、ことばという存在基盤に変わりは無いから。

オ．ことばという存在基盤を確かめるためには紙やインクが必要だが、それだけではことばを操っている意味が失われてしまうから。

【5】・【8】に当てはまる語句をそれぞれ選びなさい。

ア．きっと　イ．しかし　ウ．つまり

エ．ようやく　オ．なぜなら　カ．ただし

【6】に入るものはどれですか。

ア．発言、行動の不公平さ

イ．他者、自分の不安定さ

ウ．言語、思考の不自由さ

エ．言論、表現の不規則さ

オ．認知、記憶の不完全さ

7．「言語の自由が制限されはじめていて〜窮屈になっている」と筆者は述べていますが、それはなぜですか。

ア．言語的な活動が爆発的に増えたために、必要な情報に到達するのに却って手間がかかるようになってしまい、不自由さを感じるようになったから。

イ．一見、言論や表現の自由が保障されているように見えるものの、実際に言語と思考を表出するには技術的な障壁がまだたくさんあるから。

ウ．人が扱うことばの数には限界があるのに、ネットワークの進化がそれを越えて進行したため、ついていくことが困難になってしまったから。

エ．思考や表現に不可欠であるはずのことばに混線や機能低下が起こっており、人がものごとを考える根幹となるものがもろくなっているから。

オ．ネットワークは新しい伝達手段であるため、旧来の新聞や雑誌、テレビほどには自由を保障するための法制度づくりが進んでいないから。

9．「身体外部にある道具だと思っていたことば」とありますが、「ことば」は実際にはどのような存在ですか。「〜存在。」につながるように、本文中の言葉を用いて説明しなさい。

10．「ぼくたちの知的フィルターは、じつに頼りない」ために起きた出来事を筆者は挙げていますが、ことばがどのように扱われるためにこのようなことが起きるのですか。本文中の言葉を用いて四十字以内で答えなさい。

ワークがひき起こす思考の亀裂に落っこちてあがいています。ぼく以外にも同様の違和感を覚えている人がいるはずなのですが、たいてい原因は自分にあると考えて、そのままになってしまいます。【８】人は、ことばをコミュニケーションや表現の道具だととらえてしまうからです。ハサミや万年筆と同じで、使いこなすことがヘタになったと思いこむのです。

ところがことばは、人からはなれたところにある独立した技術や道具ではない。身体深くに入りこみ、思考と一体となります。そのとき、9身体外部にある道具だと思っていたことばは、人が自在にコントロールできるものではなくなっている。

たとえばあなたが農業を営む人だとします。＊スキやクワで営々と土地を耕し、種をまき、日々の天候に心を悩ませ、収穫の時を祈るような気持ちで待つ。そんな素朴な農作業に汗を流している。ところがあるとき、大型のトラクターを手に入れて、これまでにない広い農地を耕すことができるようになった。そのときあなたの、土地にたいする見方や森や自然と接するときの態度はどうなるでしょうか。大きく変わるはずです。

それまで心配ごとといったら、天候と作物の生育だったが、いまではトラクターのローンの支払いが最大の心配事になっているかもしれない。スキ、クワとトラクターは同じ道具にすぎないが、あなた自身の中身を変えてしまう力がある。

ましてやことばは人の外部に存在するモノ、道具ではなく、身体の内にもあって、外と常に往来している、目に見えないにもかかわらず、それは自分自身のもう一つの心臓や背骨といってもいい不可欠なものです。

人はことばを、思考の素材、あるいは道具として、いとも簡単に自立的にとりあつかっているように見えますが、実際はことばにふりまわされたり、ことばに操られているということもあります。ことばをとりこんだり、はきだしたりするときに通過する10ぼくたちの知的フィルターは、じつに頼りないものです。

ぼくは『暴走老人！』という本を書きましたが、そこで分かったのは、人が暴走する、キレるという瞬間には、他者のことばが直接に人の内部に飛びこんできて、すぐさまことばとして反応するということです。このときことばは知的作業などふっとばして、きわめて感情的にキャッチされ打ち返されていきます。

ことばは人にダイレクトに届きでていく。日常世界を構成していることばにたいして自覚的で批評的でありつづけるということは、きわめて困難です。だから知らず知らずにことばの変化に適応して、昨日の自分がいまの自分と異なっていても意識できないということも起こります。

〈藤原智美『ネットで「つながる」ことの耐えられない軽さ』による〉

〈注〉
＊慄然＝恐ろしさにおののきふるえるさま。
＊サロン＝人々が集うところ。
＊オペレーションシステム＝コンピューターの基本ソフトウェア。
＊アプリケーションソフト＝実務用のソフトウェア。
＊脆弱＝もろくて弱い性質。
＊スキ＝土を耕すための道具。

問　――線部1～4、7、9～10と空欄【5】【6】【8】について、それぞれの問いに答えなさい。

1.「社会的『現象』」とありますが、どのようなことですか。

ア．ことばの意味が乱れ、新しいことばが次々生まれるために、ことばを見てもその意味がつかみづらく、ノイズのように感じられること。

イ．人々の間でことばの扱い方が適当になったり、誤った扱いをすることが増えたために、ことばのやりとりが面倒にしか感じなくなっていること。

ウ．人々がことばを自分に都合よく発したり解釈したりするために、社会全体に、意思を伝達するのに必要のないことがあふれかえっていること。

エ．ケータイの普及により、ことばによる情報量は増えているなったかのようです。一方で、紙上にプリントされた文字を追うときのぼくは、時代遅れの寡《か》黙で受動的な読者にすぎないのです。いくらがんばっても、新聞紙にむかって叫んでも、それをかきむしっても、ネットワークにむかうように答えが返ってくることはありません。

たとえば新幹線が緊急停止したとする。一〇分もたつと、たまたま同じ列車に乗りあわせた客たちの会話が、ネットワーク上ではじまるかもしれない。隣客同士が、そうとは知らずフェイスブックやツイッターで「沈黙のことば」をかわしているということもありえます。それまで車内というひとつの空間にいながらバラバラで孤立した存在だった個人が集合し、電子的な仮想＊サロンをつくりだす。そんなことが起こりうるのです。

しかし新聞と文庫本しかないぼくは、2ネットワークに参加できない。モバイル機で送受信されることばと、そのときぼくがもっていることばとは、おなじ日本語であってもまじりあうことが不可能なのです。

ぼくたちの気づかないところで、ことばの断線や混乱がいつも発生しています。

「つながる」というフレーズが連発される社会にあって、3つながらない人たちがいる。ことばをとりまく多様な変化にとまどい、無意識に適応を強いられているのですが、それを自覚することはまずありません。

流行語を知らないとか、若い世代の語彙《い》が理解できないなどという表面的なズレではないし、スマートフォンなどのモバイル機があつかえない、などという矮小《わいしょう》な問題でもありません。ましてや世代論で片づくわけでもない。ぼくたちの「共通のことば」をめぐる問題なのです。

電子ネットワークの出現で、人を支え、社会を束ねていることばそのものが大きく変化している。しかし、ことばの礎《いしずえ》が古く石のようにかたまった人々は、世のなかで起こっている言語の変容になじめないままはじきだされているともいえます。

ことばをとりまくさまざまな変化を乱暴にいいきってしまうと、ぼくたちの思考回路に組みこまれている＊オペレーションシステム＝ＯＳでは対応できない、新しい＊アプリケーションソフトがたくさん生まれているということです。しかもこまったことに、ＯＳは入れかえがきかない。少しずつ自分で手直ししようにも、ひどくむずかしい。

認知や思考、記憶、書きことば、話しことば、文字、画像、映像、音声に関する新しい仕組みが、日々生まれるアプリケーションソフトのようにつぎつぎに誕生し、さらに更新されていく。

ことばは人が他者とかかわったり、自分を表現したり、思考する際になくてはならないものです。これが混線し働かなくなると、人の存在基盤が＊脆弱《ぜいじゃく》化します。ことは4紙とインクの世界にとじこもっていればだいじょうぶだ、というわけにはいかないのです。

【　5　】、電子ネットワーク出現以降の、あらたなことばの仕組みに適応していると思っていても、自分のなかにある「とまどい」や「緊張」に気づかないだけということもあります。漠然としているが、それでいて不快な窮屈さを、ぼくはいつも感じていました。

「言論の自由」「表現の自由」ということばを耳にします。現代では言論も表現もおおむね自由が保障されているように見えます。しかし言論、表現には、そこに到達する以前の個人の言語と思考の段階があります。

つきつめると、ぼくが感じているのは【　6　】です。インターネットで人は言語的な活動範囲を爆発的に拡大したといわれています。しかしその代償として、7言語の自由が制限されはじめていて、思考が見えない壁でかこまれ、ひどく窮屈になっているのではないか。そう思えてしかたがないのです。

長く紙とインクのことばに慣れ親しんできた人ほど、電子ネットエ．パン屋の主人がどれだけすごい人かを知り、その店のパンを買う気持ちが一層増したから。
オ．パン作りは予想していた以上に難しかったが、帰りに私という友達を作ることができたから。

9．「今ひとりになりたくなかった」とありますが、このように感じたのはなぜですか。
ア．パン教室に参加したことでできてしまった傷は、年の若い陽子と一緒にいることで癒されると思ったから。
イ．世の中をなめていた自分がここで陽子と分かれたら、自分を叱ってくれる存在がいなくなる気がしたから。
ウ．休みの日に大勢の人と一緒に過ごしたので、急に一人きりになると孤独に耐えられない気がして怖かったから。
エ．一緒に貴重な体験をした陽子と思い出に浸っていないと、自分が自分でなくなってしまう気がしたから。
オ．自分の浅はかさを痛感したので、同じような想いを抱いた陽子と過ごすことで気を紛らわせたかったから。

10．「もっと若くふわふわして見えた」とありますが、陽子のどのような様子がそう見せていたのですか。二つ選びなさい。
（順不同）
ア．真面目さ　イ．凛々《りり》しさ　ウ．可愛さ
エ．そそっかしさ　オ．純粋さ　カ．図々しさ

11．「打撲を負った」とありますが、ここでの「打撲」とはどういうことですか。四十字以内で説明しなさい。

三　次の文章を読んで、後の問いに答えなさい。

ケータイの普及は人と人との関係を混乱させ不安定化させています。ぼくもことばに関して混沌《こんとん》とした、つかみどころのない状況のなかにいます。【中略】

なぜか書きづらい。いつも書きよどんでしまう。考えがまとまらず、頭のなかでことばが散らばっているだけ。パソコンを開いても、文字は目に入るけれども意味がつかみにくい。心に響いてくることばには、このところお目にかかったことがない。結局パソコンをとじて、親しんだ本に目を落とす。

ここ数年、ことばにつまずいて、書くこと、読むことがスムーズにいかなくなりました。ことばが頭のなかでちりぢりになって消えてしまいそうなときもあります。めまぐるしく流れていくことばの洪水が、ただただノイズを発しているだけに感じられるのです。きっとことばにたいする怠慢と老化が、こんな予期しない結果を招いたのだと思っていました。

しかし、そうではありません。これは医学的な「症状」ではなく、[1]社会的「現象」なのかもしれない。政治家や官僚の暴走することばも、憲法解釈の揺らぎも、ぼくのことばの混沌も社会全体が巻きこまれようとしている大きな渦のなかで起こっている、ひとつひとつの破綻なのかもしれない。モザイクの一片がはげ落ち、かけらとなって散らばっている。

そう気づくきっかけになったのは、ある日乗車した地下鉄銀座線の車中のことでした。この本を書くことになったヒントもそこにありました。

表参道から銀座方向へとむかう車内は比較的すいていて、席は埋まっていましたが立っている客は数人程度。ぼくは出がけにバッグに放りこんだ朝刊を取りだしました。隣に座っている客に迷惑にならないように小さく四つ折りにした新聞に、身を縮めるようにして目を落とそうとしたとき、なにげなく視野に入った光景に*慄然《りつぜん》としました。対面のシートに腰をおろした乗客全員がスマートフォンに見入っているのです。両隣の乗客もそれぞれスマートフォンとタブレットを手にしている。とっさにぼくは新聞をバッグにしまい目をとじました。【中略】

ケータイやタブレットは、いまや日常に不可欠の道具となり、社会の根本を変えつつあります。ネットワークはスタンダードな生活基盤であるばかりか、まるで現代的知性を獲得する最大最強の場に

1．「世の中は私が思っているよりも上等なのかもしれない」とありますが、なぜこのように感じたのですか。

ア．派手なものではなく地味なものを好む人の方が、世の中には多いと思ったから。

イ．特別な広告をしなくても、よいものはよいと認められる世の中だと思ったから。

ウ．素朴なものであっても、店主に魅力さえあれば世の中に求められると思ったから。

エ．地道な作業を繰り返していけば、世の中のお客は必ず喜んでくれると思ったから。

オ．適当にしていても、うわべしか見ない人には十分評価される世の中だと思ったから。

2．「気がつくと、参加しますと申し出ていた」のはなぜですか。

ア．普段は料理を面倒だと感じているので、この機会にその埋め合わせをしようと思ったから。

イ．パン教室をきっかけに自分を変えることで、全く料理をしない生活を見直そうと思ったから。

ウ．いつもはパンを買うことしかしないので、この機会に主人の苦労を知ろうと思ったから。

エ．何事においても努力から逃げているので、努力することで自分を許してあげようと思ったから。

オ．毎日仕事に追われていたので、休みの日には何か別のことを体験してみたくなったから。

3．「無骨な求道者のようにも見えた」とありますが、パン屋の主人のどのような姿がそう見せたのですか。解答欄に合うように十二字で抜き出しなさい。

4．「見ておきたかったな」と思ったのはなぜですか。

ア．パン作りを終えてから、みんなと異なる感想を抱いた陽子をなぐさめるための言葉を見つけたかったから。

イ．作業に夢中で他の人の様子を見ることができなかったので、後で振り返るともったいないと思ったから。

ウ．夢をあきらめる原因になったパン作りを、陽子がどのような様子で取り組んでいたのか興味がわいたから。

エ．実習中はパンにしか注目していなかったが、作り終わってみると作る人たちにも関心を持ったから。

オ．自分には言えない感想を口にできる陽子なら、パン作りでも力強く粉をこねていただろうと思ったから。

5．「つるつるした感想」とありますが、なぜ「つるつる」と感じたのですか。

6．「前を向いたまま」とありますが、なぜ「私」に話しかけるのではなく、「前を向いたまま」話したのですか。

ア．パン作りが上手くいかず落ち込んだ顔を、上手くいった私に見られたくなかったから。

イ．パン屋になるという人生の寄り道をする考えを捨て、前向きに進もうと思ったから。

ウ．目を合わせたら、私に否定されたり励まされたりする気がしてわずらわしかったから。

エ．周りの人とは違った感想を堂々と発言した直後で、まだ興奮が冷めていなかったから。

オ．パン作りの工程を思い出し、自分にはやはりできないと心の中で確認しているから。

7．「ぱっとするほう」に当てはまるのはどれですか。

ア．理想　イ．結果　ウ．過程　エ．原因　オ．現実

8．「今日は参加できてよかったよ」と言ったのはなぜですか。

ア．パン作りは手に痛みが残ったほどの重労働だったが、厳しい作業の中にも喜びを見いだせたから。

イ．パン屋になりたいと思っていたので、おいしいパンの作り方を具体的に学ぶ機会になったから。

ウ．パン教室に参加したことで、それまで自分が気づけなかった大切なことを知ることができたから。

凛《りん》とした声でそう宣言した人がいた。まったく同じ気持ちだったから、私はうつむいていた目を上げて発言者の顔を見た。髪の長い、可愛《かわい》い女の子だ。それが陽子ちゃんだった。

帰り道で一緒になった。

「びっくりしたなあ。いくら挽《ひ》きたてがおいしいからって毎朝その日の分だけ小麦を製粉するなんて」

6前を向いたまま陽子ちゃんがいった。私は隣で小さくうなずいた。

「それをぜんぶ手で漉《こ》すんだもの。篩にかけて、混じってるかどうかもわからない外皮をくまなく探す」

毎日そこから始める人がいるのだ。私たちは言葉少なに商店街の中を歩いた。

上等だと思っていた世の中を、実はなめていたのかもしれない。適当にやっていれば、適当にやっていける。社会人生活十年目にしてそんなふうに思いかけていたところだった。適当にやってちゃ、あのパンは焼けない。いつどんなときに食べてもしみじみとおいしいものが、適当につくられるわけがなかった。

世の中にはいろんなすごい人がいて、ぱっと思いつくアイデアのすごい人もいれば、地道な作業を淡々とこなすパン屋の主人みたいな人もいる。あたりまえといえばあたりまえなのに、7ぱっとするほうに目を奪われて、パン屋の主人に気づかない。少なくとも私はパン教室に参加しなければずっと見過ごしたままだったろう。

「8今日は参加できてよかったよ」

陽子ちゃんが放心したようにつぶやいた。

「すごい人に会うと＊敬虔《けいけん》な気持ちになるね」

私たちはふたたびうなずきあった。

ちょうど分かれ道に来ていた。陽子ちゃんは私鉄で二つ先の駅に住んでいるのだという。駅に行くならまっすぐだ。でもふたりともぐずぐずしていた。このまま分かれたくない気分だったのだ。9今ひとりになりたくなかった。ここで分かれたら広い空の下でひとりぼっちだ、という気がした。角のドーナツショップに、どちらからともなく入った。

陽子ちゃんはドーナツを食べながら、ごく簡単に自分のことを話した。都内の女子大を出て、文具メーカーに勤めているという。私とは二歳しか違わない。10もっと若くふわふわして見えたから意外だった。

お互いに自己紹介をしてしまうと私たちにはほとんど話すことがなかった。こういう可愛らしいタイプの女の子とは接点がない。私たちの間の共通点はたったひとつ。今日のパン教室に参加して、11打撲《だぼく》を負ったことだけだ。とはいえ、できたばかりの打撲傷の場所も深さもお互いに計りかねていたんだと思う。うすいコーヒーを飲んで、長い間ふたりとも黙っていた。

「ほんとはね」

と、やがて陽子ちゃんが口を開いた。

「あたし、パン屋になりたかったんだ」

「うん」

「でもやめた。あんなの見ちゃったら、楽においしいパンを焼こうなんて考えられなくなるもの」

それから不意にうつむいた。涙が一粒《つぶ》トレイの上に落ちた。とっさに私は目を逸《そ》らしていた。おかわりのコーヒーをもらうふりをしてあわてて立ち上がる。思いがけない涙だった。さっき初めて会ったばかりの人間の前で涙をこぼせる素直さにうろたえていた。うっとうしいと思った。そして同時になんだか猛烈《もうれつ》にうらやましかった。

〈宮下奈都『転がる小石』による〉

〈注〉＊篩＝粉を入れて揺り動かし、網の目を通る細かいものを下に振り落としてより分けるためのもの。
＊フスマ＝小麦をひいて粉にした時に残る小麦の皮。
＊敬虔＝敬いつつしむこと。

問　——線部1～11について、それぞれ問いに答えなさい。

千山鳥飛ブコト絶エ　万《ばん》＊径《けい》人《じん》＊蹤《しょう》滅ス
孤《こ》舟《しう》蓑《さ》笠《りふ》ノ翁　独《ひとり》釣《つ》ル寒江ノ雪

〈注〉　＊径＝小道
　　　＊蹤＝足あと

①　この詩の形式として正しいものはどれですか。
ア．五言絶句　イ．五言律詩
ウ．七言絶句　エ．七言律詩

②　韻を踏んでいる漢字をすべて抜き出しなさい。

問九　次の文は「古今和歌集仮名序」の一節です。□に当てはまるものはどれですか。

□は、人の心をたねとして、よろづの言の葉とぞなれりける。世の中にある人、ことわざしげきものなれば、心に思ふことを、見るもの、聞くものにつけて、言ひ出だせるなり。

ア．うたまくら　イ．からうた　ウ．かけことば
エ．やまとうた　オ．あめつち

二　次の文章を読んで、後の問いに答えなさい。

陽子ちゃんと知り合ったのは近所のパン屋だった。

仕事の帰りに、あるいは週末に、家で食べるためのパンを買う。それにはこの店の、小麦の匂いのぷんと立ち上がる堅いパンがいちばんだった。小麦と水と天然酵母《こうぼ》だけで焼かれた素朴なパンだ。特に宣伝しているわけでもなさそうなのに、店には客足が途絶《とだ》えることがない。普段着で、ひとりで買いに来る女性客が多く、地味なパンがひっそりと売れていく。1世の中は私が思っているよりも上等なのかもしれない。この店に来ると、そう思うことができた。

その小さな店で一度だけパン教室が開かれた。

天然酵母パンを焼いてみませんか――そう書かれた貼《は》り紙にどうして振り向いたのか今となっては思い出せない。パンは買うものと決めていた。自分で焼く暇なんかなかった。それなのに、2気がつくと、参加しますと申し出ていた。普段はパンを焼くどころか料理もせずに済ませたいほうだから、罪滅ぼしみたいな気分だったのかもしれない。

参加者は女性ばかり十五、六人だった。パンを焼くのがまったく初めてなのは、驚いたことに私ひとりだったようだ。みんな、家でパンなんか焼くんだろうか？　いつ？　なんのために？　聞いてみたい。聞いてみたい、と思いながら、＊篩《ふるい》に取った小麦を延々とかきまわし続けた。こうやって＊フスマを取り除くのだそうだ。休みなく粉をかきまわすうちに掌《てのひら》は赤くなり、額にはうっすらと汗をかいていた。ふと顔を上げると、台の端で店の主人が黙々と小麦を篩い続けている。3無骨な求道者のようにも見えた。

想像していた優雅な教室とは違い、課される作業はひたすら地道で厳しかった。しかも、主人がいちばん熱心なのだ。手を休めるわけにもいかなかった。いくつかの班に分かれてけっこうな重労働に励《はげ》んでいたせいで、別のグループの人とは言葉を交わす機会もないほどだった。だから、実習中の陽子ちゃんの様子を私は見ていない。4見ておきたかったな、と思う。柔らかな髪を白い頭巾に包んで一心不乱に粉をこねていたんだろう。

教室の終わりに、焼けたパンを試食してひとりずつ感想を述べた。私はへとへとだった。パンはたしかにおいしかった。イベントとしては成功かもしれない。しかし、あの工程を思うととてももう一度自分で焼く気にはなれなかった。

楽しかったです、おいしかったです、お店のパンが自分でも焼けるなんて感動しました――参加者たちが順々に5つるつるした感想を述べていき、いよいよ私は戸惑《とまど》った。楽しいというなら、のんびり映画でも観ているほうが楽しい。おいしかったけれど、窯《かま》から出したばかりで、しかも贔屓目《ひいきめ》が入って三割増にはなっている。だいたい、手取り足取り教えられてなんとか焼き上がったのだ。余裕のある感想などまるで出てこなかった。

「私は自分では決して焼かないことにしました。この店でずっと買い続けます」

二〇一八年度 日本大学第二高等学校

【国　語】（五〇分）〈満点：一〇〇点〉

選択問題は、特別な指示のない場合、選択肢《し》から最も適当なものを一つ選んで記号で答えなさい。
記述問題は、特別な指示のない場合、句読点、「　」、・も一字に含まれます。

一　次の問いにそれぞれ答えなさい。

問一　次の――線部の漢字の読みをひらがなで答えなさい。
① 柔和な表情に好感を持った。
② 破れた服のほころびを繕う。
③ 可能性を示唆する。

問二　次の――線部を漢字に直しなさい。
① 美しい風景が写真にハえる。
② 関係がキハクだ。
③ タイグウの良い会社に入る。

問三　次の慣用句について、
・【　】合の衆
・【　】脚を露《あらわ》す
・鵜の目【　】の目
・【　】の尾を踏む
・【　】を読む

① 【　】に入る生き物として当てはまらないものを選びなさい。
ア．鷹　イ．虎　ウ．鯖
エ．烏　オ．猫　カ．馬

② 【　】を完成させたときの慣用句の意味として当てはまらないものを選びなさい。
ア．都合よく数をごまかすこと
イ．危険なことをすること
ウ．巧みな危機回避
エ．隠しごとが明らかになること
オ．寄せ集めの集団
カ．熱心にものを探す様子

問四　説明文の意味になるよう、□に漢字を入れて四字熟語を完成させなさい。
① 旧□依□（元のままで少しも進歩がないさま）
② □風□帆（物事が思うままに進みゆくさま）

問五　次の――線部の単語が修飾しているものはどれですか。
私は以前から彼に憧れていた。彼が最優秀選手賞を受賞したにもかかわらず、さらに満足することなく努力するその姿を見習わなければならないと思った。
ア．満足する　イ．努力する　ウ．姿
エ．見習わ　オ．思っ

問六　次のア～オの「ある」のうち、品詞の異なるものを選びなさい。
ア．先輩の、厳しい中にも優しさがあるところを見習おう。
イ．ルールを破ってしまうことはあるまじきことです。
ウ．事件の発端となった可能性はあるかもしれない。
エ．昔、あるところに銀杏並木の美しい学校がありました。
オ．さっきから君が言っていることはよくある話だ。

問七　作者と作品の組み合わせが正しくないものはどれですか。
ア．森鷗外　・『舞姫』　『高瀬舟』
イ．芥川龍之介　・『杜子春』　『雪国』
ウ．宮沢賢治　・『銀河鉄道の夜』『注文の多い料理店』
エ．夏目漱石　・『坊っちゃん』　『吾輩は猫である』
オ．太宰治　・『人間失格』　『走れメロス』

問八　次の漢詩について、後の問いに答えなさい。

英語解答

Ⅰ 放送文未公表

Ⅱ 1 エ　2 イ　3 ア　4 ウ
5 エ

Ⅲ 1 a…ウ　b…イ
2 a…イ　b…オ
3 a…エ　b…ウ
4 a…ア　b…エ
5 a…オ　b…ア

Ⅳ 1 student　2 change
3 open　4 secret　5 share

Ⅴ 1 ウ　2 カ　3 オ　4 エ
5 イ

Ⅵ 1 A…ウ　B…イ　C…オ　D…ア
E…エ　F…カ
2 エ　3 ア　4 イ　5 ア
6 エ　7 イ　8 ウ
9 イ，カ

Ⅶ 1 library　2 draw
3 nurse　4 fifth
5 celebrate

Ⅷ 1 (例)What day (of the week) is (it) today?
2 (例)How many parks are there in this town?

Ⅸ 1 (例)Did you make it or buy it?
2 (例)I play better than him〔he (does)〕.

Ⅰ 〔放送問題〕放送文未公表

Ⅱ 〔適語(句)選択〕

1．A：あなたの学校はもう始まりましたか？／B：はい，月曜日に始まりました。／／on Monday があるので，過去形のエを選ぶ。現在完了は，明確に過去を表す語(句)(yesterday，last ～，～ ago など)とは一緒に使えない。

2．A：新しい英語の先生は好きですか？／B：ええ，好きです。イトウ先生はとても親切で，授業がおもしろいです。／／先生が好きな理由としては，先生が親切なことと，授業がおもしろいことと考えるのが自然。‘so ～ that …’「とても～なので…だ」の構文となるアは，親切なことが授業がおもしろい理由とはならないので不適切。

3．A：やあ，子どもたち，お母さんは今日，とても機嫌がいいようだね。何かあったのかい？／B：今日はお母さんの誕生日だよ，お父さん。僕たち，プレゼントでお母さんを驚かせたんだ。／／後ろに her があるので，目的語を取る動詞 surprise「～を驚かす」の過去形 surprised が適切。‘surprise *A* with *B*’で「*B* で *A* を驚かせる」。

4．「サトウ先生は英語の授業でよく音楽を使う。英語の歌を歌うのはとても楽しい」　Singing は主語となる動名詞。fun は「楽しみ，楽しいこと」という意味の名詞。Singing＝fun という関係。動名詞主語は単数扱い。

5．A：お父さん，この数学の宿題を手伝ってくれる？／B：いいけどね，ローラ，まずは自分でやってみてほしいものだな。／／‘want ～ to …’「～に…してほしい」の構文にする。

Ⅲ 〔整序結合〕

1．The bus was late「バスが遅れた」とした後，その理由を because of ～「～が原因で」を用いてbecause of an accidentとまとめる。‘because＋主語＋動詞’と‘because of＋名詞(句)’の違いに注意。 The bus was late because of an accident. Ａ：サリー，なぜ今朝のミーティングに来なかったのですか？／Ｂ：申し訳ありません，ブラウンさん。事故のためバスが遅れたのです。

2．‘give＋人＋物’「〈人〉に〈物〉を与える」の形でMy little sister gave me her favorite toyとまとめ，最後にforを置いて「クリスマスに」とする。 My little sister gave me her favorite toy for Christmas.「妹はクリスマスに彼女の大好きなおもちゃを私にくれた」

3．‘基数詞＋times as＋原級＋as ～’「～の…倍―」の構文にする。 The earth is about six times as large as the moon.「地球は月の約6倍の大きさだ」

4．very interestingなのはthe bookだと考えられるので，The bookを主語とし，wasを最後に置く。残りはI read last nightとまとめ，後ろからthe bookを修飾する。bookとIの間に目的格の関係代名詞が省略された形。 The book I read last night was very interesting. I recommend it.「私が昨夜読んだ本はとてもおもしろかった。私はそれをお勧めします」

5．to tellという不定詞句をつくり，これでsomethingを修飾する形にする(to不定詞の形容詞的用法)。また，somethingやanything，nothingを修飾する形容詞は後ろに置かれるので，something importantという順にする。 Can you come to my office after school, David? I have something important to tell you.「デイビッド，放課後，私のオフィスに来られますか？ あなたに伝えたい重要なことがありますので」

Ⅳ〔書き換え―適語補充〕

1．「私はこの大学で勉強している」を「私はこの大学の学生だ」と書き換える。「学生」はstudent。なお，studentはstudyの‘人を表す形’である。

2．「サムは別の仕事につくつもりだ」を「サムは仕事を変えるつもりだ」と書き換える。「仕事を変える」はchange jobsと表す。

3．「訪問者はこのバラ園に午前10時から午後5時まで入ることができる」を「このバラ園は午前10時から午後5時まで訪問者に開放されている」と書き換える。「～に開放されている」はbe open to ～で表せる。このopenは形容詞。

4．「ああ，あなたはこのソースのレシピを知りたいのですか？」の後の「申し訳ありませんが，私はあなたに教えるわけにはいきません」を「申し訳ありませんが，それは秘密です」と書き換える。「秘密」はsecret。

5．「ねえ，私の誕生日がジョン・レノンと同じであることを知っていますか」を「ねえ，私はジョン・レノンと誕生日を共有していることを知っていますか」と書き換える。‘share ～ with …’「～を…と共有する」の形にする。

Ⅴ〔対話文完成―適文選択〕

≪全訳≫❶テリー(Ｔ)：やあ，ロン。今，ガルシア先生の教室から出てきたよね？❷ロン(Ｒ)：ああ，やあ，テリーか。うん，そのとおりさ。今年も彼のスペイン語の授業を取っているんだ。❸Ｔ：そうか，驚いた。1君はスペイン語が大嫌いなんだと思ってたよ。❹Ｒ：今は違うよ。スペイン語はとてもおもしろいよ。卒業する前にスペイン語をマスターすることに決めたんだ。❺Ｔ：本当かい？ 2なぜ気持ちが変わったんだい？❻R：理由なんかないさ。ただ僕たちは物事をもっと真剣に受けとめなければならない時期に差しかかっていることに気づいただけだよ。❼T：へえ，とても大人の発言に聞こえるよ。❽R：あのさ，テリー，僕はもう大人だよ。とにかく，ようやく昼休みだ！❾T：ああ，もうおなかペコペコだよ。校庭でサンドイッチを食べようかな。❿R：いいね。3今日はとてもいい天気だね。⓫T：そうだね。じゃあ，一緒にどう？⓬R：4残念だけどちょっと無理なんだ。⓭T：そうなの，わかった，じゃあまたいつか。⓮R：うん。実は友達とハンバーガーショップに行くんだ。ああ，ほら，あそこにいるよ！　やあ，アントニア！　こんにちは！⓯T：なあ，ロン，君がスペイン語の授業を取っている理由がよくわかったよ。⓰R：いや，思いすごしさ，テリー。ああ，君も昼を一緒にどうだい？サンドイッチはおやつに取っておくことにして。⓱T：そうしよう。⓲R：よし，行こう。彼女が向こうで待ってるから。⓳T：君のガールフレンドが僕の下手なスペイン語を理解してくれるといいけど。

＜解説＞1．ロンが今年もスペイン語の授業を取っていると聞いたテリーが驚いた後の発言。この後のロンの返答から，ロンはスペイン語が大嫌いだと思っていた，というウが適切。 hate「～をひどく嫌う」　2．カ．What changed your mind？を入れると，この後のNothing. がNothing changed my mind. を簡潔に表したものと考えられ，会話が成り立つ。　3．この後のYes, it is. から，It's ～, isn't it？の付加疑問になっているオが適切。　4．この後の，maybe some other time は，今回は無理だが，いつか改めて実現させようと提案するときの言葉なので，ロンはテリーの誘いを断ったと考えられる。I'm afraid not.「申し訳ないが〔残念だが〕だめだ〔そうではない〕」は誘いを断る場合などに使われる表現。　5．この後の内容から，一緒にランチを食べに行こうというロンの提案に賛成しているとわかる。Why not？は，相手の提案に同意して，「いいですよ」という意味。

Ⅵ〔長文読解総合―説明文〕

≪全訳≫❶「ピクトグラム（絵文字）」という言葉を聞いたことがあるだろうか。それは公共の場所で単語や語句を使わずにいろいろな情報を示す標識だ。❷あなたが韓国の百貨店にいて，本当にトイレに行きたいとしよう。あなたはその標識を探す。そしてこれを見つける。残念ながら，あなたはそれを読むことができない。しかし，あなたが下の標識を見れば，すぐにトイレがどこにあるかがわかるだろう。絵文字は①その国で話されている言語がわからなくても役に立つのだ。❸絵文字はどのようにして世界中に広がったのだろうか。実は1964年の東京オリンピックが行われたとき，日本で広く使われるようになったのだ。当時，日本人が海外に旅行することも，外国人が日本に来ることもあまり一般的ではなかった。当然，英語やフランス語，中国語などの外国語を理解できる日本人はほとんどいなかった。そのような難しい状況の中，オリンピックが東京で開催されることになり，世界中の多くの人が来ることが予想された。人々がオリンピックの準備をしている間に，言語の壁という大きな問題が見つかった。ほとんどの情報は日本語だけで書かれていた。これでは，外国人はその標識を理解できない。この問題を解決するために，アートディレクターの勝見勝が行動を起こした。彼は若いデザイナーたちを集め，誰もが理解できる標識をつくり始めた。それらが「絵文字」だった。❹勝見氏とデザイナーたちは数か月で約60の絵文字をつくった。その中には陸上競技やサッカー，バレーボール，柔道などのオリンピックの競技種目を示すものもあった。またレストランや郵便局，トイレなどを示すものもあった。❺オリンピック後，勝見氏は絵文字は日常生活でとても役立つだろうと考えたので，彼と若いデザイナーたちは誰もがそれを自由に使うことを許可した。彼らのおかげで，絵文字はオリンピックや世界の人々に今なお使われているのだ。❻一般の人が考案した絵文字もある。それは，ホテルや劇場，学校などで安全な場所に誘導する非常口の標識だ。1970年代初め，大阪と熊本の百貨店で大きな火災が２件発生した。それぞれの火事で100人以上が死亡した。その後，全ての公共の場所に火災時の非常口標識を設置する義務が課された。しかし，当時，火災時の非常口標識は「非常口」と漢字で書かれているだけだった。子どもや外国人観光客は日本語のその標識を理解できなかった。そういう訳で新しい絵文字が必要となり，一般の人たちから新しいアイデアが集められた。その後，多くの会議の後，現在の火災時の非常口の絵文字が決定された。❼私たちは2020年の東京オリンピックを楽しみにしている。外国人にとって理解しにくい絵文字がいくつかあったので，数名のデザイナーが新しい絵文字をつくるよう依頼された。この絵を見てみよう。日本人はこれが温泉を意味することを知っているが，外国人の中には，これが麺類のお店や温かい食事を提供するレストランを示すものだと考える人もいる。そこで別の新しい温泉の標識がつくられた。下の絵がそれだ。次の絵を見てみよう。どういう意味だろうか。実はコンビニエンスストアを意味するものなのだ。この絵を見れば，海外の人々はコンビニがどこにあるのかを簡単に見つけることができる。❽「誰にでも簡単にわかるものがあってしかるべきだ」という合言葉のもとに，50年以上前に多くの絵文字が生まれ，以来世界中に広がっている。今，それらは私たちの生活を助けている。2020年の東京オリンピックを私たちは待っている。絵文字は日本や世界中でどのようなものになるだろう。

1＜要旨把握＞A．「ピクトグラム(絵文字)」という言葉の説明から始まり，その例として韓国の百貨店におけるトイレの標識が挙げられている。　B．絵文字が普及するきっかけとなったのは1964年の東京オリンピックであることが述べられている。　C．1964年の東京オリンピックではオリンピックの種目や公共施設を示す絵文字がつくられたことが述べられている。　D．オリンピック後，勝見氏と若いデザイナーたちが自分たちのつくった絵文字を誰もが自由に使えるように決めた，ということが述べられている。　E．一般の人が発案した非常口の標識について述べられている。　F．2020年の東京オリンピックに向けて，今までとは異なる図柄の温泉の標識や新たにコンビニの標識がつくられたことが述べられている。

2＜適語句選択＞ここまでの内容から，絵文字とは文字を使わずに絵で情報を提供するものだとわかるので，言語がわからなくても助けてくれるという内容のエが適切。

3＜指示語＞「そのような難しい状況」の具体的な説明は直前の２文に書かれている。その内容を簡潔にした，ア．「外国に行ったり，外国語を理解する日本人は多くなかった」が適切。

4＜英問英答＞「③『言語の壁』とは何か」―イ．「言語の違いのせいでコミュニケーションが取れない人にとっての難しい状況」　下線部③の直後の「ほとんどの情報は日本語だけで書かれていた。これでは，外国人はその標識を理解できないだろう」から判断できる。

5＜英問英答＞「1964年の東京オリンピックが終わったとき，勝見氏と若手デザイナーたちは世界のために何をしたか」―ア．「絵文字を使う他の人からお金を受け取る権利を放棄した」　第５段落第１文参照。「誰もがそれを自由に使うことを許可した」とは著作権を放棄したということ。

6＜内容一致＞「1970年代初期の２つの大火災は(　　)」―エ．「より良い非常口の標識をつくるきっかけとなった」　第６段落第３～最終文参照。

7＜英問英答＞「2020年の東京オリンピックの前に新しい温泉の標識がつくられたのはなぜか」―イ.「外国人はそれを温かい物を食べる場所と考えるかもしれないから」 第7段落第4文参照。

8＜英文解釈＞「下線部④はどういう意味か」―ウ.「私たちは世界中の人々に理解されるものをつくらなければならない」 下線部④の to understand は to不定詞の形容詞的用法で something を修飾している。for everyone は to不定詞の意味上の主語。

9＜内容真偽＞ア.「外国では，トイレを表す語が読めないとき，トイレを表す絵文字が役に立つ」…○ 第2段落に一致する。 イ.「絵文字は1964年のオリンピックの後に勝見氏と若手デザイナーたちによって始められた」…× 第3段落参照。絵文字が始まったのは1964年のオリンピックの準備段階から。 ウ.「1964年のオリンピックには2種類の絵文字がつくられ，それは競技種目と場所を表すものだった」…○ 第4段落参照。種目を示すものと公共施設を示すものの2種類がつくられた。 エ.「1970年代初期の火事は，一般の人々から新しい絵文字のアイデアを募集する機会となった」…○ 第6段落後半に一致する。 オ.「屋根の下のサンドイッチとペットボトルの標識は，コンビニのある場所を示している」…○ 第7段落後半に一致する。 カ.「絵文字が世界中に広がり，私たちの暮らしに役立つのに50年以上かかった」…× 第8段落第1文参照。50年以上前に生まれた絵文字は，それ以来世界中に広がってきた，とあるのだから，浸透するのに50年以上かかったとするのは誤り。

Ⅶ〔適語補充〕

1.「シー。図書館内では静かにしてください。人々はここで読書をしているのですから」

2. A：あなたの家にはどうやって行けばいいの，エイミー？／B：ああ，簡単よ。地図を描いてあげるわ。∥draw a map「地図を描く」

3.「昨年，私は入院したのだが，そこのスタッフはとても親切にしてくれた。それ以来，私は医者か看護師になりたいと思っている」

4.「この学校では午前に4つの授業があり，午後に2つの授業がある。1時間目の授業は8:50に始まり，昼食後，5時間目の授業は1:20から始まる」 fifth「5番目の」

5.「私の祖父は今年100歳になる。今週末，私の家族全員で彼の誕生日を祝う予定だ」

Ⅷ〔条件作文〕

1. 今日の曜日を尋ねる言い方は What day (of the week) is (it) today? である。なお，日付を尋ねる言い方は What day of the month is (it) today? または What is the date today? である。

2.'数'を尋ねる疑問文は'How many＋複数名詞'で始める。How many parks の後は，are there in this town のほか，do you have in this town や does this town have などとしてもよい。

Ⅸ〔和文英訳―完全記述〕

1. you を主語にし，選択疑問文(*A* or *B*)の形で表す。解答例の make は bake でもよい。

2.「上手だね」は「上手にプレーする」と考え，play better と表せばよい。また I'm a better player than him〔he (is)〕. としてもよい。

数学解答

1 (1) $18x^5y$　(2) $x=\dfrac{-1\pm\sqrt{13}}{2}$

(3) $\sqrt{21}$　(4) 4　(5) $\dfrac{7}{18}$

(6) 108°　(7) $\dfrac{25}{18}$

2 (1) $y=2x+3$　(2) $(4,\ 16)$　(3) 25

3 (1) 1　(2) $\sqrt{6}$　(3) $\dfrac{1}{2}$

4 (1) $2\sqrt{5}$　(2) 18　(3) $\dfrac{40}{3}$

1〔独立小問集合題〕

(1)＜式の計算＞与式 $=4xy^3\div\dfrac{y^2}{9x^2}\times\dfrac{x^2}{2}=4xy^3\times\dfrac{9x^2}{y^2}\times\dfrac{x^2}{2}=\dfrac{4xy^3\times9x^2\times x^2}{y^2\times2}=18x^5y$

(2)＜二次方程式＞$3(x^2-4x+4)=4x^2-8x-3x+6+3$，$3x^2-12x+12=4x^2-11x+9$，$-x^2-x+3=0$，$x^2+x-3=0$　解の公式より，$x=\dfrac{-1\pm\sqrt{1^2-4\times1\times(-3)}}{2\times1}=\dfrac{-1\pm\sqrt{13}}{2}$ である。

(3)＜式の値＞与式 $=\dfrac{x^2-y^2}{xy}=\dfrac{(x+y)(x-y)}{xy}$ と変形できる。$x+y=(\sqrt{7}+\sqrt{3})+(\sqrt{7}-\sqrt{3})=2\sqrt{7}$，$x-y=(\sqrt{7}+\sqrt{3})-(\sqrt{7}-\sqrt{3})=2\sqrt{3}$，$xy=(\sqrt{7}+\sqrt{3})(\sqrt{7}-\sqrt{3})=(\sqrt{7})^2-(\sqrt{3})^2=7-3=4$ となるから，与式 $=\dfrac{2\sqrt{7}\times2\sqrt{3}}{4}=\sqrt{21}$ である。

(4)＜一次方程式の応用＞x に解である 2 を代入すると，$\dfrac{2-a}{2}-\dfrac{2-2a}{3}=1$ となるから，両辺を 6 倍して解くと，$3(2-a)-2(2-2a)=6$，$6-3a-4+4a=6$　$\therefore a=4$

(5)＜確率―さいころ＞大小 2 個のさいころを同時に投げるとき，出た目の数をそれぞれ a，b とすると，目の出方はそれぞれ 6 通りずつあるから，a，b の組は全部で $6\times6=36$(通り)ある。$\dfrac{b}{a}$ が整数になるのは，a が b の約数の場合で，$a=1$ のときは，b は 1～6 のどれでもいいから 6 通りあり，$a=2$ のときは $b=2$，4，6 の 3 通り，$a=3$ のときは $b=3$，6 の 2 通りあり，$a=4$ のときは $b=4$，$a=5$ のときは $b=5$，$a=6$ のときは $b=6$ の 1 通りずつある。よって，合わせて $6+3+2+1\times3=14$(通り)あるから，求める確率は $\dfrac{14}{36}=\dfrac{7}{18}$ である。

(6)＜図形―角度＞右図 1 で，点 O と点 P，点 A と点 R を結ぶ。$\angle PRB=\angle ARB+\angle ARP$ である。半円の弧に対する円周角は 90° だから，$\angle ARB=90^\circ$ である。また，$\angle AOP=180^\circ\div5=36^\circ$ であり，$\overset{\frown}{AP}$ に対する円周角だから，$\angle ARP=\dfrac{1}{2}\angle AOP=\dfrac{1}{2}\times36^\circ=18^\circ$ である。よって，$\angle PRB=90^\circ+18^\circ=108^\circ$ となる。

図 1

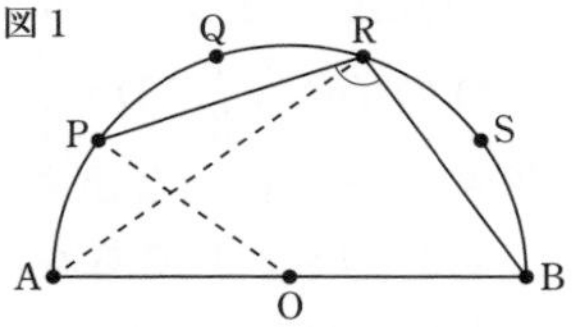

(7)＜図形―長さ＞右図 2 で，AB∥ED より，△ABC∽△EDC となるから，CA：CE＝AB：ED である。△ABC で三平方の定理より，$AB=\sqrt{BC^2+CA^2}=\sqrt{12^2+5^2}=\sqrt{169}=13$ である。よって，$CE=x$ とすると，$AE=5-x$ と表され，折り返したことで，$ED=AE=5-x$ となるから，$5：x=13：(5-x)$ が成り立つ。これを解くと，$x\times13=5\times(5-x)$ より，$18x=25$，$x=\dfrac{25}{18}$ となる。

図 2

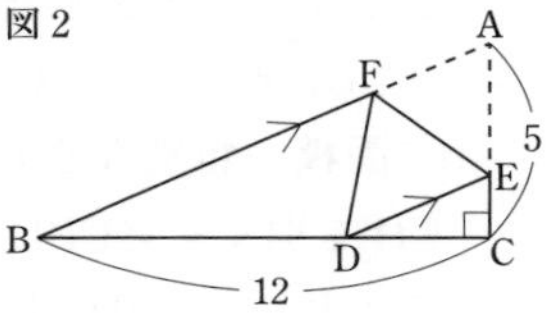

2〔関数―関数 $y=ax^2$ と直線〕

≪基本方針の決定≫(3)　対角線 AC で 2 つの三角形に分け，さらに等積変形を利用する。

(1)＜直線の式＞次ページの図で，$B(-1,\ 1)$，$C(3,\ 9)$ より，直線 BC の傾きは $\dfrac{9-1}{3-(-1)}=2$ である。

よって，その式は$y=2x+m$とおけ，点Bの座標より，$x=-1$，$y=1$を代入して，$1=2\times(-1)+m$，$m=3$となる。よって，直線BCの式は$y=2x+3$である。

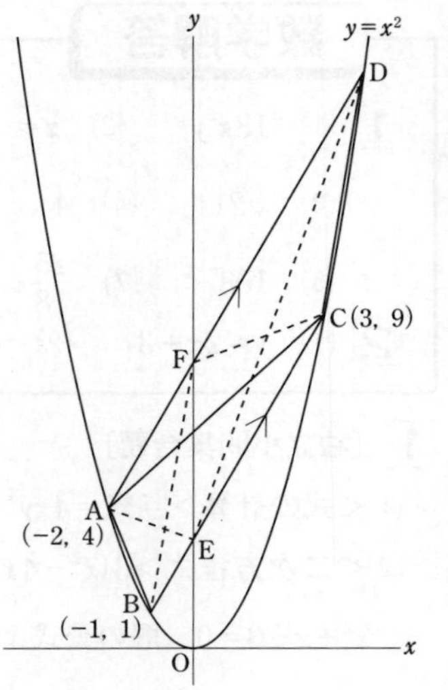

(2)＜座標＞右図で，BC∥ADより，直線ADの傾きは直線BCの傾きに等しく2である。これより，その式は$y=2x+n$とおけ，点Aの座標より，$4=2\times(-2)+n$，$n=8$となる。よって，直線ADの式は$y=2x+8$であり，点Dはこの直線と放物線$y=x^2$との交点だから，2式からyを消去して，$x^2=2x+8$より，$x^2-2x-8=0$，$(x+2)(x-4)=0$　$\therefore x=-2,\ 4$　したがって，点Dのx座標は4である。このとき，$y=4^2=16$だから，D(4, 16)となる。

(3)＜面積＞右図で，点Aと点Cを結ぶと，〔四角形ABCD〕＝△ABC＋△ACDである。y軸と直線BC，直線ADの交点をそれぞれE，Fとすると，直線BC，直線ADの切片より，E(0, 3)，F(0, 8)である。点Fと2点B，Cをそれぞれ結ぶと，BC∥ADより，△ABC＝△FBC＝△FBE＋△FECとなる。△FBE，△FECの底辺をEF＝8−3＝5と見ると，高さは2点B，Cのx座標−1，3より1，3だから，$\triangle FBC=\frac{1}{2}\times5\times1+\frac{1}{2}\times5\times3=10$となる。よって，△ABC＝10である。次に，点Eと2点A，Dをそれぞれ結ぶと，同様にして，△ACD＝△AED＝△AEF＋$\triangle FED=\frac{1}{2}\times5\times2+\frac{1}{2}\times5\times4=15$となり，△ACD＝15である。以上より，〔四角形ABCD〕＝10＋15＝25となる。

3 〔平面図形—円〕

≪基本方針の決定≫(2)　△BPDの形状を考える。　(3)　点Cから直径ADに垂線を引き，この長さを考える。

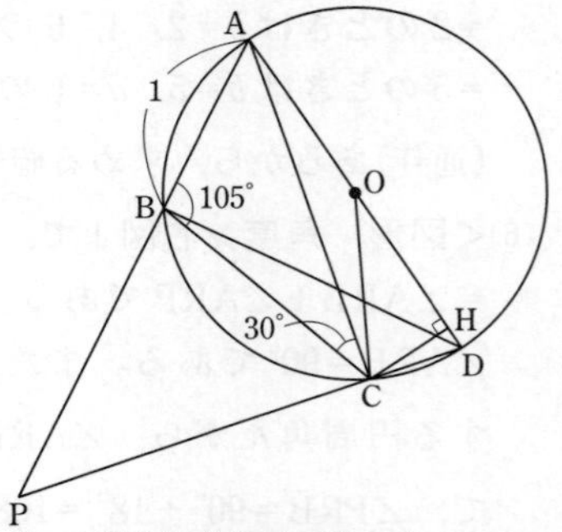

(1)＜長さ—特別な直角三角形＞右図で，線分ADは円Oの直径だから，∠ABD＝90°である。また，$\overset{\frown}{AB}$に対する円周角より，∠BDA＝∠BCA＝30°だから，△ABDは3辺の比が$1:2:\sqrt{3}$の直角三角形となり，AD＝2AB＝2×1＝2である。よって，円Oの半径は$\frac{1}{2}AD=\frac{1}{2}\times2=1$である。

(2)＜長さ—特別な直角三角形＞右図で，(1)より，$BD=\sqrt{3}AB=\sqrt{3}\times1=\sqrt{3}$である。また，△ABCの内角の和より，∠BAC＝180°−(105°＋30°)＝45°だから，$\overset{\frown}{BC}$に対する円周角より，∠BDC＝∠BAC＝45°である。よって，△BPDは∠PBD＝90°の直角二等辺三角形だから，$PD=\sqrt{2}BD=\sqrt{2}\times\sqrt{3}=\sqrt{6}$となる。

(3)＜面積—特別な直角三角形＞右上図のように，中心Oと点Cを結び，点Cから直径ADに垂線CHを引く。∠CBD＝∠ABC−∠ABD＝105°−90°＝15°であり，$\overset{\frown}{CD}$に対する円周角と中心角の関係より，∠COD＝2∠CBD＝2×15°＝30°となる。よって，△OCHは3辺の比が$1:2:\sqrt{3}$の直角三角形だから，$CH=\frac{1}{2}OC=\frac{1}{2}\times1=\frac{1}{2}$である。したがって，$\triangle ACD=\frac{1}{2}\times AD\times CH=\frac{1}{2}\times2\times\frac{1}{2}=\frac{1}{2}$となる。

≪別解≫右上図で，∠ACD＝90°より，$\triangle ACD=\frac{1}{2}\times CD\times AC$である。(2)より，△APC，△BPD

は直角二等辺三角形であり，$BP=BD=\sqrt{3}$，$AP=\sqrt{3}+1$ だから，$AC=PC=\frac{1}{\sqrt{2}}AP=\frac{1}{\sqrt{2}}(\sqrt{3}+1)=\frac{\sqrt{6}+\sqrt{2}}{2}$ となる。よって，$CD=PD-PC=\sqrt{6}-\frac{\sqrt{6}+\sqrt{2}}{2}=\frac{\sqrt{6}-\sqrt{2}}{2}$ だから，$\triangle ACD=\frac{1}{2}\times\frac{\sqrt{6}-\sqrt{2}}{2}\times\frac{\sqrt{6}+\sqrt{2}}{2}=\frac{1}{2}$ である。

4〔空間図形―三角柱〕

≪基本方針の決定≫(3)　立体ABC-MENの体積は，三角錐A-BNCと四角錐N-ABEMに分けて求められる。

(1)＜長さ―三平方の定理＞右図1で，$MD=\frac{1}{2}DE=\frac{1}{2}\times4=2$，$AD=4$ だから，△AMDで三平方の定理より，$AM=\sqrt{MD^2+AD^2}=\sqrt{2^2+4^2}=\sqrt{20}=2\sqrt{5}$ である。

図1

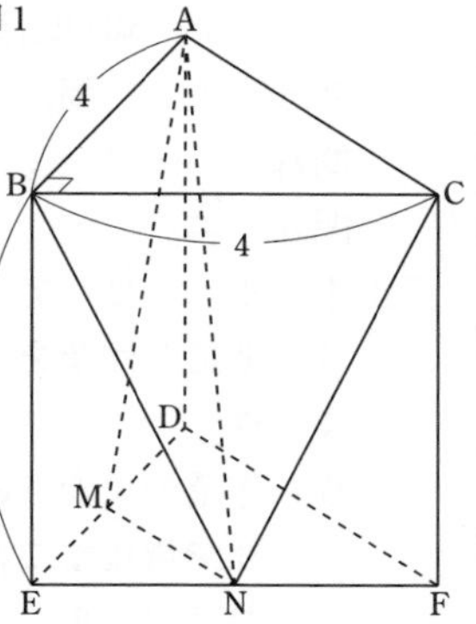

(2)＜面積―三平方の定理＞右図1で，△AMD≡△CNFだから，(1)より，$CN=AM=2\sqrt{5}$ である。よって，四角形AMNCは，右下図2のような台形になる。図1で，△ABC，△MENは直角二等辺三角形だから，$AC=\sqrt{2}AB=\sqrt{2}\times4=4\sqrt{2}$，$ME=MD=2$ より，$MN=\sqrt{2}ME=\sqrt{2}\times2=2\sqrt{2}$ である。図2で，2点M，Nから辺ACに垂線MH，NIを引くと，AC∥MNだから，四角形HMNIは長方形で，$HI=MN=2\sqrt{2}$ であり，△AMH≡△CNIとなる。よって，$AH=CI=(AC-HI)\div2=(4\sqrt{2}-2\sqrt{2})\div2=\sqrt{2}$ である。したがって，△AMHで三平方の定理より，$HM=\sqrt{AM^2-AH^2}=\sqrt{(2\sqrt{5})^2-(\sqrt{2})^2}=\sqrt{18}=3\sqrt{2}$ となるから，〔四角形AMNC〕$=\frac{1}{2}\times(4\sqrt{2}+2\sqrt{2})\times3\sqrt{2}=18$ である。

図2

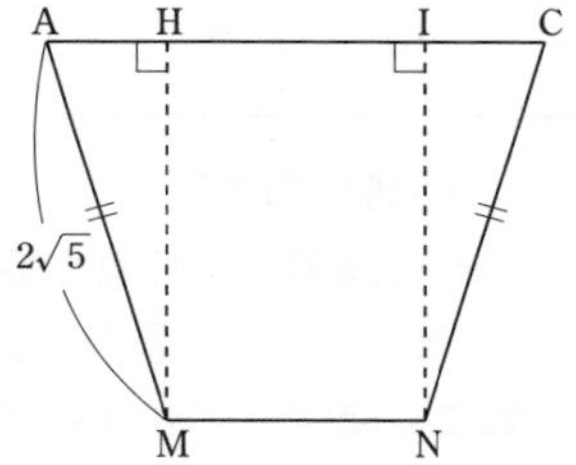

(3)＜体積＞点Fを含む方の体積を，〔三角柱ABC-DEF〕−〔立体ABC-MEN〕として求める。〔三角柱ABC-DEF〕＝$\triangle ABC\times BE=\left(\frac{1}{2}\times4\times4\right)\times4=32$ である。立体ABC-DEFを，右上図1のように面ABNで四角錐N-ABEMと三角錐A-BNCに分ける。四角錐N-ABEMは四角形ABEMを底面と見ると，高さはNEとなるから，〔四角形ABEM〕$=\frac{1}{2}(4+2)\times4=12$，$NE=\frac{1}{2}EF=\frac{1}{2}\times4=2$ より，〔四角錐N-ABEM〕$=\frac{1}{3}\times12\times2=8$ となる。また,〔三角錐A-BNC〕$=\frac{1}{3}\times\triangle BNC\times AB=\frac{1}{3}\times\left(\frac{1}{2}\times4\times4\right)\times4=\frac{32}{3}$ となる。以上より，求める立体の体積は $32-\left(8+\frac{32}{3}\right)=\frac{40}{3}$ である。

≪別解≫右図3のように，頂点Fを含む方の立体を線分MH，線分NIを含み底面に垂直な面HMH′，面INI′で3つの立体に分ける。$\angle MDH'=\angle NFI'=45°$ だから，△MDH′，△NFI′は直角二等辺三角形であり，$MH'=NI'=DH'=AH=\sqrt{2}$ である。よって，〔四角錐M-ADH′H〕＝〔四角錐N-CFI′I〕$=\frac{1}{3}\times$〔長方形ADH′H〕$\times MH'=\frac{1}{3}\times(\sqrt{2}\times4)\times\sqrt{2}=\frac{8}{3}$,〔三角柱HMH′-INI′〕$=\triangle HMH'\times HI=\left(\frac{1}{2}\times4\times\sqrt{2}\right)\times2\sqrt{2}=8$ だから，求める体積は $\frac{8}{3}\times2+8=\frac{40}{3}$ となる。

図3

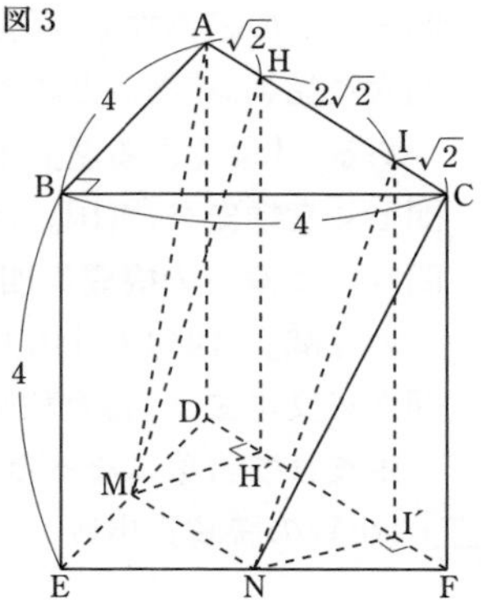

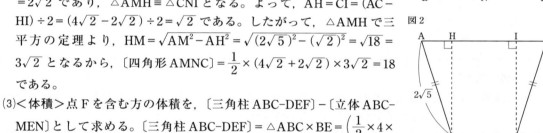

国語解答

一　問一　①　にゅうわ　②　つくろ
　　　　③　しさ
　　問二　①　映　②　希薄〔稀薄〕
　　　　③　待遇
　　問三　①…オ　②…ウ
　　問四　①　［旧］態［依］然
　　　　②　順［風］満［帆］
　　問五　イ　　問六　エ　　問七　イ
　　問八　①…ア　②　絶，滅，雪
　　問九　エ

二　1　イ　　2　ア
　　3　地道な作業を淡々とこなす［姿。］
　　4　ウ
　　5　作業の大変さにはふれず，ありきたりで無難なことをよどみなく述べただけだから。
　　6　オ　　7　ア　　8　ウ　　9　オ
　　10　ウ，オ
　　11　見えないところで地道な作業を淡々とこなす人を見て，自分の甘さを痛感したこと。(38字)

三　1　エ
　　2　時代遅れの寡黙で受動的な読者［の立場。］
　　3　ことばの礎が古く石のようにかたまった［人たち。］
　　4　ア　　5　イ　　8　オ　　6　ウ
　　7　エ
　　9　身体の内にもあって，外と常に往来し，身体の内に深く入り込んで思考と一体となると，人が自在にコントロールできなくなる［存在。］
　　10　思考と一体化して内面を変える力が自覚されず，ことばが道具のように扱われるため。(39字)

一〔国語の知識〕

問一＜漢字＞①性質や態度などが，優しく穏やかでおとなしいこと。　②音読みは「修繕」などの「ゼン」。　③それとなく気づかせる，という意味。

問二＜漢字＞①音読みは「反映」などの「エイ」。他の訓読みは「うつ(る)・うつ(す)」。　②ある要素が乏しいこと。　③給与や地位などの扱いのこと。

問三＜慣用句＞規律も秩序もない群衆のことを，「烏合の衆」という。隠していたことがあらわれることを，「馬脚を露す」という。懸命にものを探し出そうとするさまを，「鵜の目鷹の目」という。非常に危険なことをすることをたとえて，「虎の尾を踏む」という。都合のいいように数をごまかすことを，「鯖を読む」という。

問四＜四字熟語＞①昔のままで，変化や発展や進歩が何もないさまを，「旧態依然」という。　②物事が順調に進んでいくさまを，「順風満帆」という。

問五＜文の組み立て＞「彼」は，最優秀選手賞を受賞したことに満足せず，「さらに」「努力」した。

問六＜品詞＞「あるところに」の「ある」は，連体詞。「優しさがある」「あるまじきこと」「可能性はある」「よくある話」の「ある」は，動詞。

問七＜文学史＞『雪国』は，川端康成の小説である。

問八①＜漢詩の構成＞四句からなり，一句が五言である。　②＜漢詩の技法＞一句の「絶」，二句の「滅」，四句の「雪」が，韻を踏んでいる。

問九＜文学史＞『古今和歌集』の仮名序では，和歌，すなわち「やまとうた」について，人の心から生まれて言葉になったことや，詠まれ方や，大まかな和歌史などが述べられている。

二〔小説の読解〕出典；宮下奈都『転がる小石』。

1＜文章内容＞「私」が行くパン屋では，「特に宣伝しているわけでもなさそう」なのに，店には「客足が途絶えること」がなく，「地味なパンがひっそりと売れて」いく。それは，その「地味なパン」のよさがわかる人が世の中には少なからずいる，ということである。

2＜文章内容＞「普段はパンを焼くどころか料理もせずに済ませたいほう」である「私」は，「罪滅ぼしみたいな気分」で「参加します」と思わず申し出た。

3＜文章内容＞パン屋の主人は，「黙々と小麦を篩い続け」ていた。その「地道な作業を淡々とこなす」姿が，「求道者」のようなひたむきさを感じさせた。

4＜文章内容＞「私」は，パン屋になりたかったのに「あんなの見ちゃったら，楽においしいパンを焼こうなんて考えられなくなる」からやめたと言って涙をこぼした陽子ちゃんに，関心を抱き，こんな人は教室でパンを焼いていたときはどんな様子だったのだろうと思った。

5＜文章内容＞「楽しかった」「おいしかった」「感動しました」などは，ありきたりの言葉で，重労働の大変さなどにはふれない無難な感想でしかない。参加者たちは，何も引っかかるところのない言葉を，よどみなく言っただけである。

6＜心情＞陽子ちゃんは，この後，「パン屋になりたかった」けれども「あんなの見ちゃったら，楽においしいパンを焼こうなんて考えられなく」なったと語った。彼女は，教室終了直後から，パンづくりの工程を思い出しながら，自分にはできないという思いを自身の中で確かめていたのだろう。

7＜表現＞「地道な作業を淡々とこなす」タイプの「すごい人」には，人はなかなか気づかない。人目につき，見た瞬間にすごいと思えるようなものの方が，「ぱっと」して見えるのである。

8＜文章内容＞陽子ちゃんは，パン屋になりたかったのに，教室に参加して「自分では決して焼かないことに」したと言った。「私」も，自分が「上等だと思っていた世の中を，実はなめていたのかもしれない」と気づいた。二人はそれぞれ，大切なことを知ったのである。

9＜心情＞二人とも，店の主人のすごさに打たれ，自分の甘さに気づいて「敬虔な気持ち」になった。「私」は，その衝撃が消えない中で「広い空の下でひとりぼっち」になるのが不安だった。

10＜文章内容＞陽子ちゃんは，教室が終わった後，自分の感じたことをまっすぐありのままに述べた。陽子ちゃんは，「髪の長い，可愛い女の子」で，「可愛らしいタイプ」である。

11＜文章内容＞二人は，パン屋の主人を見て，「敬虔な気持ち」になった。「私」は，自分が「世の中を，実はなめていたのかもしれない」と気づき，陽子ちゃんは，「楽においしいパンを焼こうなんて考えられなくなる」と言った。二人とも，自分の甘さを痛いほど感じたのである。

三〔論説文の読解―芸術・文学・言語学的分野―言語〕出典；藤原智美『ネットで「つながる」ことの耐えられない軽さ』「ことばが社会をつくる」。

≪本文の概要≫ケータイやタブレットは，今や社会の根本を変えつつある。ネットワークは，スタンダードな生活基盤となり，現代的知性を獲得する最大最強の場になったかのようでさえある。一方で，紙上に印刷された文字を追う者は，時代遅れの寡黙で受動的な読者にすぎず，ネットワークを通して他者とつながることができない。言葉は，他者との関わりや自己表現や思考の際に不可欠のものであり，これが混線してはたらかなくなると，人の存在基盤は脆弱化する。今の世の中でも，電子ネットワークの出現で，人を支え，社会を束ねている言葉そのものが大きく変化して，むしろ言論や表現の自由が制限されて，窮屈になっている。言葉は，人の外部に存在するモノ，道具ではなく，身体の内にもあって，外と常に往来している，自分自身の存在にとって不可欠なものである。ぼくたちの知的フィルターは頼りないもので，言葉は，直接人の内部に入り込んでくる。そのため，ぼくたちは，言葉に振り回されたり操られたりしていることもあるし，暴走したりキレたりすることにもなる。知らず知らずのうちに，言葉の変化に適応して自分が変わってしまっていても意識できないということも，起こるのである。

1＜文章内容＞「ぼく」は，「めまぐるしく流れていくことばの洪水が，ただただノイズを発しているだけに感じられる」ようになり，「ことばにつまずいて，書くこと，読むことがスムーズにいかなく」なった。これは，個人の「医学的な『症状』」ではなく，社会全体の現象だと考えられる。

2＜文章内容＞乗客全員がスマートフォンとタブレットに見入っている電車内で，「ぼく」は，新聞と文庫本しか持たず，「紙上にプリントされた文字を追う」ことしかできない。そのときの「ぼく」は，「時代遅れの寡黙で受動的な読者」にすぎない。

3＜文章内容＞「電子ネットワークの出現で，人を支え，社会を束ねていることばそのものが大きく変化している」今の社会では，新しい「ことば」を使える人たちは，ネットで「つながる」ことができるが，「ことばの礎が古く石のようにかたまった人々」は，「世のなかで起こっている言語の変容になじめないままはじきだされている」ともいえ，「つながらない」のである。

4＜文章内容＞「ことば」は「人が他者とかかわったり，自分を表現したり，思考する際になくてはならないもの」であり，「これが混線し働かなくなると，人の存在基盤が脆弱化」する。電子ネットワークの出現に伴い，「あらたなことばの仕組み」にふれるようになると，「ことば」は「混線」し，「人の存在基盤」は「脆弱化」してしまう。しかし，新しい「ことば」にふれずに紙とインクの世界に閉じこもれば，他者との関わりや自己表現や思考は，限られたものにとどまってしまう。

5・8＜接続語＞5.「人を支え，社会を束ねていることばそのものが大きく変化している」中で，「紙とインクの世界にとじこもっていればだいじょうぶだ，というわけにはいかない」けれども，「電子ネットワーク出現以降の，あらたなことばの仕組みに適応していると思っていても，自分のなかにある『とまどい』や『緊張』に気づかないだけということ」もある。　8.「長く紙とインクのことばに慣れ親しんできた人」ほど「電子ネットワークがひき起こす思考の亀裂に落っこちてあがいている」が，「たいてい原因は自分にあると考えて，そのままになって」しまうのは，人が，「ことばをコミュニケーションの道具だととらえてしまう」からである。

6＜文章内容＞電子ネットワークが出現してから，「ぼく」は，「不快な窮屈さ」をいつも感じていた。現代では，一見，「言論の自由」や「表現の自由」は保障されているが，実際には，インターネットで「言語的な活動範囲を爆発的に拡大した」ことの「代償」として，「言語の自由」は「制限」され始め，「思考」は「見えない壁でかこまれ」るようになっている。

7＜文章内容＞電子ネットワークが出現したことで，「人を支え，社会を束ねていることばそのものが大きく変化」した。その結果，「自分を表現したり，思考する際になくてはならない」ものである「ことば」が「混線し働かなく」なり，「人の存在基盤」は「脆弱化」してしまった。

9＜文章内容＞「ことば」は，「身体深くに入りこみ，思考と一体」となる。そのとき，「ことば」は，人が自在にコントロールできるものではなくなる。「ことば」は，「人の外部に存在するモノ，道具ではなく，身体の内にもあって，外と常に往来している」ものであり，「自分自身のもう一つの心臓や背骨といってもいい不可欠なもの」なのである。

10＜文章内容＞「知的フィルター」が「頼りない」ために，人は「暴走」し，「キレる」ことになる。このときには，「他者のことばが直接に人の内部に飛びこんで」きて，「知的作業などふっとばして，きわめて感情的にキャッチされ打ち返されて」いる。このようなことが起こるのは，「ことばは人にダイレクトに届きでていく」ものであることが省みられず，「知らず知らずにことばの変化に適応して，昨日の自分がいまの自分とは異なっていても意識できない」まま，「ことば」が自分の外部にあって自在にコントロールできる「道具」のように扱われるためである。

●要点チェック●　図形編―合同

◎図形の合同

合同……一方の図形を移動させて(ずらしたり《平行移動》，回したり《回転移動》，裏返したり《対称移動》して)，他方の図形に重ね合わせることのできるとき，この２つの図形は合同である。

・合同な図形の性質

１．対応する線分の長さは等しい。

２．対応する角の大きさは等しい。

・三角形の合同条件

２つの三角形は次のどれかが成り立つとき合同である。

１．３組の辺がそれぞれ等しい。

２．２組の辺とそのはさむ角がそれぞれ等しい。

３．１組の辺とその両端の角がそれぞれ等しい。

1.

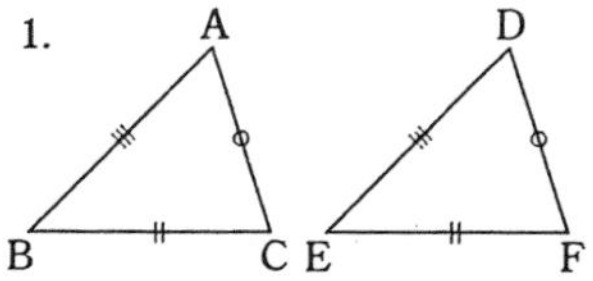

AB＝DE
BC＝EF
AC＝DF

2.

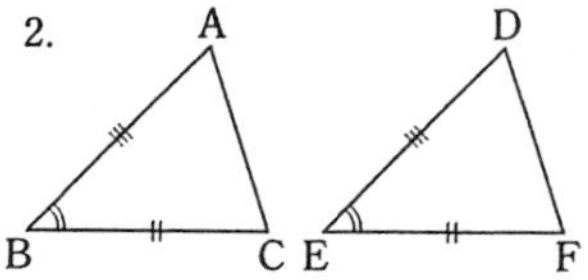

AB＝DE
BC＝EF
∠ABC＝∠DEF

3.

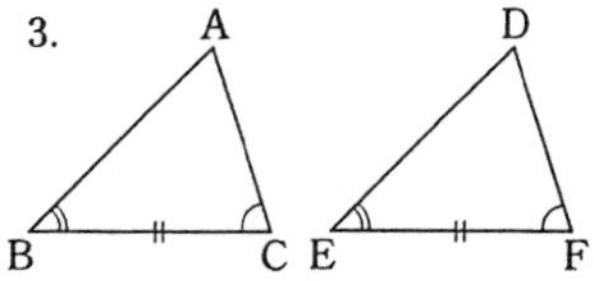

BC＝EF
∠ABC＝∠DEF
∠ACB＝∠DFE

・直角三角形の合同条件

２つの直角三角形は次のどちらかが成り立つとき合同である。

１．斜辺と１鋭角がそれぞれ等しい。

２．斜辺と他の１辺がそれぞれ等しい。

1.

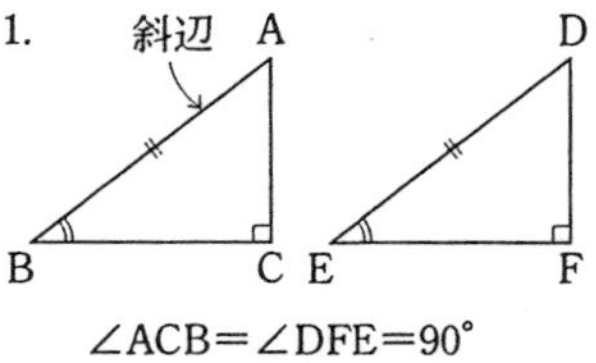

∠ACB＝∠DFE＝90°
AB＝DE
∠ABC＝∠DEF

2.

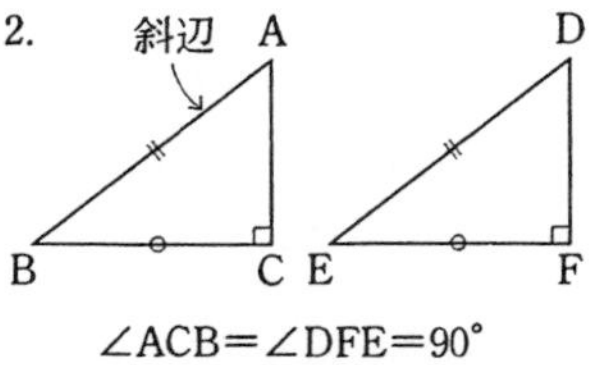

∠ACB＝∠DFE＝90°
AB＝DE
BC＝EF

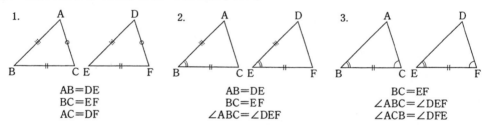

Memo

2025
年度用

高校を受験する生徒とご父母のための…

高校合格資料集

■首都圏有名書店にて今秋発売予定！

※表紙は昨年のものです。

内容目次

1. まず試験日はいつ？ 推薦ワクは？競争率は？
2. この学校のことは どこに行けば分かるの？
3. かけもち受験のテクニックは？
4. 合格するために大事なことが二つ！
5. もしもだよ！ 試験に落ちたらどうしよう？
6. 勉強しても成績があがらない
7. 最後の試験は面接だよ！

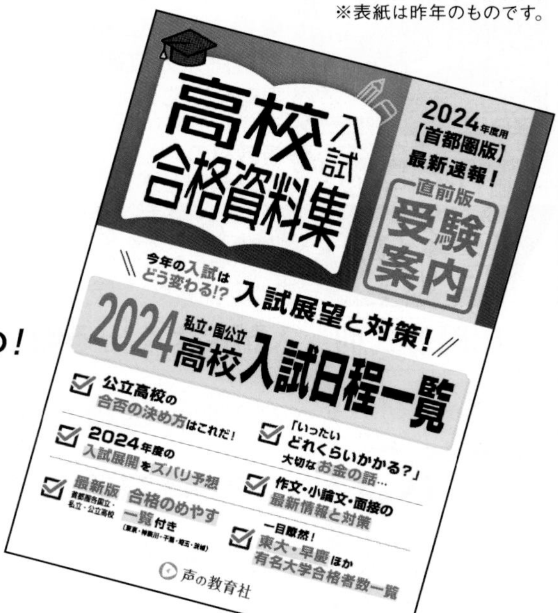

定価1430円（税込）

スーパー過去問の **解説執筆・解答作成スタッフ（在宅）募集！** ※募集要項の詳細は、10月に弊社ホームページ上に掲載します。

2025年度用
高校スーパー過去問

■編集人　声の教育社・編集部
■発行所　株式会社　声の教育社
〒162-0814 東京都新宿区新小川町8-15
☎03-5261-5061㈹ FAX03-5261-5062
https://www.koenokyoikusha.co.jp

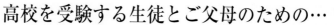

日本大学第二高等学校

別冊解答用紙

丁寧に抜きとって、別冊としてご使用ください。

★教科別合格者平均点＆合格者最低点

A

年度	英語	数学	国語	合格者最低点
2024	62.5	68.1	72.7	181
2023	63.0	67.3	67.1	171
2022	72.4	62.9	69.1	181
2021	78.3	58.3	77.3	193
2020	74.8	74.2	65.1	198
2019	69.3	71.5	56.2	166
2018	66.8	79.6	65.1	195

B

年度	英語	数学	国語	合格者最低点
2024	67.2	68.6	78.8	196
2023	65.5	72.6	70.4	186
2022	78.2	66.7	74.1	196
2021	81.4	64.6	78.5	208
2020	84.3	80.3	70.5	213
2019	76.6	76.2	60.0	181
2018	72.6	85.3	69.6	210

注意

○ 解答用紙は、収録の都合により縮小したものや、小社独自に作成したものもあります。
○ 学校配点は学校発表のもの、推定配点は小社で作成したものです。

○ 解答用紙を拡大コピーする場合、表示した拡大率に対応する用紙サイズは以下のとおりです。
101%～102%＝B5　103%～118%＝A4　119%～144%＝B4　145%～167%＝A3
（タイトルと配点表は含みません）

２０２４年度　日本大学第二高等学校

英語解答用紙

番号		氏名	

評点	／100

Ⅰ

Part Ⅰ				Part Ⅱ		
1	2	3	4	1	2	3

Part Ⅲ	1	
	2	

Ⅱ

1	2	3	4	5

Ⅲ

1		2		3		4		5	
a	b	a	b	a	b	a	b	a	b

Ⅳ

1	2	3	4	5

Ⅴ

1	2	3	4	5

Ⅵ

1			
【A】	【B】	【C】	【D】

2	3	4	5	6	7	8	9

Ⅶ

1	2	3	4	5

Ⅷ

1	
2	

（注）この解答用紙は実物を縮小してあります。Ａ３用紙に152％拡大コピーすると、ほぼ実物大で使用できます。（タイトルと配点表は含みません）

推定配点		計
	Ⅰ　Part Ⅰ，Part Ⅱ　各２点×７　Part Ⅲ　各３点×２ Ⅱ～Ⅶ　各２点×37　Ⅷ　各３点×２	100点

２０２４年度　日本大学第二高等学校

数学解答用紙

番号		氏名		評点	／100

1

(1)	
(2)	
(3)	$x =$
(4)	
(5)	
(6)	$y =$

2

(1)	D（　　　，　　　）
(2)	$t =$
(3)	A（　　　，　　　）

3

(1)	MN ＝
(2)	
(3)	

4

(1)	
(2)	AD：EF ＝　　　：
(3)	GE ＝
(4)	BF ＝

（注）この解答用紙は実物を縮小してあります。Ａ４用紙に105％拡大コピーすると、ほぼ実物大で使用できます。（タイトルと配点表は含みません）

推定配点		計
	1　各５点×６　　2～4　各７点×10	100点

二〇二四年度　日本大学第二高等学校

国語解答用紙

番号

氏名

評点　／100

一
問一　①　②　③
問二　①　②　③
問三　①　②　③
問四　①　②
問五　①　②　③
問六
問七　①　②　③
問八

二
問一　1　2　3　4　5　6　7　8　9
問二　生徒

三
問
1
▶8字
▶15字
2　3　4　5　6　7
8　①
②
によって
こそ、
から。

（注）この解答用紙は実物を縮小してあります。Ａ３用紙に154％拡大コピーすると、ほぼ実物大で使用できます。（タイトルと配点表は含みません）

推定配点	
一　各2点×19 二　問一　1～8　各3点×8　9　4点　問二　4点 三　1、2　各2点×4　3～7　各3点×5　8　①　3点　②　4点	
100点	計

２０２３年度　日本大学第二高等学校

英語解答用紙

番号		氏名	

評点	／100

Ⅰ

Part Ⅰ				Part Ⅱ		
1	2	3	4	1	2	3

Part Ⅲ		
	1	
	2	

Ⅱ

1	2	3	4	5

Ⅲ

1		2		3		4		5	
a	b	a	b	a	b	a	b	a	b

Ⅳ

1	2	3	4	5

Ⅴ

1	2	3	4	5

Ⅵ

1			
【A】	【B】	【C】	【D】

2	3	4	5	6	7	8	9

Ⅶ

1	2	3	4	5

Ⅷ

1	
2	

（注）この解答用紙は実物を縮小してあります。Ａ３用紙に149%拡大コピーすると、ほぼ実物大で使用できます。（タイトルと配点表は含みません）

推定配点		計
	Ⅰ　Part Ⅰ，Part Ⅱ　各２点×７　Part Ⅲ　各３点×２ Ⅱ～Ⅶ　各２点×37　Ⅷ　各３点×２	100点

２０２３年度　日本大学第二高等学校

数学解答用紙

番号		氏名	

評点	／100

1

(1)	
(2)	
(3)	$m =$
(4)	
(5)	∠GPE ＝　　　度
(6)	点

2

(1)	BG：GE ＝　　：
(2)	AG：GF ＝　　：
(3)	倍

3

(1)	$a =$
(2)	
(3)	

4

(1)	∠PAQ ＝　　　度
(2)	cm
(3)	cm^3

(注) この解答用紙は実物を縮小してあります。Ａ４用紙に104%拡大コピーすると、ほぼ実物大で使用できます。(タイトルと配点表は含みません)

推定配点		計
	1 各６点×６　2, 3 各７点×６　4 (1), (2) 各７点×２ (3) ８点	100点

二〇二三年度　日本大学第二高等学校

国語解答用紙

番号　　氏名　　評点　／100

一

問一　①　②　③　す

問二　①　②　③　める

問三　①意　合　②器　乏　③　胆　敵

問四　問五　①　②　問六　問七

問八　問九　①　②　③

二

問　1

2　ひと。

3　4　5　6

7

8　9

10　▶50字　力。

三

問　1　始め　～　終わり

2　3　4　5　6　7　8　9

10

（注）この解答用紙は実物を縮小してあります。Ａ３用紙に154%拡大コピーすると、ほぼ実物大で使用できます。（タイトルと配点表は含みません）

推定配点	
一 各2点×18 二 1、2 各4点×2　3～6 各3点×4　7 4点 8、9 各3点×2　10 4点 三 1～3 各3点×3　4 2点　5～9 各3点×5　10 4点	計 100点

２０２２年度　日本大学第二高等学校

英語解答用紙

番号		氏名		評点	／100

Ⅰ

Part Ⅰ				Part Ⅱ		
1	2	3	4	1	2	3

Part Ⅲ	
1	
2	

Ⅱ

1	2	3	4	5

Ⅲ

1		2		3		4		5	
a	b	a	b	a	b	a	b	a	b

Ⅳ

1	2	3	4	5

Ⅴ

1	2	3	4	5

Ⅵ

1					
(1)	(2)	(3)	(4)	(5)	(6)

2	3	4	5	6	7	8	9	10

Ⅶ

1	2	3	4	5

Ⅷ

1	
2	

（注）この解答用紙は実物を縮小してあります。Ａ３用紙に149％拡大コピーすると、ほぼ実物大で使用できます。（タイトルと配点表は含みません）

推定配点		計
	Ⅰ　Part Ⅰ，Part Ⅱ　各２点×７　Part Ⅲ　各３点×２ Ⅱ～Ⅴ　各２点×20　Ⅵ　１　各１点×６　２～10　各２点×９ Ⅶ　各２点×５　Ⅷ　各３点×２	100点

２０２２年度　日本大学第二高等学校

数学解答用紙

番号		氏名	

評点	／100

1

(1)	
(2)	
(3)	$x=$ 　　　, $y=$
(4)	$a=$
(5)	$a=$
(6)	
(7)	$\angle BAE=$

2

(1)	$a=$
(2)	$AB=$
(3)	P（　　　，　　　）

3

(1)	
(2)	倍
(3)	

4

(1)	$GH=$
(2)	$AG=$
(3)	倍

（注）この解答用紙は実物を縮小してあります。Ａ４用紙に105%拡大コピーすると、ほぼ実物大で使用できます。（タイトルと配点表は含みません）

推定配点		計
	1　各６点×７ 2　(1), (2)　各６点×２　(3)　７点 3　(1)　６点　(2), (3)　各７点×２ 4　(1), (2)　各６点×２　(3)　７点	100点

二〇二二年度　日本大学第二高等学校

国語解答用紙

番号　　氏名　　評点　／100

一
問一 ①　る　②　③
問二 ①　②　がれる　③
問三 ①　②　③
問四　問五　問六 ①　②　問七
問八　問九 ①　②

二
問 1　2　3　4
5　から。
6　7　8
9
10　▶50字
11

三
問 1　2　3　4　5
6　～　姿勢　7　8
9　から。

（注）この解答用紙は実物を縮小してあります。A３用紙に154％拡大コピーすると、ほぼ実物大で使用できます。（タイトルと配点表は含みません）

推定配点

一 問一～問八　各２点×15　問九　各３点×２
二 １～４　各３点×４　５　４点　６～８　各３点×３
9、10　各４点×２　11　３点
三 １～８　各３点×８　９　４点

計　100点

２０２１年度　日本大学第二高等学校

英語解答用紙

番号		氏名	

評点	／100

Ⅰ

Part Ⅰ				Part Ⅱ		
1	2	3	4	1	2	3

Part Ⅲ		
	1	
	2	

Ⅱ

1	2	3	4	5

Ⅲ

1		2		3		4		5	
a	b	a	b	a	b	a	b	a	b

Ⅳ

1	2	3	4

Ⅴ

1	2	3	4	5

Ⅵ

1	2	3	4	5	6

Ⅶ

1	2	3	4	5

Ⅷ

1	
2	

（注）この解答用紙は実物を縮小してあります。Ａ３用紙に149％拡大コピーすると、ほぼ実物大で使用できます。（タイトルと配点表は含みません）

推定配点		計
	Ⅰ　Part Ⅰ　各２点×４　Part Ⅱ，Part Ⅲ　各３点×５ Ⅱ～Ⅳ　各２点×14　Ⅴ，Ⅵ　各３点×11 Ⅶ　各２点×５　Ⅷ　各３点×２	100点

２０２１年度　日本大学第二高等学校

数学解答用紙

番号		氏名		評点	／100

1

(1)	
(2)	$x=$
(3)	$n=$
(4)	$x=$
(5)	
(6)	
(7)	$\angle x=$
(8)	cm^3

2

(1)	$a=$
(2)	D（　　　，　　　）
(3)	

3

(1)	∠AEF =
(2)	AF =
(3)	：
(4)	：

(注) この解答用紙は実物を縮小してあります。Ａ４用紙に104％拡大コピーすると、ほぼ実物大で使用できます。(タイトルと配点表は含みません)

推定配点		計
	1　(1)〜(5)　各６点×５　(6)〜(8)　各７点×３ 2, 3　各７点×７	100点

二〇二二年度　日本大学第二高等学校

国語解答用紙

番号　氏名　評点　/100

一

問一　①　②　③　む

問二　①　②　て　③

問三　問四　問五　問六

問七　①　②　問八　問九　問十　①　②

二

問一　問二　問三　問四　問五

問六　（20字）の美しさを再現して刺繍したドレス。（15字）

問七　宮多から自分の刺繍を褒めるメッセージが届いたことをきっかけに、（30字）（40字）から。

三

問一　〜　という点。

問二

問三

問四　（45字）（55字）こと。

問五

(注) この解答用紙は実物を縮小してあります。A３用紙に149%拡大コピーすると、ほぼ実物大で使用できます。(タイトルと配点表は含みません)

推定配点

一　問一〜問六　各2点×10　問七〜問十　各3点×6

二　問一〜問六　各5点×6　問七　6点

三　問一〜問三　各5点×3　問四　6点　問五　5点

計　100点

２０２０年度　　日本大学第二高等学校

英語解答用紙

番号		氏名		評点	／100

Ⅰ

Part Ⅰ				Part Ⅱ		
1	2	3	4	1	2	3

Part Ⅲ	1	
	2	

Ⅱ

1	2	3	4	5	6

Ⅲ

1		2		3		4		5	
a	b	a	b	a	b	a	b	a	b

Ⅳ

1	2	3	4	5

Ⅴ

1	2	3	4	5

Ⅵ

1					
第２段落	第３段落	第４段落	第５段落	第６段落	第７段落

2	3	4	5	6	7	8

Ⅶ

1	2	3	4	5	6

Ⅷ

1	
2	

（注）この解答用紙は実物を縮小してあります。Ａ３用紙に152％拡大コピーすると、ほぼ実物大で使用できます。（タイトルと配点表は含みません）

推定配点		計
	Ⅰ　Part Ⅰ，Ⅱ　各２点×７　Part Ⅲ　各３点×２ Ⅱ～Ⅵ　各２点×34〔Ⅲは各２点×５〕 Ⅶ　各１点×６　　Ⅷ　各３点×２	100点

２０２０年度　日本大学第二高等学校

数学解答用紙

番号		氏名	

評点	／100

1

(1)	
(2)	
(3)	
(4)	$a =$
(5)	$y =$
(6)	$\angle BAD =$
(7)	点

2

(1)	
(2)	

3

(1)	cm^3
(2)	cm^3
(3)	cm^2

4

(1)	$t =$
(2)	$a-b =$

（注）この解答用紙は実物を縮小してあります。Ａ４用紙に105％拡大コピーすると、ほぼ実物大で使用できます。（タイトルと配点表は含みません）

推定配点		計
	1～3　各７点×12　　4　各８点×２	100点

二〇二〇年度　日本大学第二高等学校

国語解答用紙

番号　　氏名　　評点　　/100

一

問一　①　②　③

問二　①　②　③

問三

問四　①　→　　②　→

問五

問六

問七

問八　①　②　③

二

問一　1　2　3（▶25字）

4　9　5

6（▶30字）

7　8　10

11（▶40字）

問二

三

問一　1　2　3　【3】　【6】

4　5（▶35字）

7　8（▶11字）

問二

（注）この解答用紙は実物を縮小してあります。Ａ３用紙に154%拡大コピーすると、ほぼ実物大で使用できます。（タイトルと配点表は含みません）

推定配点

一　各2点×15〔問四は各2点×2〕

二　問一　1、2　各3点×2　3　4点　4、9　各2点×2　5　3点　6　5点　7、8、10　各3点×3　11　5点　問二　3点

三　問一　1〜4　各3点×5　5　5点　7、8　各4点×2　問二　3点

計　100点

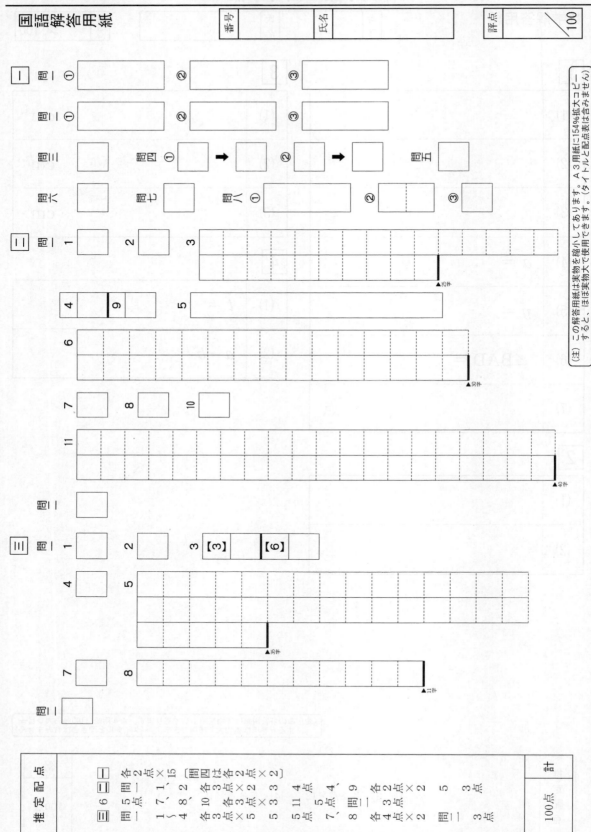

２０１９年度　日本大学第二高等学校

英語解答用紙

番号		氏名	

評点	／100

Ⅰ

Part Ⅰ				Part Ⅱ		
1	2	3	4	1	2	3

Part Ⅲ	1	
	2	

Ⅱ

1	2	3	4	5

Ⅲ

1		2		3		4		5		6	
a	b	a	b	a	b	a	b	a	b	a	b

Ⅳ

1	2	3	4	5

Ⅴ

1	2	3	4	5

Ⅵ

1					
第３段落	第４段落	第５段落	第６段落	第７段落	第８段落

2	3	4	5	6	7	8

Ⅶ

1	2	3	4	5	6

Ⅷ

1	
2	

（注）この解答用紙は実物を縮小してあります。Ａ３用紙に149％拡大コピーすると、ほぼ実物大で使用できます。（タイトルと配点表は含みません）

推定配点		計
	Ⅰ　Part Ⅰ，Ⅱ　各２点×７　PartⅢ　各３点×２ Ⅱ～Ⅵ　各２点×34〔Ⅲは各２点×６〕 Ⅶ　各１点×６　　Ⅷ　各３点×２	100点

２０１９年度　　日本大学第二高等学校

数学解答用紙

番号		氏名	

評点	／100

1	(1)	
	(2)	$x=$ ， $y=$
	(3)	$x=$
	(4)	
	(5)	$k=$
	(6)	
	(7)	：

2	(1)	$y=$
	(2)	（ ， ）
	(3)	：

3	(1)	
	(2)	
	(3)	

4	(1)	
	(2)	
	(3)	

（注）この解答用紙は実物を縮小してあります。Ａ４用紙に105％拡大コピーすると、ほぼ実物大で使用できます。（タイトルと配点表は含みません）

推定配点		計
	1 (1)～(5) 各５点×５ (6), (7) 各６点×２ 2～4 各７点×９	100点

二〇一九年度　日本大学第二高等学校

国語解答用紙

番号　氏名　評点　／100

一
問一 ①　②　③
問二 ①　②　③
問三 ① 抜き出し　正しい字　② 抜き出し　正しい字
問四
問五 ①　②　③
問六
問七 ①　②
問八

二
問 1　2　3　があること。
4 ▶40字
5　6　7
8 A ▶20字
B ▶35字

三
問 1　2　3
4
5　6
7　8　～　こと。
9

（注）この解答用紙は実物を縮小してあります。Ａ３用紙に154%拡大コピーすると、ほぼ実物大で使用できます。（タイトルと配点表は含みません）

推定配点

一 各2点×16〔問三は各2点×2〕
二 1～3 各3点×3　4 5点　5～7 各4点×3　8 各3点×2
三 1～3 各3点×3　4 5点　5 4点　6 5点　7、8 各4点×2　9 5点

計 100点

２０１８年度　日本大学第二高等学校

英語解答用紙

番号		氏名		評点	／100

Ⅰ

Part Ⅰ					Part Ⅱ		
1	2	3	4	5	1	2	3

Ⅱ

1	2	3	4	5

Ⅲ

1		2		3		4		5	
a	b	a	b	a	b	a	b	a	b

Ⅳ

1	2	3	4	5

Ⅴ

1	2	3	4	5

Ⅵ

1					
A	B	C	D	E	F

2	3	4	5	6	7	8	9

Ⅶ

1	2	3	4	5

Ⅷ

1	
2	

Ⅸ

1	
2	

（注）この解答用紙は実物を縮小してあります。Ｂ４用紙に137%拡大コピーすると、ほぼ実物大で使用できます。（タイトルと配点表は含みません）

推定配点		計
	Ⅰ～Ⅶ　各２点×48　Ⅷ，Ⅸ　各１点×４	100点

２０１８年度　日本大学第二高等学校

数学解答用紙

番号		氏名	

評点	／100

1	(1)	
	(2)	$x =$
	(3)	
	(4)	
	(5)	
	(6)	
	(7)	

2	(1)	
	(2)	(　　　,　　　)
	(3)	

3	(1)	
	(2)	
	(3)	

4	(1)	
	(2)	
	(3)	

(注) この解答用紙は実物を縮小してあります。Ａ４用紙に105%拡大コピーすると、ほぼ実物大で使用できます。(タイトルと配点表は含みません)

推定配点		計
	1 各６点×７　2 (1) ６点 (2), (3) 各７点×２ 3 (1) ６点 (2), (3) 各７点×２　4 各６点×３	100点

二〇一八年度　日本大学第二高等学校

国語解答用紙

番号　　氏名　　評点　／100

一　問一 ①　②　③
問二 ①　②　③
問三 ①　②
問四 ① 旧　依　② 風　帆
問五　問六　問七　問八 ①　②　問九

二　問 1　2　3 姿。
4　5
6　7　8　9　10 ・
11 ▶40字

三　問 1　2 の立場。 ▶15字
3 人たち。 ▶20字
4　5　8　6　7
9 存在。
10 ▶40字

（注）この解答用紙は実物を縮小してあります。A3用紙に152％拡大コピーすると、ほぼ実物大で使用できます。（タイトルと配点表は含みません）

推定配点	
一 各2点×16 二 1～4 各3点×4　5 4点　6～9 各3点×4　10 各2点×2　11 4点 三 1～4 各3点×4　5、8 各2点×2　6、7 各3点×2　9、10 各5点×2	
100点	計

Memo

Memo

スーパー過去問をお買い上げいただいた方に

声教からのお知らせ

どうしても使ってほしい３冊!!

声の教育社では，高校入試のスタンダード（定番）として，高校受験案内／学校別スーパー過去問／都立・公立高校スーパー過去問をご用意しています。知っておきたい学校情報や，解いておきたい珠玉の頻出問題が満載です!!

東京都高校受験案内：定価2310円（税込）
東京都立高校スーパー過去問：定価1100円（税込）
3～10年間スーパー過去問：定価2200～2530円（税込）

充実のラインアップ!!
受験案内＋公立過去問＋私立過去問

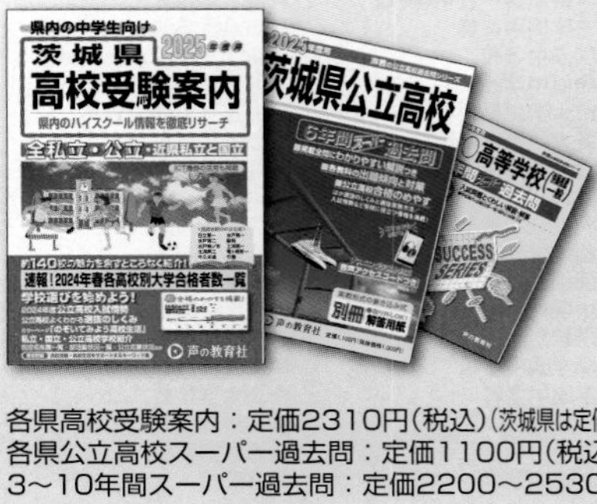

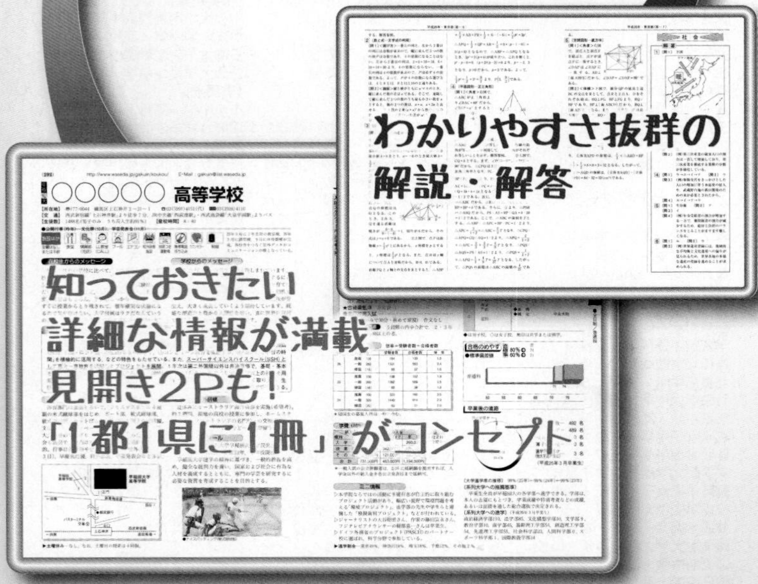

各県高校受験案内：定価2310円（税込）（茨城県は定価1650円（税込））
各県公立高校スーパー過去問：定価1100円（税込）
3～10年間スーパー過去問：定価2200～2530円（税込）

声の教育社
〒162-0814 東京都新宿区新小川町8-15
TEL 03（5261）5061 FAX 03（5261）5062
https://www.koenokyoikusha.co.jp